争われる正義

旧ユーゴ地域の政党政治と移行期正義

久保慶一

Contested Justice:
Party Politics and Transitional Justice
in the Former Yugoslavia

有斐閣

目　　次

序 章　**本書の目的と特色**　　　　　　　　　　　　　　　　　　　　1

　1　本書の目的　　1

　2　旧ユーゴ地域の移行期正義に関する先行研究　　3

　　　(1) 移行期正義の取り組みの記述　3　　(2) 移行期正義の規定要因に関
　　　する研究　4　　(3) 移行期正義の影響，帰結に関する研究　6

　3　本書の用語法　　8

　4　本書の構成　　12

第 **1** 章　**理論的枠組み**　　　　　　　　　　　　　　　　　　　　17

　　　はじめに　17

　1　移行期正義の定義　　17

　2　移行期正義メカニズム（TJM）の諸類型　　19

　　　(1) 刑事裁判　20　　(2) 真実委員会　21　　(3) 公職追放などの制裁措
　　　置　23　　(4) 免責・恩赦　24　　(5) 被害者に対する補償　25　　(6)
　　　集合的記憶の形成　25

　3　移行期正義と和解・謝罪　　26

　4　移行期正義の規定要因　　31

　　　(1) 移行の文脈と新体制におけるアクター間のパワー・バランス　31
　　　(2) 世論の圧力　33　　(3) 国内の圧力団体からの要求　34　　(4) 政権
　　　の党派性　35　　(5) 国際的な圧力　36

　　　小　　括　37

第 **2** 章　**旧ユーゴ地域の紛争**　　　　　　　　　　　　　　　　39

　　　はじめに　39

i

1 クロアチア紛争　39

2 ボスニア紛争　48

3 コソヴォ紛争　57

　　小　　括　62

第**3**章　旧ユーゴ地域の移行期正義　　　　　69

　　はじめに　69

1 ICTY　70

2 ICJ　78

3 各国の国内裁判　80

4 真実委員会　86

5 公職追放と恩赦　91

6 被害者に対する賠償　92

7 公的な記憶の承認　96

　　小　　括　100

第**4**章　民主化後のセルビア政治　　　　　105

　　はじめに　105

1 国家体制　105

　　⑴ 1990 年代のユーゴ連邦とセルビア　106　　⑵ セルビアの民主化後
　　のユーゴ連邦とセルビア　109　　⑶ 国家連合から独立国家へ　111

2 セルビアの政党システム　113

　　⑴ セルビアの政治制度　113　　⑵ 1990 年代のセルビアの諸政党
　　114　　⑶ 民主化後の政党システム──政党数の観点から　117　　⑷
　　民主化後の政党システム──政党の政策位置の観点から　121

3 セルビアの歴代政権の政党構成　124

　　小　　括　128

第5章 政権の党派性　131

　　はじめに　131

　1　DOS 政権　132

　　　⑴ ジンジッチの政策転換　132　　⑵ 改革の推進と戦争犯罪被告人の
　　　逮捕・引き渡し　135

　2　DSS 政権　139

　　　⑴ DOS 政権期のコシュトゥニツァの立場　139　　⑵ 首相就任後の
　　　政策変更　139

　3　DSS・DS 連立政権　142

　4　DS 政権　144

　　小　　括　147

第6章 EU 加盟プロセスと選挙　153

　　はじめに　153

　1　欧米諸国からの圧力　154

　2　世論からの圧力　158

　3　DOS 政権期の政治サイクルと政権の対応　162

　　　⑴ 欧米諸国の圧力と移行期正義の推進　162　　⑵ セルビア大統領選
　　　挙と移行期正義の停滞　164　　⑶ 首相暗殺後の移行期正義の推進と前
　　　倒し選挙の実施──DOS 執行部の誤算　165

　4　DSS 政権期の政治サイクルと政権の対応　166

　　　⑴ 選挙中の移行期正義の停滞から，EU 加盟プロセスの開始と移行期
　　　正義の推進へ　166　　⑵ 移行期正義の停滞と EU の譲歩　169　　⑶
　　　コソヴォ地位協議・新憲法制定と移行期正義の停滞　171　　⑷ 議会選
　　　挙の実施と移行期正義の停滞──コシュトゥニツァの誤算　173

　5　DSS・DS 連立政権期の政治サイクルと政権の対応　175

　　　⑴ EU の圧力と移行期正義の推進　175　　⑵ セルビア大統領選挙の
　　　実施と移行期正義の停滞　176　　⑶ コソヴォ問題と議会選挙の実施
　　　──コシュトゥニツァの誤算　177

　6　DS 政権期の政治サイクルと政権の対応　180

目　次　iii

⑴ 政権発足直後の移行期正義の推進と EU 加盟プロセスの停滞　180

⑵ EU の譲歩による加盟プロセスの進展と移行期正義の推進　181

⑶ EU 加盟候補国認定後の選挙実施──タディッチの誤算　182

小　括　185

第7章　マスメディアと世論　191

はじめに　191

1　戦争犯罪被告人の引き渡しと ICTY 裁判の影響　192

⑴ ミロシェヴィッチの引き渡しと裁判　192　　⑵ ジンジッチ暗殺と
コシュトゥニッァの首相就任　194　　⑶ 「さそり」部隊の映像　195
⑷ ミロシェヴィッチの獄中死　198　　⑸ カラジッチとムラディッチ
の逮捕　200

2　セルビアのマスメディアの報道傾向　201
　　　　──計量テキスト分析に基づく考察

3　戦争犯罪問題に関するセルビア国民の態度　205
　　　　──2010 年世論調査データに基づく考察

小　括　208

第8章　謝罪と和解　211

はじめに　211

1　セルビアの歴代政権による公的謝罪　212

⑴ DOS 政権期　212　　⑵ DSS 政権期　215　　⑶ DSS・DS 連立政
権期　216　　⑷ DS 政権期　217　　⑸ SPS・SNS 連立政権期　219
⑹ SNS 政権期　222

2　他の旧ユーゴ諸国の政府首脳による公的謝罪　223

⑴ ボスニアにおける RS 政府による謝罪とその修正の動き　224

⑵ その他の諸国の政府首脳による謝罪　225

3　公的謝罪に対する現地住民の評価──ボスニアの世論調査から　228

小　括　235

終章　結論と今後の課題　239

あとがき　　247

資料　　252

引用・参考文献　　260

事項索引　　276

人名索引　　280

◆ 本文中および注・図表における引用・参考文献は，巻末の「引用・参考文献」欄に一
　括して掲げ，本文中では，「著者名また編者名 刊行年：引用頁数」を（　）に入れて記
　した。

◆ 本文中の図表は，特に注に出所を示したもの以外は，すべて筆者が作成したものであ
　る。

主要略語一覧

ARBiH	Armija Republike Bosne i Hercegovine	ボスニア共和国軍
CDRSEE	Center for Democracy and Reconciliation in Southeast Europe	南東欧における民主主義と和解のためのセンター
CSES	Comparative Study of Electoral Systems	比較選挙調査プロジェクト
DEPOS	Demokratski pokret Srbije	セルビア民主運動
DJB	Dosta je bilo	もう沢山だ
DOS	Demokratska opozicija Srbije	セルビア民主野党連合
DPS	Demokratska partija socijalista Crne Gore	社会主義者民主党
DS	Demokratska Stranka	民主党
DSS	Demokratska stranka Srbije	セルビア民主党
EU	European Union	欧州連合
EULEX	European Union Rule of Law Mission in Kosovo	EU 法の支配ミッション
G17	G17 plus	G17 プラス
HLC	Humanitarian Law Center	人道法センター
HR H-B	Hrvatska republika Herceg-Bosna	ヘルツェグ・ボスナ・クロアチア人共和国
HVO	Hrvatsko vijeće obrane	クロアチア防衛評議会
ICC	International Criminal Court	国際刑事裁判所
ICJ	International Court of Justice	国際司法裁判所
ICMP	International Commission on Missing Persons	国際行方不明者委員会
ICTR	International Criminal Tribunal for Rwanda	ルワンダ国際刑事裁判所
ICTY	International Criminal Tribunal for the former Yugoslavia	旧ユーゴ国際刑事裁判所
JCE	Joint Criminal Enterprise	共同犯罪計画
JNA	Jugoslavenska narodna armija	ユーゴ人民軍
KFOR	Kosovo Force	コソヴォ治安維持部隊
KPA	Kosovo Property Agency	コソヴォ資産庁
KVM	Kosovo Verification Mission	コソヴォ検証団
LDK	Lidhja Demokratike e Kosovës	コソヴォ民主連盟
LDP	Liberalno-demokratska partija	自由民主党
LSS	Latent Semantic Scaling	潜在意味測定
MICT	Mechanism for International Criminal Tribunals	国際刑事裁判メカニズム
NATO	North Atlantic Treaty Organization	北大西洋条約機構
NDS	Nova demokratska stranka	新民主党
NGO	Non-governmental Organization	非政府組織
NS	Nova Srbija	新セルビア
OSCE	Organization for Security and Co-operation in Europe	欧州安全保障協力機構
PfP	Partnership for Peace	平和のためのパートナーシップ
PKO	Peacekeeping Operations	平和維持活動
RECOM	Regional Commission Tasked with Establishing the Facts about All Victims of War Crimes and	旧ユーゴ領内で発生した戦争犯罪ならびに重大な人権侵害に関する事実の

	Other Serious Human Rights Violations Committed on the Territory of the Former Yugoslavia	確立のための地域委員会
RS	Republika Srpska	セルビア人共和国
RSK	Republika Srpska Krajina	クライナ・セルビア人共和国
SAA	Stabilisaion and Association Agreement	安定化・連合協定
SDA	Stranka demokratske akcije	民主行動党
SDP	Socijaldemokratska partija	社会民主党
SDS	Socijaldemokratska stranka	社会民主党
SDSM	Социјалдемократски сојуз на Македонија	社会民主同盟
SFOR	Stabilisation Force	平和安定化部隊
SITF	Special Investigative Task Force	特別捜査タスクフォース
SKS	Savez komunista Srbije	セルビア共産主義者同盟
SNP	Socijalistička narodna partija Crne Gore	社会主義者人民党
SNS	Srpska napredna stranka	セルビア前進党
SPO	Srpski pokret obnove	セルビア再生運動
SPS	Socijalistička partija Srbije	セルビア社会党
SRS	Srpska radikalna stranka	セルビア急進党
SVK	Srpska vojska Krajine	クライナ・セルビア人共和国軍
TJM	Transitional Justice Mechanism	移行期正義メカニズム
UNCRO	United Nations Confidence Restoration Operation	国連クロアチア信頼回復活動
UNMIK	United Nations Interim Administration Mission in Kosovo	国連コソヴォ暫定行政ミッション
UNPROFOR	United Nations Protection Force	国連保護軍
UNTAES	United Nations Transitional Administration for Eastern Slavonia, Baranja and Western Sirmium	国連東スラヴォニア・バラニャおよび西スレム暫定統治機構
UNTAET	United Nations Transitional Administration in East Timor	国連東ティモール暫定統治機構
URS	Ujedinjeni regioni Srbije	セルビア地域連合
UÇK	Ushtria Çlirimtare e Kosovës	コソヴォ解放軍
VJ	Vojska Jugoslavije	ユーゴ軍
VRS	Vojska Republike Srpske	セルビア人共和国軍
ZES	Za Evropsku Srbiju	ヨーロッパのセルビアのために

旧ユーゴスラヴィア地域

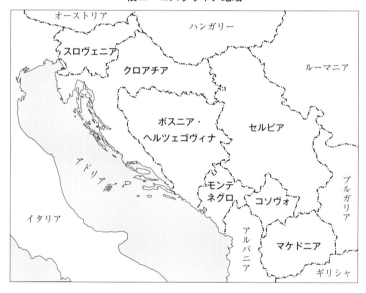

序 章

本書の目的と特色

1　　　本書の目的

　1990 年代にクロアチア，ボスニア・ヘルツェゴヴィナ（以下，ボスニア），コソヴォで発生した激しい武力紛争は，合計で 10 万人を超える死者，300 万人を超える難民を生み出し，多くの人々に堪え難い苦難をもたらした。2000 年代に入り，大規模な武力紛争は止み，現地で撮影された悲惨な映像が世界各国のマスメディアで流されることもなくなった。

　2000 年代以降の旧ユーゴスラヴィア（以下，旧ユーゴ）地域の基調は，民主化と紛争後の平和構築であったといえるだろう。クロアチアでは 10 年間にわたりクロアチアを支配してきたトゥジマン大統領が 1999 年末に死去し，2000 年の選挙において政権交代が実現した。同年 10 月には，独裁者としてセルビアに君臨してきたミロシェヴィッチがユーゴ連邦大統領選挙に敗北して退陣し，独裁体制が崩壊した。ボスニアでは 1995 年の紛争終結以降，さまざまな国際機関が展開し，国際社会を代表する上級代表を中心に，難民帰還，インフラの再建，政治経済制度の改革など，さまざまな分野で紛争後の平和構築が進められてきた。コソヴォでも同様に，1999 年の紛争終結以降，国連コソヴォ暫定

I

行政ミッション（UNMIK）と治安維持のための多国籍部隊が現地に展開し，平和構築活動を進めてきた。ボスニアでは多くの国際機関が任務を終了して撤退し，すでに上級代表事務所も閉鎖する準備に入ったといわれて久しい。コソヴォでは2008年に独立が宣言され，国際機関は撤退を進めている。

　こうした民主化と紛争後の平和構築と並行して進められたのが，1990年代の紛争中に行われた数多くの非人道的行為に関する調査や責任者の処罰など，「過去と向き合う」取り組みであった。こうした取り組みは，1990年代に干戈を交え，非難の応酬を続けた旧ユーゴ地域の諸国，諸民族の間の和解を進めていくためには，避けては通れない。紛争終結から20年余が経とうとしている今日，この取り組みはどこまで進み，旧ユーゴ地域の人々に何をもたらしたのだろうか。このような取り組みは，民主化や紛争後の平和構築とどのように関連し合っていたのだろうか。本書の目的は，このような問いに対して，筆者なりの解答を示すことである。

　本書は，2つの眼差しの交差するところに位置づけられる。1つ目の視点は，独裁体制や武力紛争の期間に行われた非人道的行為に対する取り組みに対して向けられる眼差しである。このような取り組みは，旧ユーゴ地域のみならず，世界の各地で行われており，その重要性についての認識が強まっている。今日では，このような取り組みは，研究者や実務家の間で「移行期正義（transitional justice）」と呼ばれるようになっている。**第1章**で詳しく述べるが，移行期正義に関する研究は，1990年代後半以降，爆発的に増加しており，すでに1つの学際的な研究分野を形成している[1]。本書は，こうした移行期正義に関する理論的・実証的な先行研究を踏まえて，移行期正義を規定する要因やその社会的帰結について，1つの実証研究を行おうとするものである。

　2つ目の視点は，旧ユーゴ地域に対する眼差しである。筆者は2000年に最初にセルビアに滞在して以来，ほぼ毎年旧ユーゴ地域を訪問し，現地の研究者や実務家たちとの意見交換や資料収集を積み重ね，この地域に関する研究を進めてきた。2017年にはボスニアで筆者独自の世論調査を実施し（Kubo & Osmić 2018），欧米も含めた旧ユーゴ地域研究者の誰も手にしていないデータや，先行研究においてほとんど用いられていないデータが筆者の手許にある。本書は，そうしたいわば「地域研究」としての視点から，旧ユーゴ地域の移行期正義に

ついての分析を試みたものである。移行期正義の研究の文脈では，旧ユーゴ地域の事例，とりわけ旧ユーゴ国際刑事裁判所（ICTY）については多くの研究や論説が生み出されてきたが，それらは現地の事情にはそれほど詳しくない法学者や国際政治学者によってなされることが少なくない。本書は，そうした研究とは一線を画した，旧ユーゴという地域の視点からの実証研究である。

　言い換えれば，これら2つの研究領域における過去の研究が，本書と密接に関連する先行研究ということになる。このうち，移行期正義に関する理論的・実証的な研究は，本書の理論的枠組みを構成するうえで重要な土台となるものであり，**第1章**で詳しく検討する。次項では，旧ユーゴ地域における移行期正義を分析対象とする一連の先行研究を紹介し，それと本書がどのように違うのかを示したい。

2 旧ユーゴ地域の移行期正義に関する先行研究

　移行期正義に関する研究には，大きく分けて，(1)移行期正義の取り組みについて記述するもの，(2)移行期正義の規定要因を分析するもの，(3)移行期正義が国際社会や現地社会に対して与えた影響，社会的帰結を分析するもの，という3つのタイプが存在する。旧ユーゴ地域の移行期正義に関する研究は，とくに欧米では多数刊行されており，各々の研究について詳しく述べることはできないが，上記の3点について，旧ユーゴ地域の移行期正義に関する先行研究にどのようなものがあるか，それらと本書がどのように異なるのかを示したい。

(1) 移行期正義の取り組みの記述

　旧ユーゴ地域における移行期正義の取り組みの中で，研究者の関心を最も集めてきたのは，いうまでもなく，ICTY における戦争犯罪容疑者の訴追と裁判である。しかし，旧ユーゴ地域では，それ以外にも，国際司法裁判所（ICJ）における裁判，国内裁判，真実委員会など，多様な形態で移行期正義が追求されてきており，その模索は今もなお続けられている（詳細は本書の**第3章**を参照）。しかし実は，欧米の先行研究において，旧ユーゴ地域における移行期正義の取り組みを網羅的，客観的に記述した研究はほとんどない。最も研究が進んでい

る ICTY の裁判についても，それに関する主要な研究は，ICTY で扱われた事件や被告人の詳細，拘束の日付や経緯，判決の内容といった基礎的情報すら掲載していない（Subotić 2009; Clark 2014; Gow et al. 2014）。国内裁判については，旧ユーゴ地域の各国の研究者が，自国の裁判について研究成果を発表しているが（Šimić 2013），旧ユーゴ地域全体についての情報をまとめて網羅的に整理している研究は管見の限り存在しない。そこで本書は，**第 3 章**において，旧ユーゴ地域における移行期正義の取り組みに関する基礎的な情報を，できる限り網羅的かつ体系的に，確認できるデータに基づいて客観的に整理することを試みた。こうした作業は，移行期正義の規定要因，あるいはその社会的帰結を考察するうえで，必要不可欠である。本書では，それを読者に提示することによって，旧ユーゴ地域における移行期正義の取り組みに関する基礎研究としての役割を果たすことができると考える。

(2) 移行期正義の規定要因に関する研究

次に，旧ユーゴ地域について，移行期正義の追求の取り組みを規定する要因に関する研究を見てみよう。実はこの点でも，これまでに発表された先行研究において，体系的な研究はほとんど行われていない。そうした状況が見られる1 つの理由として，旧ユーゴ地域における移行期正義の取り組みに関する研究の大半が考察対象としてきたのは ICTY における裁判であったという点が挙げられる。旧ユーゴ地域における戦争犯罪の責任者を裁くための国際法廷の設置をもたらした要因は，主として，旧ユーゴ地域の紛争，とりわけボスニアでの紛争における非人道的な行為が欧米のマスメディアによって広く報じられ，それを抑止するために裁判所を設置すべきであるという機運が国際的に高まったことであった（Orentlicher 2018: 16-27）。ICTY の設置を決定したのは国連の安全保障理事会（安保理）であり，それが実現したのは，欧米諸国の政府の意向が強く働いた結果であった。言い換えれば，ICTY の設置に限っていえば，移行期正義の追求をもたらした要因はあまりに自明であり，取り立てて客観的な分析を行う必要性はなかったのである。

しかし，移行期正義の追求の取り組みを規定する要因を考察するうえでは，旧ユーゴ地域の事例を分析することも大きな意義を有すると筆者は考える。本

書で後に述べるが，ICTY は警察権を伴わない司法組織であり，訴追した容疑者の逮捕・引き渡しという点では現地政府の協力を得ることが必要不可欠だったからである。ICTY で容疑者を訴追するだけでは移行期正義の追求としては不十分で，容疑者が拘束され裁判にかけられて初めてそれが実現するのだとすれば，現地政府がどのような条件の下で ICTY に協力するのかという問いは，移行期正義の追求の規定要因を明らかにするための研究にとって，提起するに値する問いであるように思われる。

　この問題を提起したうえで旧ユーゴ地域を分析した重要な先行研究として，スボティッチの研究が挙げられる（Subotić 2009）。スボティッチは，移行期正義の追求が国際的な規範として確立される中で，一方で強い国際的な圧力があり，他方で規範的な変化への社会的要求が限定的であるとき，国際的な圧力を受ける国の政府は，自国の利害といった別の政治的目的によって移行期正義の追求を正当化するので，国際的な規範そのものの受容には必ずしもつながらないと論じた。スボティッチは，圧力を受ける国の政府による外向きだけの遵守の行動を「正義のハイジャック」と呼び，セルビア，クロアチア，ボスニアの3つの事例を比較し，国際的な圧力を最も強く受けたセルビアにおいて正義のハイジャックが最も顕著に起こっていることを指摘した。

　スボティッチの研究は，政府の政策や政治家の言説を観察し，それを従属変数として扱い，それに影響を与える独立変数として国際的な圧力や国内要因に注目している点で，本書と問題関心やアプローチを共有している。しかし，筆者の考えでは，他の事例との比較においてセルビアを分析した結果，スボティッチの分析は，セルビアでは国際的な圧力が常に強くかかっている状態で，それを受けた政治家は一様に「正義のハイジャック」という対応をとるという印象を読者に与え，セルビアという国の中で観察される移行期正義の追求に関する変化を十分に説明できない。**第 2 章**以降で述べるように，本書は，政権の党派性や国内政治（選挙）と国際政治（EU 加盟プロセス）の政治のサイクルが政権の行動・政策に影響を与えたという議論を展開するが，スボティッチの分析枠組みと実証分析では，セルビア国内の変化を十分にとらえることができていないように思われるのである。

2　旧ユーゴ地域の移行期正義に関する先行研究　　5

⑶ 移行期正義の影響，帰結に関する研究

　最後に，旧ユーゴ地域における移行期正義の追求の取り組みがもたらした社会的帰結，国内外に及ぼした影響に関して，先行研究がどのような知見を生み出してきたかを見てみよう。管見の限りでは，このタイプの研究が，旧ユーゴ地域における移行期正義に関する研究では最も多いように思われる。

　中でも重要な先行研究群として，ICTY の裁判がもたらした影響，社会的帰結に関する一連の研究がある。この点はさらに，国際社会に対して及ぼした影響と，現地社会（旧ユーゴ地域の社会）に対して及ぼした影響の 2 つに考察対象を分けることができる。前者については，ICTY が判例や手続きなどの点で他の国際的な刑事裁判所や各国で設置された特設の法廷などに対して大きな影響を与えており，国際人道法の発展に大きく寄与したと評価されることが一般的である（Steinberg 2011; Swart et al. 2011; 望月 2012）。この点で ICTY が大きな貢献をなしたことには疑念の余地がないだろう。他方，本書との関連において特に重要なのは後者だが，この点では，先行研究の評価は必ずしも定まっていない。

　先行研究の一方には，ICTY の影響をあまり肯定的に評価しない一群の研究がある。例えば，クラークは，ICTY の裁判が旧ユーゴ地域の人々の間の「和解」をどの程度もたらしたのかという問いを提起し，ボスニア，クロアチア，コソヴォの事例研究を行った（Clark 2014）。ここで，「和解」は，「正義」「真実」「民族間関係」の 3 要素に分けられ，「正義」は ICTY の裁判に関する人々の認識や知識，「真実」は裁判で明らかにされた真相の受容や，その真相の「拒絶」の度合い，「民族間関係」は人間の安全保障，物理的接触の深さ，相互の信頼や受容の度合いなどによって操作化されている。クラークが事例分析から導き出した結論は，ICTY の裁判は，正義にも，真実にも，民族間関係にも貢献しておらず，これらの目的を推進するためには真実和解委員会といった別のメカニズムが必要ではないかというものであった。セルビアの事例について，ICTY に対する現地社会の反応を詳しく検討したゴーディも，ICTY の一連の裁判は，セルビアの現地社会が過去と真摯に向き合う契機とはなってこなかったという評価を下している（Gordy 2013）。ボスニア（とくにプリイェドル地域）のセルビア人指導者の言説や行動を分析したスバシッチとチュラクの研究や，

クロアチアの政治指導者や国民の ICTY に対する態度に関するヴクシッチの研究，セルビアの論壇の状況を分析したオブラドヴィッチ゠ウォフニクの分析なども，ICTY の一連の裁判が，自分たちの戦争犯罪の責任を否定する現地社会のエリートの行動を変えるような影響は及ぼしていないと評価している (Subašić & Ćurak 2014; Vukušić 2014; Obradović-Wochnik 2014)。ヘイデンは，ICTY はバルカン地域の和解や安定にはつながっておらず，むしろ現地の不安定化につながっていると批判している (Hayden 2011)。ミラノヴィッチも，ベオグラード人権センターが行った一連の世論調査結果を比較し，因果関係を論じることは難しいと認めつつも，ICTY はその裁判で明らかになったことが真実であると旧ユーゴ地域の諸民族に受け入れさせることができず，旧ユーゴ地域の人々の戦争犯罪に対する態度をほとんど変えることができなかったのではないかと論じている (Milanović 2016)。

　他方で，ICTY が現地社会に与えた影響をより肯定的に評価する先行研究も若干ながら存在している。例えば，ガウとミカルスキは，ICTY の裁判において映像が証拠として用いられたことの影響を肯定的に評価している (Gow & Michalski 2014)。マーティン-オルテガは，ICTY の裁判がボスニア国内の戦争犯罪裁判の発展に与えた影響を肯定的に評価している (Martin–Ortega 2014)。オレントリカーも，ICTY が戦争犯罪の犠牲者が当初抱いていた期待に必ずしも応えておらず，セルビア人側の政府や国民において戦争犯罪の責任を否定する態度が減少しているわけではない点などに留保しつつも，戦争犯罪について「何らかの裁き (some kind of justice)」を下した点，各国内の戦争犯罪裁判を促進した点などについては肯定的な評価を下している (Orentlicher 2018)。

　このように，ICTY の裁判が現地社会に与えた影響については，先行研究の議論は分かれている。本書で行う分析の一部は，これらの先行研究の議論と関連したものであり，筆者なりの視点から先行研究とは異なる議論を展開することを試みる。ここでの先行研究と本研究の間の違いは，主として使用する分析の手法とデータにある。先に述べた先行研究のほとんどは，現地で行ったインタビューや現地政治家・研究者・実務家などの発言の引用などに依拠しており，定性的な手法を用いている。先に紹介した一連の研究の中では従属変数の定義や操作化について最も自覚的であるといえるクラークの研究においても，彼女

の結論を導く際の根拠となっている一連の従属変数は，現地のインタビューや現地政治家・研究者の言説の引用に基づいて定性的に測定されたものである。こうした分析手法は重要な知見をもたらしうるが，データ・論拠の選択は分析者に任されており，選択バイアスの問題が不可避的に生じるため，どこまで一般化できるのかという点では疑問が残る。これに対し本書は，先行研究ではあまり用いられていない世論調査データや新聞記事のテキスト・データなどをできる限り体系的に利用し，先行研究の欠点を補うことをめざしたい。

3　本書の用語法

　次に，本書で採用する用語法について述べておきたい。まず，国名については，第二次世界大戦後に成立した社会主義体制下のユーゴスラヴィア（1946年から63年までユーゴスラヴィア連邦人民共和国，63年から92年までユーゴスラヴィア社会主義連邦共和国）を指す用語として，「旧ユーゴ」を用いる。また，旧ユーゴの版図であった地域を指す用語として，「旧ユーゴ地域」を用いる。

　旧ユーゴの解体に伴い，それを構成していた6つの共和国のうち，スロヴェニア，クロアチア，ボスニア・ヘルツェゴヴィナ，マケドニアの4つの共和国が独立を宣言した。スロヴェニアとクロアチアは，独立宣言の直前に行われた共和国憲法修正・新憲法制定によって定められた国名である「スロヴェニア共和国」「クロアチア共和国」で世界各国から国家承認された。ボスニア・ヘルツェゴヴィナは，独立宣言直後に国名を「ボスニア・ヘルツェゴヴィナ共和国」とすることが定められた。しかしその後，激しい内戦が勃発し，1995年のデイトン合意によって内戦が終結した後に誕生した国家の国名からは「共和国」が削除され「ボスニア・ヘルツェゴヴィナ」となった。マケドニアは，「マケドニア」という名称の使用に対して強い反対と抵抗を示したギリシャの国家承認拒否により，この国名で国連に加盟することができなかった。そこで，「旧ユーゴスラヴィア・マケドニア共和国」という暫定名称で1993年に国連加盟をようやく果たした（大庭 2017）。マケドニアの国名問題はその後，長期にわたって膠着状態が続いていたが，2017年のマケドニアでの政権交代を契機に解決に向けて動き出し，19年1月に議会において国名を「北マケドニア共

和国」と変更する憲法修正案が可決された。このように一部の国では国名について複雑な事情が存在するが，本書では，これら4カ国についてはそれぞれ，正式の独立宣言の前後を問わず，スロヴェニア，クロアチア，ボスニア，マケドニアという表記を用いて言及することにしたい。

　残る2つの共和国であるセルビアとモンテネグロは，1992年に，ユーゴスラヴィア連邦共和国を結成した。この連邦国家は，2003年まで存続した後，国家連合「セルビア・モンテネグロ」へと改組された（詳細については**第4章**を参照）。本書では，この新しい連邦国家を指す表記として，「ユーゴ連邦」を使用する。また，それを構成する2共和国については，時期を問わず，セルビア，モンテネグロという表記を用いて言及する。

　コソヴォは，旧ユーゴではセルビア共和国の内部に設置された自治州であった（正確にいえば，1945年から63年までは自治州よりも自治の度合いの低い「コソヴォ・メトヒヤ自治区」であったが，63年に自治州に昇格され，さらに68年に名称から「メトヒヤ」が削除されて「コソヴォ自治州」となった）。しかし，1980年代末にセルビアでミロシェヴィッチが権力を掌握すると，コソヴォの自治は廃止され，コソヴォはセルビア当局の直接支配下に置かれた。その後，コソヴォ紛争が激化すると，北大西洋条約機構（NATO）が紛争に介入し，1999年6月以降は，コソヴォはUNMIKの暫定統治下に置かれた。その後，2008年2月に「コソヴォ共和国」として独立が宣言され，18年末の時点で日本を含め116カ国がコソヴォを国家承認している。ただし，セルビアはコソヴォの独立を認めておらず，中国やロシアもコソヴォを国家承認していないため，国連加盟はまだ実現していない。いずれにせよ，本書では，現在のコソヴォ共和国の版図について，独立の前後を問わず「コソヴォ」という表記を用いて言及する。

　次に，旧ユーゴ地域で1990年代以降に発生した武力紛争を，どのように呼ぶかという問題について述べておきたい。旧ユーゴ地域で起きた紛争については，「ユーゴ紛争」（千田 1993, 1999），「ユーゴ内戦」（月村 2006），「ボスニア内戦」（佐原 2008），「ユーゴ多民族戦争」（岩田 1999）など，国内外のマスメディアや研究者の間でも，さまざまな呼称が用いられてきた。ボスニアで起きた武力紛争のように多様な武装組織が関与し，民間人と軍人との間の線引きが不明瞭で，民間人の死傷者が全体の死傷者の大部分を占めるような紛争を，複数の

国家の正規軍同士が衝突することによって起きる伝統的な国家間戦争と区別し，「新しい戦争」として概念化した研究もある（カルドー 2003）。

　旧ユーゴ地域では，一連の紛争をどのように呼ぶかは，紛争の本質をどのように理解するかという問題と密接にかかわっており，出身の国や民族，政治的立場によって大きく異なっている。例えば，クロアチアで起きた紛争においては，日本では「クロアチア内戦」と呼ばれることが一般的であるが，クロアチアでは，一般に「祖国戦争（Domovinski rat）」と呼ばれる（Rupić 2007, 2008; Marijan 2016）。「祖国戦争」とは，大セルビア主義的な侵略行為から自国領土を防衛・解放するための戦争であるという理解がクロアチアの公式的な見解であり，そのことはクロアチア議会が採択した決議でも謳（うた）われている（石田 2017: 49）。そこでは，クロアチア紛争は，ユーゴ（セルビア）の軍隊および民兵部隊が，クロアチアが独立を宣言した後，クロアチアの国境の外から侵略してきた結果として起きたものと理解されている。すなわち，クロアチアでの一般的な理解は，紛争の本質は「内戦」ではなく「国家間戦争」なのである。実際，クロアチア紛争に関するクロアチア人の著作では，「大セルビア主義」や「侵略」という言葉がしばしば用いられている（Krmpotić 1998; Valentić 2010; Nazor 2011）。

　他方，クロアチアの紛争の本質は，伝統的にクロアチアの領内に居住していたセルビア人の住民が自分たちの居住地域のクロアチアからの分離・独立を求めて起こした武装反乱であるとみなす場合には，クロアチアの紛争を「クロアチア内戦」と呼ぶことになる。当然のことながら，現地では，主としてセルビア人が「内戦」という呼称を用いる傾向がある（Vučinić 2005）。またクロアチア人の研究者でも，クロアチア領内のセルビア人による武装反乱の側面を強調する場合には，「反乱」といった言葉を用い，「祖国戦争」という言葉を用いない場合もある。例えば，クロアチアの紛争について最も詳細な専門書を刊行した研究者の一人であるバリッチの著書のタイトルは，「クロアチアにおけるセルビア人の反乱」である（Barić 2005）。同様に，社会学者ジュネツによるクロアチア紛争に関する大著の副題は「クロアチアにおけるセルビア人の反乱の社会的側面」である（Žunec 2007a, 2007b）。

　似たような用語法の違いは，ボスニア，コソヴォの諸民族間でも見られる。

ボシュニャク人（スラブ系のイスラム教徒）は，紛争の本質は，国境を越えて侵入してきたセルビア人やクロアチア人の軍や民兵組織と，ボスニアという正統な国家を守るために組織されたボスニア軍との間の戦闘であると考える。そのため，ボシュニャク人の研究者は，ボスニアの紛争に言及する際，「侵略」という言葉をしばしば用いる（Čekić 1994, 1995; Hero & Kovač 2016）。他方，セルビア人が紛争に言及する際には，「内戦」という用語が選ばれる傾向がある。このような用語法は，政治家や研究者だけでなく，一般市民にも浸透している。2005 年と 10 年にボスニアで行われた世論調査によれば，1990 年代の紛争をボシュニャク人の 95% 以上が「侵略」とみなしたのに対し，クロアチア人は約 7 割が「侵略」，2 割前後が「内戦」とみなし，セルビア人は 8 割以上が「内戦」とみなしている（Kostić 2012）。

　筆者自身は，過去の研究では「内戦」という言葉をしばしば用いてきた。比較政治学では「内戦」の定義と操作化が確立しており（久保ほか 2016: 93-96），理論化や実証研究が進んでいるため，そうした先行研究と関連性を有する事例として旧ユーゴ地域を分析していたことが，その用語法の背景にある。他方，本書は，比較政治学の「内戦」研究との関連性は小さく，さまざまなタイプの紛争や独裁体制下の人権侵害に対処するための「移行期正義」の先行研究と密接に関連している。そのため，本書では，「内戦」という言葉は用いず，より中立的な「紛争」という言葉を用いることにしたい。

　固有名詞の表記については，人名は本文中では姓のみを片仮名で表記するにとどめ，原綴は索引中に記載した（ただし，文献引用の際に言及した著者名は人名索引から除外した）。なお，複数の人物が同一の姓を持つ場合には，出現頻度の少ないほうの人物の姓の前に名前のイニシャルを付記することで区別した。頻出する政党名や組織名などについては，章ごとの初出時に本文中に日本語訳の組織名を記載し，括弧内に欧文の略称を記入し，それ以後は本文中では欧文略称を使用することにした。その組織名の原綴は，巻頭の略語一覧に掲載してある。セルビア語の人名や組織名，引用文献については，読者にとっての利便性を考え，キリル文字は使用せず，ラテン文字に表記を統一している。

4 本書の構成

最後に，本書の構成を示しておきたい。まず，**第1章**では，移行期正義の定義と，それを追求するための具体的措置の諸類型を示し，移行期正義に関する理論的・実証的な研究を参照しつつ，移行期正義を規定すると思われる諸要因について検討することで，本書の分析の理論的枠組みを示す。

第2章では，旧ユーゴ地域における3つの大規模な武力紛争であるクロアチア紛争，ボスニア紛争，コソヴォ紛争について概観する。武力紛争が発生した政治的背景，紛争勃発後の政治的・軍事的ダイナミクスについて，詳細に分析することは本書の範 疇を超えているし，本書の分析にとって必要な作業でもない[2]。しかし，これらの紛争において発生した非人道的な行為の性格や規模，それを生み出した政治的・軍事的な文脈を理解しておくことは，その後の分析を理解するために必要不可欠である。そのため，固有名詞は必要最小限にとどめつつ，それらの整理・検討を行うのが**第2章**の目的である。旧ユーゴ地域では，各国の研究者や非政府組織（NGO）などによって，紛争の実態に関する情報の収集・整理が着々と行われてきており，死者数などについて，かなり正確な数字が得られている。**第2章**は，そうした現地の研究者や NGO などの調査研究の成果を日本の読者に紹介するという目的も有している。

第3章では，これらの3つの紛争において発生した一連の非人道的行為に対する移行期正義の取り組みが，どのように，どの程度行われてきたのかを概観する。旧ユーゴ地域の移行期正義については，国連安保理が設置した ICTY の取り組みが最も注目されてきたことはいうまでもないが，それ以外にもさまざまな枠組みを用いて移行期正義の追求がなされてきた。旧ユーゴ地域の移行期正義に関する先行研究は，特定のタイプの措置に関心を限定しているものが多く，移行期正義の取り組みの全体像をとらえた研究は実はほとんど存在しない。そこで，そうした全体像を，できる限り客観的なデータに依拠しながら，読者に示すことが，**第3章**の目的である。

第4章以降では，旧ユーゴ地域の中でもセルビアを取り上げ，その国内で展開されてきた移行期正義をめぐる政治の力学を分析していく。**第2章**と**第3章**

で明らかになるように，一連の旧ユーゴ地域の紛争において，セルビア人は，軍事的には圧倒的に優位な立場で紛争を開始し，その結果として，旧ユーゴの諸民族の中で最も多くの非人道的行為の責任を問われる民族となった。そして，紛争初期には軍事的優位があったにもかかわらず，他の民族を支援する欧米の介入の結果，クロアチアとコソヴォでは事実上むしろ紛争の敗者となり，ボスニアでも紛争末期には軍事的に劣勢に追い込まれる中で妥協を余儀なくされセルビア人地域の完全独立を断念した。こうした事情から，セルビアの政府は，国内には欧米に反発する世論，自分たちが加害者であるということを認めない世論が強くあり，他方で国外からは戦争犯罪の責任を最も強く問われるという，旧ユーゴ諸国の中でも他に類を見ない困難な状況下で，移行期正義を追求することが求められた。2000年の民主化以降のセルビアの政党政治において，移行期正義という争点が占めた比重は，他の国々と比較してはるかに大きいものであったように思われる。そのことが，セルビアの事例を最も興味深いものにし，特に事例として取り上げるに値するものにしていると筆者は考える。

第4章は，第5章以降の分析を理解するために必要な前提を読者に示すことを目的とする。セルビアという国は，2000年の民主化の時点ではユーゴ連邦を構成する1つの共和国であったが，2006年に独立国家となって現在に至っている。にもかかわらず，筆者は2001年から一貫してセルビアを分析対象にすることは妥当であると考えている。その理由を，ユーゴ連邦の国家連合への改組からセルビアの独立へと至る過程を述べることで，読者に示したい。また，セルビアの政治制度と政党システム，2000年の民主化後の政治史の概略を示し，さらに歴代政権の構成とその党派性についても第4章で検討する。特に政権の党派性は第5章において重要な独立変数として扱われるため，本章の記述は，政権の党派性という変数の定義と操作化を読者に示す役割も担っている。

第5章と第6章は，セルビアにおける移行期正義の追求として，ICTYへの協力，すなわちICTYで訴追された戦争犯罪被告人の逮捕・拘束とICTYへの引き渡しに着目し，それがなぜ起きたのかを分析する。まず第5章では，移行期正義の規定要因として政権の党派性に着目する。具体的には，歴代政権ごとにこの問題がどのように対処されたのかを検討し，セルビアにおいて最も有力な反民族主義・親欧米の立場をとる自由主義政党である民主党（DS）が政権に

参画しているか否かによって，政策が異なっていることが明らかにされる。とはいえ，各政権の任期中の政策を見ていくと，同じ政権でも時期によって態度が変わることも観察され，政権の党派性だけでは説明できないことが示される。

第6章では，それを受けて，説明要因として，世論の圧力と国際的な圧力という2つの要因に着目する。これらの2つの要因は基本的に相反する方向に（世論の圧力はICTYへの協力を妨げる方向に，国際的な圧力は，ICTYへの協力を促す方向に）作用するが，その効果が政権に対して最も強く作用すると想定できる時期にはズレが見られる。すなわち，世論の圧力は選挙の前に，国際的な圧力は欧州連合（EU）やその他の援助供与国・機関が重要な意思決定を行う前に，政権に対し，最も強く影響を及ぼすと考えられる。そこで第6章では，これらの2つの政治日程のズレに着目し，それと移行期正義の追求に関する政策との関連を検討することで，セルビア政府が，最も不利な時期（選挙前の時期）を避け，最も有利な時期（EU等が重要な決定を行う前の時期）に，国民には不人気な移行期正義の追求を試みてきたと論じる。

第7章と第8章は，旧ユーゴ地域における移行期正義の追求が，現地社会に対して，どのような影響を及ぼしているかを考察する。まず第7章では，移行期正義の追求が，セルビア国内のメディアや世論にどのような影響を与えたかを検討する。セルビアの移行期正義の追求は，欧米諸国や近隣諸国からは戦争犯罪の最大の責任を問われる一方で，セルビア国民は欧米諸国による他の民族への支援や軍事介入に対する不公平感をもつ中で開始した。そのため，当初はセルビアの政治家や国民が戦争犯罪被告人を「英雄」視し，欧米諸国が求める戦争犯罪被告人の逮捕・引き渡しにメディアや国民が反発する傾向が見られた。ICTYにおける裁判の実施，それに伴う真相の究明は，こうしたセルビア国内のメディアや世論にどのような影響を与えたのだろうか。この問いに対して，筆者が独自に収集したセルビアの新聞記事のテキスト・データや，筆者が現地で入手した世論調査データなども用いて，答えを出すことを試みる。

第8章は，セルビアを中心とする旧ユーゴ諸国の政府首脳による公的謝罪と，それに対する現地の人々の評価について検討する。まず，セルビアの歴代政府首脳や主要政治家による公的謝罪について，政権期ごとに検討する。次に，その他の旧ユーゴ諸国の政府首脳による公的謝罪について概観する。最後に，こ

れらの公的謝罪に対する現地の人々の評価について，筆者がボスニアで2017年に実施した世論調査の結果を踏まえて考察する。こうした作業を通じて，旧ユーゴ地域における諸民族間の関係がどのような状況にあるのか，言い換えれば，旧ユーゴ地域は，諸民族間の和解という点で，どのような地点にまで到達しているのかを考察することを試みたい。

　最後に，**終章**では，本書の分析作業を通じて明らかとなった点をまとめて，その意義を再確認するとともに，旧ユーゴ地域の移行期正義とそれについての研究が直面している今後の課題を述べて，本書の締め括りとしたい。

● **注**

1)　そのことを示す1つの例は，2007年の *International Journal of Transitional Justice*（『国際移行期正義雑誌』）の創刊であろう。この雑誌は移行期正義に関心をもつ研究者と実務家の双方に広く読まれ，政治学，法学，社会学，心理学など，多様な分野の研究者が論文を投稿する学際的な学術誌となっている。

2)　これらの武力紛争の勃発に至る政治的ダイナミクスについて，かつて筆者は，特に民主化と関連づけながら，比較分析を行った（久保 2003）。クロアチア紛争とボスニア紛争については，月村が紛争勃発後の政治的，軍事的ダイナミクスの詳細な検討を行っている（月村 2006）。ボスニア紛争の詳細については佐原（2008）も参照。

第 **1** 章

理論的枠組み

は じ め に

　本章では，本書の分析の理論的な枠組みを提示する。まず第1節において，移行期正義という概念の定義を示す。次に第2節において，それを現実に追求するための具体的措置，いわゆる移行期正義メカニズム（TJM）の諸類型を提示する。第3節では，移行期正義と和解および謝罪の間の関係性について考察し，それに対する本書の立場を示す。最後に第4節では，移行期正義に関する理論的・実証的な先行研究に依拠しつつ，移行期正義の規定要因として重要と思われるものを整理する。

1　　移行期正義の定義

　移行期正義とは何か。先行研究において，その定義は概ね一致しているが，どこまでを移行期正義に含めるかという点では相違も見られる。2013年に出版された移行期正義の百科事典においては，移行期正義は，「真実，正義，救済，和解の提供によって国家や社会的集団が過去の人権侵害との折り合いをつ

17

ける（come to terms with）ことを求めるための司法的・非司法的な措置」を含むものであると定義されている（Stan & Nedelsky 2013a: xli）。国際法学者の望月康恵は，「軍事独裁政権や紛争後の社会が，民主的な社会に『移行』する際に，過去の人権侵害行為に対処する措置，メカニズム，プロセス」と定義している（望月 2012: 1）。ラテンアメリカ諸国の移行期正義の取り組みについて研究している杉山知子は，移行期正義を「過去の独裁，権威主義体制あるいは内戦，紛争，戦争下での人権侵害に対し，真実と正義を求める動き」と定義する（杉山 2011: 10）。本書ではさしあたり，杉山の定義を採用して論を進めることにしたい。

　この定義において重要な特徴は 2 つある。第 1 の特徴は，移行期正義が，主として，過去の独裁や権威主義体制からの移行と，戦争や内戦などの武力紛争状態からの移行という，2 つの異なる文脈で生起するという点である。前者の場合，体制転換が起きた後，新体制の下で，旧体制下で行われた人権侵害に対する真実や正義の追求が起こることになる。民主化の後で移行期正義が追求されるのが最も一般的であるが（例えばラテンアメリカ諸国の多くの事例はここに該当する），理論的には，ある権威主義体制が崩壊した後，民主化が起こらなくても，旧体制下で行われた人権侵害に対する真実や正義の追求は生じうる（本書が望月の定義を採用しないのはそのためである）。例えばエジプトでは，ムバラク体制の崩壊後，ムバラクに対する裁判が行われ，反体制デモへの参加者の殺害に関与したとして，特別法廷で終身刑が言い渡された[1]が，民主化研究の一般的な定義と操作化に従えば，エジプトでは「民主化」はまだ起きていない[2]。後者の場合，武力紛争状態から紛争停止状態（消極的な意味での「平和」の状態）に移行すれば移行期正義の追求は生起しうるため，当該国が主権を完全に回復していない状況，例えば戦勝国による占領期や国連等による暫定統治の期間中にも移行期正義の追求が起こりうるということになる。

　なお，移行期正義が生じる時期について付言すると，移行期正義は必ずしも「移行期」に限定して発生する現象ではない。むしろ，いわゆる移行期正義は，「移行」の後，すなわち民主化が完了した後や紛争から平和への移行が完了した後で開始される場合も多い。英語の transitional justice は，正確には，「移行に伴って追求される正義」とでも訳すべき概念であろう。この意味で，本書で

いう移行期正義は，移行が開始された後ならいつでも生じうるものであり，それ以外の時期的な限定を伴わない。先行研究の一部には，移行期正義と，移行期の後に生じた正義の追求の動きを区別して，後者を「ポスト移行期正義」と呼ぶものもあるが（Collins 2010），そのような区別は本書の定義からは生じえない。

　第2に，追求される対象として，真実と正義という2つの要素が挙げられていることである。「真実」とは，端的にいえば，人権侵害行為の真相究明を指す。独裁体制や武力紛争中に行われた非人道的行為については，その真相が闇に葬られ，犠牲者の遺族や関係者には一切明かされないままであることが多い。そのため，独裁体制や武力紛争状態からの移行が起きた後，人権侵害の真相を明らかにすることを求める声がしばしば上がるのである。さらに，「真実」の追求においては，個別の人権侵害行為に関する真相のみならず，人権侵害行為が起きた背景やその全体像を明らかにすることが求められる場合もある。

　これに対し，「正義」とは，人権侵害行為について責任を有する個人に対する処罰や，犠牲者に対する補償などを指す。移行期正義の追求における「正義」は，一般に，「懲罰的（応報的・矯正的）正義」と「修復的正義」という2つに区別され，その双方を含むものと想定されている（土佐 2004; 望月 2012）。懲罰的（応報的・矯正的）正義は，法の違反行為を確定し，その責任者を処罰することを意味する。個々の人権侵害行為について，その加害者の個人的な責任を問う刑事裁判は，その典型的な例である。これに対し修復的正義は，犯罪によって生じた害を修復することがめざされ，そのために，とりわけ被害者のニーズを把握することが求められる。修復的正義とは，加害者の処罰のみならず，被害者の救済，加害者の更生，そして被害者と加害者を含めたコミュニティの関係の修復をめざすものなのである（ゼア 2003）。

2　移行期正義メカニズム（TJM）の諸類型

　このように移行期正義の目的は多様であり，それを実現するための具体的措置にもさまざまな種類が存在する。先行研究ではしばしば，そうした措置の総称として，「移行期正義メカニズム（TJM）」という言葉が用いられる。そこで

本書では，以下，移行期正義を追求するための具体的措置の総称として TJM という略称を用いることとする。ここでは，先行研究に依拠しつつ，TJM にどのような措置が含まれているかを概観しておこう。

(1) 刑 事 裁 判

　TJM のうち最もよく用いられるものとして，過去の人権侵害の加害者を裁くための刑事裁判が挙げられる。これは，上記の目的に照らしていえば，主として懲罰的（応報的・矯正的）正義を実現するための措置といえるだろう。また，刑事裁判において特定の加害者の責任を問うためには，その加害者が関与した犯罪行為に関する真相が裁判の場で明らかにされることが不可欠である。そのため，刑事裁判は，個々の人権侵害行為に関する真相の究明にも寄与することが期待できるであろう。

　このような裁判は，さまざまなレベルや形態で実施されうる。旧ユーゴ地域やルワンダについては，武力紛争中に発生した大規模な人権侵害行為（民間人に対する虐殺行為）が国際的に大きな注目を集め，国連の安全保障理事会（安保理）が旧ユーゴおよびルワンダの領内で発生した人権侵害行為の責任者を裁くための特設法廷の設置を決定した。さらに，これらの制度を発展させ，ジェノサイド，人道に対する罪，戦争犯罪などの国際人道法に対する重大な違反行為について個人の刑事責任を一般的に問うことのできる常設の国際裁判所である国際刑事裁判所（ICC）が 2003 年 3 月にハーグに設置された。これらの国際法廷の特徴は，一度設置されれば，犯罪行為が行われた国の政府や司法機関から独立して，自律的に刑事訴追や裁判を行うことができる点である。実際，これらの刑事裁判では，国家元首や軍の高官といった各国内の司法制度では政治的に訴追が困難な個人に対する訴追・裁判も少なからず行われてきたのである。ただし，これらの国際裁判所は警察権をもつ機関を伴わないため，被告人の身柄の拘束にあたっては，関係各国の警察機関の協力を仰がなければならない。

　次に，国連などの国際機関と現地政府が協力して特別法廷を設置する例も見られる。シエラレオネやカンボジアでは，紛争終結後，現地政府と国連が協定を締結して特別法廷を設置した。国連の暫定統治下に置かれた東ティモールでは，暫定統治権を行使した国連東ティモール暫定統治機構（UNTAET）が，重

20　　第 1 章　理論的枠組み

大犯罪について排他的管轄権をもつ裁判所である「重大犯罪パネル」を設置した。

　国連などの国際機関の関与なしに，国内法で移行期正義のための特別法廷が設置されることもある。最も有名な例はルワンダの「ガチャチャ」裁判であろう。ルワンダで50万人以上の死者を出した大虐殺が発生した後，全土を掌握したルワンダ愛国戦線主導の新体制下で虐殺の加害者に対する裁判が始まると，1998年までに拘束された容疑者は13万人にも膨れ上がり，通常の裁判制度では適切に裁判を行うことが不可能であることが判明した。そこで，2001年に「ガチャチャ」裁判法を制定して，地域共同体で揉め事を解決するために伝統的に行われていた集会と現代刑法を組み合わせた裁判によって虐殺加害者を裁く，地域共同体レベルの裁判制度が導入されたのである[4]。

　最後に，国内の通常の刑事裁判を通じて訴追・裁判を行うこともある。アルゼンチンの連邦裁判所で1985年から始まった軍部の責任者に対する人権裁判を契機として広がった旧体制下の人権侵害に対する一連の裁判をはじめ，ラテンアメリカ諸国では，こうした訴追・裁判の例が多数見られる（杉山 2011）。その中には，スペイン当局の要請を受けてイギリスで逮捕され，健康上の理由からスペインへは送還されずに釈放されてチリに帰国したものの，その後免責特権を剝奪（はくだつ）されてチリ国内で訴追されたピノチェトのように，国家元首級の被告人のケースも含まれている。

⑵ 真実委員会

　刑事裁判と並んで重要なTJMの1つが，真実委員会である。真実委員会は，文字通り，「真実」を明らかにするために設置される委員会であり，その具体的な目的は国や時期によってさまざまである。真実委員会について最も包括的な研究を行った研究者の1人であるヘイナーは，真実委員会の目的は一般に，過去の人権侵害に関する調査と事実認定，犠牲者のニーズへの対応，不処罰への対抗と個人の説明責任の推進，制度的な責任の定式化と改革の推奨，和解の促進と過去に関する紛争の軽減などが挙げられると指摘している（Hayner 2011: 20）。真実委員会は，一般に，特定の人権侵害事件に関する個別的・限定的な調査ではなく，一定の時期に広範囲・組織的に行われた人権侵害行為の全

体像やその歴史的背景，暴力の発生の原因といった点を包括的に調査することを目的とすることが多い（Hayner 2011）。真実委員会はしばしば公的に設置され，一定期間の活動を経て，報告書の公刊をもって活動を終了する。真実委員会には，加害者を裁く権限は与えられていないことが多く，懲罰的（応報的・矯正的）正義をめざすというよりは，被害者に自分が受けた迫害や自分のニーズなどに関する発言の機会を与え，被害者と加害者の対話を通じた関係の修復をめざすなど，修復的正義をめざすことが一般的である。シエラレオネの真実和解委員会のように，真相究明よりもむしろ「加害者の罪の認知と謝罪に対して，コミュニティへの再統合を承認する宗教的儀式として制度化された」（クロス 2016: 125）和解儀式が活動の主眼となったものもある。

　真実委員会も，さまざまなレベルや形態があり，組織構成，与えられた任務，手続き，権限などは事例によって大きく異なる。国連などの国際機関が設置の決定に直接関与した事例としては，東ティモールが国連暫定統治の下に置かれていた 2001 年 7 月に UNTAET によって設立された受容真実和解委員会が挙げられるだろう。その目的は，東ティモールの政治的紛争中に生じた人権侵害の調査や事実認定，人権侵害の再発予防策の策定，人権侵害に関する検察官への照会や訴追の勧告，犠牲者の尊厳の回復の支援，和解促進などであった（望月 2012: 52-55）。

　国連などが直接設置を決定したわけではなくても，国際社会が設置やその活動を積極的に支援した事例は少なからず存在する。例えば，1979 年から内戦状態に陥っていたエルサルバドルでは，国連の主導下で和平交渉が行われ，その結果締結された一連の和平協定によって，エルサルバドル真実委員会の設立が定められた（望月 2012: 45-48）。同じく 1990 年代に内戦が激化していたシエラレオネでは，欧米諸国などの仲介で成立したロメ和平合意において，すべての戦闘員とその協力者に対する全面的・無条件の恩赦が与えられ，あわせて紛争初期からの人権侵害を明らかにし，その犠牲者の社会復帰のための措置を勧告する組織として，真実和解委員会の設立が規定された[5]（望月 2012: 50-52）。シエラレオネの真実和解委員会は 7 人の委員のうち 3 人は国際的な専門家とされ，その費用は国連人権高等弁務官事務所が全額支出した（望月 2012: 52）。

　このように国際機関が設置や活動に関与したケースも少なからず存在すると

はいえ，これまでに設置された真実委員会の大半は，国内法に基づいてその国の政府が公的機関として設置したものである。ラテンアメリカ諸国については，杉山が取り上げた14カ国の真実委員会のうち，12の委員会は大統領府もしくは議会によって設置されたものである（杉山 2011: 16）。このように国内法によって設置された真実委員会のうち，最も有名なものは，いうまでもなく，南アフリカでアパルトヘイトが廃止された後に設立された真実和解委員会であろう（阿部 2007）。南アフリカでは，アパルトヘイト期の人権侵害について，和解のために被害者の声を聞き，真実を認知することを主眼とし，加害者に対しては，真実を証言することと引き換えに免責することを認める機関として，国民統一和解促進法によって真実和解委員会が設立されたのである（クロス 2016: 74-89）。南アフリカの真実和解委員会は，旧体制の加害者への責任を過度に追及すれば民主化に対して治安部門などが反発することが懸念されていた中で，懲罰的正義とは異なる形で，修復的正義を追求し，真実の究明と国民和解の推進に貢献した事例として，しばしば肯定的に評価されている[6]。

　さらに，非政府組織（NGO）や教会などの民間組織が，真実委員会を立ち上げて活動を行った例も見られる。NGO などによって行われる真実追求の試み（非公式真実プロジェクト）には，公式の真実委員会に似たもの，過去の人権侵害に関する真相を明らかにするための記録センターや NGO によるプロジェクト，模擬裁判，芸術・演劇・展示などの文化的企画といった活動が含まれている（Bickford 2007, 2013）。例えば，ラテンアメリカ諸国では，弁護士たちが訴訟を視野に入れて収集していた人権侵害行為に関する資料が教会の支援によって報告書として公刊されたブラジルの例や，弁護士や医師らによる拷問被害者へのインタビューに基づき軍事政権の人権侵害の詳細を明らかにした報告書が公刊されたウルグアイの例など，民間組織による真相究明の試みの事例が多数見られる（杉山 2011: 15-17）。

(3) 公職追放などの制裁措置

　TJM のうち，第3の措置として挙げられるのが，公職追放などの制裁措置である。これは，前述の刑事裁判と関連する場合と関連しない場合とがある。前者については，旧体制下で人権侵害行為，非人道的行為に関与したことが裁

判で明らかとなった加害者に対して，その後公職追放の制裁措置が加えられる場合が考えられる。第二次世界大戦後の日本において，極東国際軍事裁判で有罪判決を受けた被告人がその後一時期公職に就くことを禁じられたのは，そのような事例に該当するだろう。実際に旧ユーゴ地域でも，紛争終結後に国際社会主導で平和構築が進められたボスニアでは，旧ユーゴ国際軍事裁判所(ICTY) に訴追された戦争犯罪被告人が公職追放措置を受けている。他方，後者に該当する事例としては，刑事訴追の対象とはならなくても，旧体制下で特定の職務に従事していた者を一律で公職から追放する措置などが考えられる。言い換えれば，行政処分としての制裁措置ということになる。例えば中東欧諸国では，体制転換後，旧体制下で秘密警察などの職務に従事していた者に対して公職追放の措置がとられている。[7]

　公職追放措置においては，裁判とは異なる形での真相究明が大きな影響を与えることがある。すなわち旧体制下では非公開となっていた内部資料の公開である。例えば中東欧諸国では，秘密警察の協力者等に関するファイルが公開されたことによって，公職追放の対象者となったり，党や選挙民からの圧力を受けて辞任に追い込まれたりする事例が見られる。[8]

⑷ 免責・恩赦

　過去の人権侵害行為について，その罪を免責し，恩赦を与えることも，移行期正義に含まれる（杉山 2011: 11）。これは，先に述べた真実委員会と関連して行われる場合がある。すなわち，南アフリカの真実和解委員会において行われたように，加害者に対し，真相究明に資する証言や告白と引き換えに，過去の罪を免責し，恩赦を与えることが考えられるのである。また，先に述べたように修復的正義が加害者の更生とコミュニティへの再統合，それを通じた加害者と被害者の関係の修復をめざすものであるとするなら，そうした目的を実現するための措置として，真実委員会のような場所での真相究明とは無関係に，加害者への免責・恩赦の付与が行われることも考えられる。特に武力紛争状態から平和状態への移行に際して行われる移行期正義では，どちらか一方の紛争当事者だけが紛争中の人権侵害行為の責任を全面的に負うことにはならない場合が多い。その場合には，すべての紛争当事者を平等に社会に再統合するための

措置として，免責・恩赦が選択されることも少なくないのである。例えば，先に述べた通りシエラレオネ内戦では，すべての戦闘員とその協力者に対して全面的かつ無条件の恩赦が与えられ，紛争当事者に対しては公的・司法的措置を一切とらないこと，国外に逃げた元戦闘員に対しても免責を保証するための立法やその他の措置を行うことが規定されたのである[9]。

(5) 被害者に対する補償

　TJM の第 5 の措置として，被害者に対する補償を挙げることができる（Stan & Nedelsky 2013a: 84-89）。この措置も，前述の刑事裁判と関連する場合と関連しない場合とがありうる。刑事裁判に関連する補償の措置としては，裁判で有罪判決を受けた加害者が，被害者に対して損害の賠償を命じられる場合が考えられるだろう。例えば，ルワンダでガチャチャ裁判が導入された際には，被害者が損害賠償を求めることができるとされ，ガチャチャ裁判の判決では，生存者に対して，損害を受けた資産に対する賠償の権利を認めるものも多かった[10]。ICC の設立規程であるローマ規程では，被害者の賠償・補償の権利が明記されている（クロス 2016: 44）。刑事裁判と関係しない補償の措置としては，被害者の居住する国の政府や加害者側となった国の政府，もしくは民間の団体や基金などによって，人権侵害の被害者に対して，人権侵害を受ける前の住居への帰還，資産の返還，雇用の回復といった措置がとられる場合や，金銭や医療支援，新たな雇用や住居の支援といった物質的・経済的支援などの補償が提供される場合などが考えられるだろう。こういった措置は，修復的正義を実現するための具体的措置に分類することができる。

(6) 集合的記憶の形成

　最後に，慰霊碑の建立や博物館の開設などによって，集合的記憶を形成する措置も，移行期正義に含まれる（Stan & Nedelsky 2013a: 117-120; 杉山 2011: 11）。そうした措置によって，人権侵害の犠牲者が受けた被害が公的に承認され，被害者の名誉回復や癒しにつながると考えられているからである。こうした集合的記憶の形成の措置は，一般的に過去の人権侵害を非難し，それを二度と繰り返さないというメッセージを次世代に伝える機能を果たす。その意味では，こ

2　移行期正義メカニズム（TJM）の諸類型　25

うした措置は，加害者と被害者を含めたコミュニティの関係の修復をめざす修復的正義のための措置とみなすことができるであろう。こうした措置は，人権侵害行為の犠牲者が受けた心理的な傷や名誉の毀損を修復するためのものであるとすれば，前述の犠牲者への補償の一部とみなすこともできるであろう（クロス 2016: 44）。こうした分野では，絵画，彫刻，写真，演劇，小説など多様なジャンルの芸術が重要な役割を果たしている。そのため，芸術と移行期正義との関連が重要な研究テーマとなっており，多数の事例研究が生み出されている（Stan & Nedelsky 2013a: 117-123）。

これと関連して，移行期正義と密接にかかわる政策分野として，学校教育，とりわけ歴史教育が挙げられる（Cole 2007）。初等・中等教育における歴史教育は，国家が「真実」と認めた集合的記憶を歴史的事実として次世代の国民に学ばせるという性格を帯びるため，過去の体制や紛争，そこでの人権侵害の描き方は，しばしば重要な争点となる。同一の歴史的事件や事実が，国や民族によって，全く異なる形で描かれることも当然ありうる。このような観点からすれば，紛争後や体制移行後の社会において，歴史教育で教えるべき「過去」についての合意を形成し，それを教育の現場で実践していくこともまた，TJM の1つであるといえるだろう。

3　移行期正義と和解・謝罪

TJM に関する以上の整理を踏まえ，本節では，まず「和解」という概念を検討し，それと移行期正義の関係について簡単に考察しておきたい。移行期正義の概念や規範の国際的伝播について研究しているクロス京子も指摘するように，和解は，きわめて曖昧な概念であり，それが何を意味し，どのように達成されうるものなのかについては，先行研究において合意が得られていない（クロス 2016: 48）。ロングとブレックは，和解を「かつての敵対者間で見られる相互に融和的な共存」と定義するが，和解そのものは人々の心の中で起きるために測定が困難であるとし，客観的に測定可能な「和解イベント」（広報やマスメディア報道が行われる公的な式典において，かつて敵対していた集団の指導者の直接的な接触が起き，紛争解決とその後のより友好的な関係を示唆する儀式的・象徴的な行為

がなされること）と区別している（Long & Brecke 2003: Ch. 1）。レデラックによれば，和解とは，敵対者間の関係構築に焦点をあわせたものであり，紛争に影響を受けた人々の間で，痛ましい過去と向き合い，ともに未来を作り出すための方法を模索することである（Lederach 1997: 34）。グロッペンは，関係の再構築が必要なレベルとして，被害者・加害者間の個人レベル，コミュニティや集団間のレベル，国家レベルの3つを区別している（Gloppen 2005）。クロスは，それぞれのレベルでの和解のとらえ方は異なっており，個人レベルの和解は精神的領域における信頼関係の回復，集団レベルの和解は社会構造の再建，国家レベルは共通の歴史認識の構築であると整理したうえで，個人レベルの和解は赦しや癒し，集団レベルは包摂や受容，国家レベルは統一という言葉と置換可能であると論じている（クロス 2016: 49）。

　この3つの区別に関するクロスの理解は，その間で和解が実現されるべき人々が，1つの国内に共存していることを前提としている。この前提は，権威主義体制からの体制転換後や内戦終結後の移行期正義のほとんどの場合に成立しうるといえるが，この前提が成立しない場合もある。体制転換や紛争の過程で国家が解体し複数の国家に分裂した場合，関係の再構築は，複数の国家間で行わなければならないからである。これを仮に複数の国家によって構成される「地域」のレベルの和解と呼ぶなら，それは，先に述べた3つのレベルに加えて，平和条約の締結，外交関係の（再）確立，政府の各レベルの往来の定例化や活発化といった政府レベルの関係の再構築をも含む，きわめて多面的な概念となるだろう。

　このように多様な意味を付与される和解は，移行期正義とどのような関係にあるのだろうか。和解という概念の多義性，曖昧性に起因して，和解と移行期正義の間についても，さまざまな関係が見られる。

　第1に，和解という概念は，免責や恩赦によるかつての敵対者との共存と同義で用いられる場合がある。和解という言葉が初めて真実委員会の名称に用いられたチリの事例では，この言葉は，そのような意味を内包していた（クロス 2016: 54）。この場合，免責や恩赦も TJM の1つであるとみなす本書のような立場をとるなら，和解は，移行期正義を追求する措置や政策が直接的に実現しようとする目的そのものであるということができるだろう。他方で，初期の移

行期正義の研究では，このような意味での和解は，過去の人権侵害に関する個人の法的責任を追及する狭義の（懲罰的な）「正義」とは相反する概念として批判されていた（クロス 2016: 54）。和解は，「ある種の社会的『忘却』を意味し，国民にそれを押し付けるものであった」（クロス 2016: 54）のであり，個人の責任を追及する「正義」の実現を妨げるものとみなされていたのである。このように移行期正義を懲罰的な正義に限定する考え方からすれば，和解は移行期正義を追求する具体的措置や政策が実現しようとする目的というよりは，その外にあり，正義の実現を妨げるものということになる。しかし，移行期正義における正義は修復的正義を含むという考え方が支配的となった今日では，和解をそのように理解する者は少数派であろう。

第2に，和解を，犯罪行為の認知や謝罪と引き換えに，加害者をコミュニティに再統合する行為とみなす立場がある（クロス 2016: 56-59）。この考え方は，加害者に刑事的な処罰を科すのではなく，免罪したうえでコミュニティに統合するという点では第1の考え方と似ているが，免罪・恩赦が無条件・包括的に与えられるのではなく，真実委員会のような場での罪の告白や謝罪を条件として与えられる点が異なっている。ここでは，加害者は，刑事的な処罰は科せられないものの，公に罪を認めて謝罪する「再統合のための辱め（reintegrative shaming）」（Braithwaite 1999: 38-41）を受けるという道義的な制裁を科せられているといえる。これによって，加害者が道義的制裁を受けたことを確認した被害者が納得して癒され（個人レベルの関係再構築），制裁を科せられた加害者を被害者側のコミュニティが受容することで加害者と被害者の集団間の断絶が乗り越えられ（集団レベルの関係再構築），過去の紛争に関する共通の理解に基づいて1つの国家で共存していくという合意が形成される（国家レベルの関係再構築）と期待されているのである。このような罪の認知・謝罪と再統合の儀式（社会的な権威のある人間もしくは組織による再統合への「お墨付き」）が真実和解委員会のような TJM の機能に含まれているならば，ここでいう和解は，第1の場合と同様に，移行期正義を追求する制度や政策が直接的に実現をめざす目的そのものであるとみなすことができるだろう。

第3に，和解は，移行期正義の追求の究極的な目的とされつつも，それを追求する具体的な措置や政策が直接的に実現をめざす「正義」とは区別される場

合もある。例えば，ICTY が設置された際に主張されたのは，重大な人権侵害行為，戦争犯罪行為について責任を有する個人を裁くことによって，不処罰の文化を撲滅し，和解への道を開くことができる，ということであった。このような主張は ICTY の公式見解にも表れている。ICTY のウェブサイトでは，以下のように書かれている。

> いうまでもなく，当裁判所の業務は，旧ユーゴ諸国に大きなインパクトを与えてきた。最も高い地位にあり悪名高い犯罪者たちの一部を社会から除去し，責任を果たさせることにより，暴力の傷跡を取り除くことができ，不処罰の終焉に貢献し，和解への道を開くことを手助けしている。[11]

　ここでは，ICTY という TJM の直接的な目的はあくまで戦争犯罪の責任者に刑事的な処罰を与えることにとどまっており，旧ユーゴ地域の諸民族間，被害者と加害者の間の和解は，それを通じて促進するものと位置づけられている。オレントリカーも，ICTY の関係者やボスニアなどの有識者の多くが，真相究明や責任者の処罰といった「正義」が「和解」の前提条件ではあるが，ICTY の裁判が和解そのものを目的にしているわけではないという立場をとっていることを明らかにしている（Orentlicher 2018: 103-107）。

　このように，多様なレベル，多様なアクター間で，多様な形をとることが考えられる和解と移行期正義の関係を，一律に規定することは不可能である。しかし，基本的に，TJM の内部で行われる和解（移行期正義の具体的措置の一環として行われる和解）と，TJM の外部で行われる和解とを区別することはできるように思われる。例えば真実委員会において，加害者と被害者の対話の場が設けられたり，罪を認めた加害者のコミュニティへの再統合の承認が行われたりする場合，和解の促進は，移行期正義の活動そのものである。このような場合には，TJM と和解を区別することは難しいため，TJM が人々の間の和解をもたらしたのかという問いを実証的に検討することは難しいだろう。犯罪の被害者に対する賠償について考えれば，それが加害者によって行われる場合には，関係性を再構築するための活動の1つであり，和解は TJM の内部で起こっているといえるが，被害者が居住する国の政府が（加害者とは無関係に）被害者に対して金銭的補償やその他の物理的支援を行う場合，被害者と加害者の間の関

3　移行期正義と和解・謝罪　29

係性には直接的に何の働きかけもしていないため，和解は TJM の外部にあると考えることができる。刑事裁判も，それ自体が加害者と被害者が和解することを目的としているわけではないため，和解は TJM の外部にあるといえるだろう。このような場合には，TJM の措置が，現地の人々の間の和解を促進することができたのかという問いを提起することができるように思われる。

　最後に，上記の議論の延長線上で，移行期正義と謝罪の関係についても検討を加えておきたい。上記のように，和解の促進が TJM の目的そのものである場合，和解の一環としての加害者からの謝罪も，移行期正義の一部とみなされることが多い。例えばクロスは，加害者からの謝罪を，被害者や遺族に対する補償や賠償のうち，精神的な側面に働きかけるものとして，移行期正義の措置の 1 つに含めている（クロス 2016: 44）。先に述べたように，真実和解委員会における加害者のコミュニティへの再統合が，加害者による公の謝罪を条件として行われるものである場合，加害者による公的謝罪を移行期正義の措置の 1 つに含めることはむしろ自然なことであるといえる。

　他方で，過去の人権侵害行為について行われた公的な謝罪を，すべて移行期正義に含めることもできないように思われる。移行期正義の追求によって過去の人権侵害の実態が明らかとなり，その責任者が戦争犯罪の罪で刑事罰を受けた場合，それを受けて，その責任者の属する国やコミュニティの指導者が公的謝罪を行うことがあれば，それは移行期正義の一部というよりも，移行期正義の実現（真相の究明，責任者の処罰）がもたらした社会的変化の 1 つとみなすべきであろう。

　このように，本書では，移行期正義と和解や謝罪について，一律の関係性を想定するのではなく，移行期正義の具体的措置や TJM の果たしている機能にそれが織り込まれているかどうかを見ることで，TJM の内部で行われる和解や謝罪と，TJM の外部で行われる和解や謝罪（移行期正義の追求がもたらす社会的帰結としての和解や謝罪）とを区別して考えるというアプローチをとることにしたい。

4　移行期正義の規定要因

　以上の検討を踏まえ，本節では，移行期正義の追求の度合いやその形態が，国によって，また同じ国でも時期によって，似たようなものになったり，異なるものになったりするのはなぜかという問題について考えたい。具体的には，先行研究において展開されてきた移行期正義の規定要因に関する理論的・実証的研究の成果を踏まえて，移行期正義の追求の有無やその形態を説明する変数として，(1)移行の文脈と新体制におけるアクター間のパワー・バランス，(2)世論の圧力，(3)国内の圧力団体からの要求，(4)政権の党派性，(5)国際的圧力，という 5 つの要因が重要であることを示す。

(1) 移行の文脈と新体制におけるアクター間のパワー・バランス

　体制転換後，もしくは紛争終結後の移行期正義は，体制転換前の旧体制に関与した勢力，もしくは紛争中に非人道的な行為に関与した勢力（本節では以下，そうした勢力を，「加害者側の勢力」と総称する）にとって，不都合な真実を明るみに出し，場合によっては，その罪を裁くことをめざすものである。したがって，加害者側の勢力は当然，それに抵抗することが予測される。そうした抵抗を乗り切って新体制において移行期正義が追求されるか否か，また追求される場合に，免罪や恩赦などの加害者側の勢力にとって融和的な措置になるか，人権裁判のように加害者側の勢力にとって断罪的な措置になるかは，移行の文脈と新体制における被害者側と加害者側のパワー・バランスによって規定されるという指摘が，先行研究において数多くなされている。

　体制転換の文脈では，旧体制が積極的に民主化を進めた「上からの民主化」のケースや，反体制勢力との協定によって民主化を進めた「協定による民主化」のケースでは断罪的な措置がとられにくく，反体制勢力の革命的行動（蜂起，大規模な抗議デモなど）によって旧体制が崩壊して民主化が起きた「下からの民主化」のケースでは，断罪的な措置がよりとられやすいとされる。民主化後の移行期正義を従属変数とした実証分析では，体制が崩壊して民主化した場合にはより早く人権裁判が実施されやすいことが明らかになっている（Kim

2012)。スカーは，民主化の第3の波と呼ばれる1970年代後半から1980年代に民主化を果たした国々における移行期正義の実施について比較事例分析を行い，民主化前の体制エリートが強いとき（上からの民主化，協定による民主化が起きたとき）は，真実委員会が設置される，または何も実施されないという帰結になりやすく，民主化前の体制エリートが弱いとき（下からの民主化が起きたとき）は，裁判が実施されやすいと結論づけている（Skaar 1999）。民主化を実現するために白人の勢力，とりわけ武力を有する治安機関の協力を得ることが不可欠であった南アフリカで，ニュルンベルク型の裁判は不可能であり，白人の協力を得られる真実和解委員会の方法が選択されたという指摘（クロス 2016）は，そうした議論に合致する典型的な例であろう。

　武力紛争状態から平和状態への移行の場合には，一方の紛争当事者が軍事的に勝利して紛争が終結した場合と，和平合意によって紛争が終結した場合（紛争当事者がそれぞれ軍事力を一定程度保持したまま紛争が終結した場合）とで，紛争後に追求される移行期正義のあり方が変わるという指摘がある。一方の紛争当事者が軍事的に勝利した場合には，敗者側の人権侵害行為を裁く裁判が実施されやすくなる。他方，各紛争当事者が軍事力を保持したまま和平合意によって紛争が終結した場合，裁判は実施されにくく，真実委員会や免罪・恩赦が選択されやすいとされる。例えば，内戦後の移行期正義（裁判，真実委員会，補償）を従属変数とした実証分析を行ったキムとホンの研究は，どちらか一方の勝利で終わった場合には裁判が実施されやすく真実委員会や補償は実施されにくくなることを明らかにしている（Kim & Hong 2016）。また，デトマソらの研究は，和平合意で紛争が終結すると，真実委員会などの修復的な正義が実施されやすいことを明らかにしている（DeTommaso et al. 2017）。例えば，虐殺の被害者となったツチ系の人々を主体とするRPFによる軍事的勝利の形で紛争が終結したルワンダでは，虐殺に関与した人々に対する裁判が移行期正義の中心となった（ルワンダ愛国戦線の側による人権侵害行為は裁判の対象から除外された）。それに対し，和平合意によって紛争が終結したシエラレオネでは，ごく一部の重大な戦争犯罪の容疑者を除いてほとんど全員に免罪・恩赦が与えられ，加害者をコミュニティに再統合するための真実和解委員会の活動が移行期正義の中心となった（望月 2012; クロス 2016）。これらの事例は，上記の議論に合致するもの

といえるだろう。

(2) 世論の圧力

第2に，世論からの圧力も，移行期正義の有無やその形態を規定する重要な要因となる。特に移行後に民主主義的な政治体制が成立している場合には，新体制の政府は，選挙によって権力の獲得・維持の成否が決まるため，有権者の意向を無視できない。有権者の大多数が人権裁判を求めている場合には，旧体制に関与した勢力の抵抗が予測できたとしても，新体制下の政権は，リスクを冒して裁判を実施することを選択するかもしれない。あるいは，人権裁判を実施することを公約として掲げた政治家や政党が，多くの有権者の支持を集めて選挙に勝利し，権力を奪取する事例もあるだろう。1983年に，軍部が制定した恩赦法を無効とし，人権裁判を実施することを訴えて当選したアルゼンチンのアルフォンシンは，その典型的な事例といえる（杉山 2011: 82-87）。逆に，世論が裁判に反対していれば，それを押し切って新体制の政府が裁判を実施することは難しくなるだろう。先に紹介したスカーの比較事例分析によれば，移行期正義を求める大衆からの要求が強く存在する状況では，真実和解委員会もしくは裁判が実施される（そのどちらが選択されるかは旧体制エリートの強さによる）のに対し，大衆からの要求が弱い状況では，何も選択されない可能性が高い（Skaar 1999）。

世論の圧力は，先に挙げた新体制下でのアクター間のパワー・バランスと関連し合っている可能性がある。特に民主化後の移行期正義の場合，旧体制のエリートが相対的に強いのは，旧体制エリートが少なからぬ国民の支持を得ているからである場合が多い。あるいは逆に，旧体制が上からの民主化もしくは協定による民主化を成功させることができ，一定の権力を維持し続けているからこそ，少なからぬ国民が支持し続けるのかもしれない。旧体制エリートが一定の権力を保持したまま民主化が起きた場合，国民の多くは，移行期正義を望んでいたとしても，権力を保持し続けている旧体制エリートからの非難や報復を恐れ，移行期正義を要求する声をあげることができないかもしれない。

世論からの圧力の大きさは，操作化が難しく，多くの国で体系的にデータを収集することが困難なため，計量的な実証分析ではあまり分析の俎上には載せ

られていない。しかし，ダンシーは，計量分析の結果に基づき，市民のデモが多いほど，民主化後の人権裁判が実施される可能性が高くなると指摘している（Dancy 2013）。また，人権裁判を従属変数とした研究では，政治体制がより民主的になると，人権裁判や有罪判決の件数が増加する傾向にあることが指摘されている（Dancy & Michel 2016）。その国の体制が民主的であることは，必ずしも移行期正義を求める世論の圧力が強いことを意味するわけではないが，政権が国民の要求により応答的であることは意味するといえるだろう。国民の要求により応答的な政府が存在する体制において，裁判が増加しやすいという知見は，世論の圧力の影響力を示唆しているように思われる。

(3) 国内の圧力団体からの要求

　上記と関連する要因として，国内の圧力団体からの要求を挙げることができる。移行期正義を要求する圧力団体としては，人権団体や，過去の人権侵害の被害者およびその遺族などが結成する団体が最も重要であろう。例えばラテンアメリカにおいて人権裁判が実施されるに至った過程では，こうした団体が重要な役割を果たした（杉山 2011）。クロスは，各国における移行期正義の形態や具体的措置の詳細が策定される過程，とりわけその中でローカルな規範や制度が取り入れられる過程において，現地の NGO や専門家団体が果たす役割の重要性を指摘している（クロス 2016）。移行期正義を従属変数にとる実証研究では，国内の人権団体の数が多いほど裁判が実施されやすくなることを複数の研究者が明らかにしている（Kim 2012; Dancy & Michel 2016）。

　逆に，移行期正義の追求に反対する圧力団体も存在する。過去の人権侵害に軍人が関与していた国では，退役軍人会のような組織は裁判の実施には反対の姿勢を示すであろう。同様に，戦闘行為が民族間や宗教間で行われていたような国では，紛争後の移行期正義の追求，とりわけ裁判の実施に対しては，民族主義的な団体や宗教組織（とりわけ過激な立場をとるもの）は，反対の姿勢を示すであろう。こうした団体の数やその活動の活発さ，政治的影響力もまた，その国の移行期正義の追求の有無，その形態などに影響を及ぼすと考えられる。

34　第 1 章　理論的枠組み

⑷ 政権の党派性

　移行期正義の追求は多くの場合，政府による公式の決定を伴う。そのため，決定を行う政府の側，すなわち政府を動かす政治家や政党の側の規定要因にも目を配る必要がある。この点で最も重要なのが政権の党派性である。

　とりわけ体制転換後の移行期正義の場合，旧体制エリートと新体制下で台頭する新しいエリートは，党派性が異なる場合が多い。体制転換前の政治体制が軍部主導型で，その体制下で左派が弾圧されるというパターンが多かったラテンアメリカ諸国では，旧体制エリートが右派，新体制下で台頭したエリートが左派を構成することが多かった。逆に，共産党（左派）が旧体制エリートを構成していた中東欧諸国では，新体制下で台頭したエリートは中道もしくは右派を構成するのが一般的であった。このように旧体制エリートと新興エリートの党派性が分かれる場合，政権の党派性が，旧体制下で行われた人権侵害に対する移行期正義の追求の度合いと関連し合うと考えられる。旧体制エリートに近い党派性の政権が成立すれば，移行期正義の追求はそれほど激しいものにはならないであろう。逆に，旧体制エリートとは逆の党派性の政権が成立すれば，旧体制下での人権侵害の責任を追及する姿勢は，より強くなることが予測できる。左派政権の成立後に人権裁判が実施・拡大したラテンアメリカ諸国の事例は，そうした議論に合致する例であろう（大串 2012）。この点は，管見の限り，移行期正義に関する計量的な研究ではまだ体系的に検証されていないが，その妥当性を示唆する研究は少なくない。例えばポルトガルの事例を取り上げて政党のマニフェストや審議における発言などのテキスト分析を行った研究では，左派政党が移行期正義に積極的であり，右派政党は沈黙する傾向があることが示されている（Raimundo 2015）。

　政権の党派性は，移行の直後の時期についていえば，前述した新体制下でのアクター間のパワー・バランスが強く関係しているであろう。旧体制エリートが権力を保持したまま移行が起きる場合，新政権が旧体制側エリートと新興エリートの連立政権のような形態をとる可能性が高いからである。逆に民衆蜂起などによって体制が転覆され，下からの民主化が起きた場合は，新政権に旧体制エリートの側の政党が参画する可能性は低いであろう。

　ただし，政権の党派性は選挙のたびに変化する可能性があり，時系列で変化

していく点が移行後の新体制下でのパワー・バランスという要因とは異なる。移行が起きたときには旧体制エリートが完全に権力を喪失したとしても，その後，旧体制エリートの側の政党が選挙で権力を奪回することも十分ありうる。逆に，体制転換の際には旧体制エリートが権力を保持したまま移行が起きたとしても，その後の選挙で旧体制エリートの政党が権力を完全に喪失することも考えられる。このように，政権の党派性という要因に着目すれば，移行直後の時期だけでなく，その後長期間にわたるパワー・バランスの変化をとらえることができるだろう。この点は，旧体制エリートに対する人権裁判などが，必ずしも移行の直後に実施されるのではなく，移行からしばらく時間が経過した後で実施されることがある点を考慮すると，説明変数として重要であるように思われる。

⑸ 国際的な圧力

　最後に，さまざまな外部のアクターからの国際的な圧力について見ておきたい。これまでの検討が明らかにしてきたように，移行期正義の追求の有無やその形態は，移行後の新体制下での政治エリートの利害に直結するため，必然的に，移行後の国内政治の争点となる。しかし他方で，移行期正義の追求は，国際人道法などの人権規範が国際的に確立されていく中で，国際的な規範的要請に応えるために行われるという側面も有する（望月 2012）。特に冷戦の終焉後，欧米諸国は，国際的に確立された人権規範の遵守，その具体的実践としての移行期正義の追求を，体制転換や紛争終結などの移行を経験した国に強く求める傾向が見られる。クロスが指摘するように，移行期正義が追求されるような紛争後の国では，紛争で疲弊した社会を再建するうえで，外部のアクターに政治的・経済的に依存していることが少なくなく，概して外部のアクターの影響力は大きい（クロス 2016: 194-195）。そのため，裁判や真実委員会といった移行期正義を追求する具体的措置をとるよう圧力をかける欧米諸国からの国際的な圧力は決して無視できない。同様に，移行期正義の追求を正しい政策として推奨する国連などの国際機関も，大きな影響力をもつと考えられる。実際，移行期正義に関する計量分析では，国連平和維持活動（PKO）が紛争の終結やその後の平和構築に関与する場合，真実委員会のような修復的正義を追求する措置が

とられやすいことが明らかとなっている（DeTommaso et al. 2017; Kim & Hong 2016）。また，国連 PKO が介入すると，より早く裁判が実施されやすいという知見も得られている（Kim 2012）。

　体制転換後や紛争後の国における移行期正義の追求の有無やその形態に影響を及ぼすのは，欧米などの各国政府や国際機関だけではない。国際的な NGO，トランスナショナルなアドボカシー・ネットワークも大きな影響力を有している。クロスは，こうしたトランスナショナルなアクターが，国際正義規範や人権規範と現地の規範や制度の融合，和解概念のローカル化において，重要な役割を果たしていることを指摘している（クロス 2016）。実証研究では，国際 NGO の数が多いほど，より早く裁判が実施され，裁判や判決の件数が増加する傾向にあることが明らかとなっている（Berlin & Dancy 2017）。これらの団体の影響力は，圧力というよりは，規範の形成や伝播を促進しているというほうが適切かもしれないが，いずれにせよ，こうした国際的な団体の活動や提言が，他の国の移行期正義の追求の有無や形態に重要な影響を及ぼしていると考えられる。

小　　括

　本章では，移行期正義の定義と，それを追求するための具体的措置である TJM の諸類型を示し，移行期正義と和解および謝罪の関係に関する本書の立場を示した。そして，移行期正義に関する理論的・実証的な研究を参照しつつ，移行期正義を規定すると思われる諸要因について検討した。次章以降では，本章で示した理論的枠組みに基づいて，旧ユーゴ地域に関する検討を進めていくことにしたい。

● 注
1)　「ムバラク前大統領に終身刑　現地メディア賛否割れる」『日本経済新聞』2012 年 6 月 3 日付朝刊，5 面。
2)　例えば，政治体制の民主主義の度合いを測定する指標として一般的に用いられる Polity IV のエジプトの値は，「アラブの春」の後も 0 を上回っておらず，民主主義体制

か否かを判断する閾値として一般的な+6には程遠い状況である（http://www. systemicpeace.org/polity/egy2.htm　2018 年 5 月 1 日最終アクセス）。

3）　シエラレオネ，東ティモール，カンボジアの事例については，望月（2012）を参照。

4）　ガチャチャ裁判の詳細およびその功罪については，HRW 2011; 武内（2005）；小峯（2018）を参照。

5）　ロメ和平合意の第 IX 条は「恩赦（Pardon）とアムネスティ（Amnesty）」という題になっており，望月もその表記にならって著書の本文中で「恩赦とアムネスティ」と並列表記をしているが，その区別については言及していない。一般的には，恩赦は有罪が確定した個人に対して与えられるものであるのに対して，アムネスティは裁判を受けたか否か，有罪判決を受けたか否かにかかわらず特定の集団に対して与えられるものとされ，恩赦は犯罪一般に対して用いられるのに対し，アムネスティは一般に国家に対して行われた軍事的・政治的攻撃を対象に行われるものとされる（Ntoubandi 2007: 9-12）。この意味では，シエラレオネの和平合意において意図されているのは「アムネスティ」に近いであろう。ただしロメ和平合意の条文中ではアムネスティという語は用いられておらず「恩赦（pardon）」が一貫して用いられており，裁判も有罪判決も受けていない「すべての戦闘員とその協力者」に対して全面的・無条件の「恩赦（pardon）」が与えられると規定されている。本書では，先に述べた意味での「アムネスティ」を含めたものとして，一貫して「恩赦」という表記を用いる。

6）　ただし，南アフリカの真実和解委員会の問題点を指摘する声もある。例えば，真実和解委員会に免責を申請しなかった，または委員会が免責を認めなかった犯罪責任者に対しては刑事訴追を行うことが本来は想定されていたが，実際にはそうした責任者に対しても刑事訴追が行われなかった。また，救済や補償について真実和解委員会が行った提言も，ほとんど実行されなかった（Stan & Nedelsky 2013b: 445-452）。

7）　東欧諸国における移行期正義と公職追放（lustration）については，例えば Letki（2002），Nedelsky（2004），Stan（2009），Nalepa（2012）を参照。

8）　最近では，東ドイツの秘密警察，国家保安省に勤務していた過去を隠していたことが発覚したベルリン州政府の建設副大臣が副大臣職を辞任した例がある（"Berlin lawmaker with Stasi secret police past resigns job," *Associated Press*, 2017/1/16.）。

9）　ロメ和平協定第 IX 条。ロメ和平協定の原文については国連のウェブサイト（https:// peacemaker.un.org/sites/peacemaker.un.org/files/SL_990707_LomePeaceAgreement.pdf 2018 年 11 月 15 日最終アクセス）を参照。

10）　ただし実際には判決で賠償が認められた大半のケースで，被告には支払能力がなく，国家レベルで賠償を実現するための基金も設立には至らなかったため，賠償は執行されるに至っていないとされる（"Rwanda: No justice without reparation," *Pambazuka News*, 2012/7/5）。

11）　ICTY のウェブサイト（http://www.icty.org/en/about　2018 年 5 月 2 日最終アクセス）を参照。

第 **2** 章

旧ユーゴ地域の紛争

は じ め に

　本章は，旧ユーゴ地域で発生した 3 つの紛争の概要について述べる。第 1 節ではクロアチア紛争を，第 2 節ではボスニア紛争を，第 3 節ではコソヴォ紛争を取り上げ，それぞれの紛争の概要を示す。最後に，本章での検討を踏まえて，一連の旧ユーゴ地域の紛争におけるセルビアの立場の特異性を指摘し，本章を締め括る。

1　　クロアチア紛争

　クロアチアでは，クロアチア議会が独立宣言を採択した 1991 年 6 月 25 日以降，クロアチア人勢力とセルビア人勢力の間で武力衝突が本格化した。紛争の背景にあったのは，旧ユーゴからの独立をめぐる意見対立であった。[1] 1990 年 4-5 月に実施された自由選挙の結果を受けて発足したクロアチアの新政権が旧ユーゴからの独立に向けてさまざまな動きをとったのに対して，クロアチアに居住するセルビア人は，旧ユーゴからの独立に断固反対していたのである。

39

クロアチア領内に居住するセルビア人は，自分たちが多数派を構成する自治体を糾合して「自治体連合」を形成し，それを「セルビア人自治区」へと発展させた。こうした動きの中心となっていたのはクニンという地方都市を中心としたクライナ地方に居住するセルビア人である。1990年の地方選挙でクニン市長に就任していたバビッチは，1990年12月，「クライナ・セルビア人自治区」の創設を宣言した（Barić 2005: 93-106）。同様に，それに隣接する西スラヴォニア地方では1991年8月に「西スラヴォニア・セルビア人自治区」の設立が宣言され（Barić 2005: 121），クロアチアとセルビアを隔てる国境に沿った東スラヴォニア地方でも，1991年9月25日に「スラヴォニア・バラニャ・西スレム・セルビア人自治区」の憲法制定が宣言された（Barić 2005: 107-108）。**図2-1**は，1981年の国勢調査結果に基づく各自治体住民におけるセルビア人の比率と，セルビア人が設立した3つの自治区を合わせて1991年12月に設立された「クライナ・セルビア人共和国（RSK）」の版図を示している。クロアチアではセルビア人とクロアチア人の混住が各地で進み，両民族はモザイク状に分布していた。そのため，**図2-1**からも明らかなように，これらの自治区の版図には，セルビア人だけでなく，クロアチア人やその他の民族も相当数が居住しており，クロアチア人が多数派を構成する自治体もあった（久保 2003: 162-166）。

　1991年時点で，セルビア人はクロアチアの総人口の約12％を占める少数民族であり，クロアチア人はセルビア人に対して数的優位に立っていた（**表2-1**を参照）。しかし軍事的には，1991年6月にクロアチア紛争が本格化した時点で，セルビア人勢力のほうが圧倒的な優位を誇っていたことに留意が必要である。旧ユーゴからの独立をめざしはじめた時点で，連邦内の一共和国に過ぎなかったクロアチア政府は自前の軍隊を有していなかったため，それをゼロから整備する必要があった。また，独自の軍隊の整備を公然と行うわけにはいかないため，秘密裏に進めざるをえなかった。したがって，1991年6月に紛争が勃発した際には，軽装備の軍隊が存在する程度であった。クロアチア紛争においてクロアチア人勢力を軍事的に構成したのは，この軽装備のクロアチア政府軍と，クロアチア各地で形成された民兵組織である。

　これに対し，セルビア人勢力には，クライナ・セルビア人自治区が領内で組

図2-1 クロアチアにおいてセルビア人が設立した自治区の版図

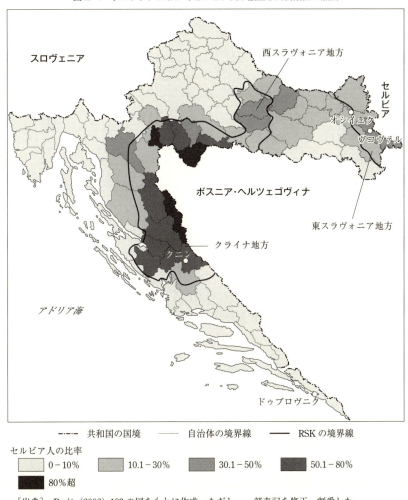

[出典] Barić (2006): 193 の図をもとに作成。ただし、一部表記を修正・割愛した。

織した警察部隊に加えて、クロアチア領内およびその近隣地域（ボスニア，セルビア，モンテネグロ）に配属されていた旧ユーゴの正規軍であるユーゴ人民軍（JNA）の部隊が加わった。JNAの指導部は旧ユーゴの一体性を維持するべきであると考えていたため、JNAにとってはクロアチア政府が企図する旧ユーゴ

表2-1　クロアチアの民族構成（1948-2011年）　　　　　　　　［単位：%］

	1948年	1953年	1961年	1971年	1981年	1991年	2001年	2011年
クロアチア人	79.2	79.6	80.3	79.4	75.1	78.1	89.6	90.4
セルビア人	14.5	15.0	15.0	14.2	11.6	12.2	4.5	4.4
イタリア人	2.0	0.9	0.5	0.4	0.3	0.4	0.4	0.4
ハンガリー人	1.4	1.2	1.0	0.8	0.6	0.5	0.4	0.3
スロヴェニア人	1.0	1.1	0.9	0.7	0.5	0.5	0.3	0.3
ユーゴスラヴィア人	–	–	0.4	1.9	8.2	2.2	0.0	0.0
総人口（人）	2,975,399	3,918,817	4,159,696	4,426,221	4,601,469	4,784,265	4,437,460	4,284,889

［注］　1948-91年については Živić（2006）: 438 を参照した。2001年，2011年についてはクロアチ
　　　ア統計局のウェブサイト（https://www.dzs.hr/default.htm　2019年2月25日最終アクセス）
　　　に公開されているデータを参照した。ただし，全期間を通じて1%に一度も達していない民族
　　　については割愛した。

からの独立は国家に対する反逆に等しいものであった。またJNAの将校の多
くはセルビア人やモンテネグロ人であったため，軍の内部にはセルビア民族主
義に共鳴する者も多かった。そのため，JNAの部隊は，クロアチアが独立を
宣言すると，セルビア人勢力の側に立って紛争に参加したのである[2]。さらに，
セルビアで組織されてクロアチアに流入してきた民兵組織も，セルビア人勢力
に加わった。

　こうした経緯から，軍事力という点では，セルビア人勢力のほうがクロアチ
ア人勢力よりもはるかに大きかった。そのため，クロアチア紛争が本格化した
1991年6月以降，戦況は当初セルビア人側に有利に進んだ。最も戦闘が激し
かったのは，(1)セルビアから侵入したJNA部隊を中心とするセルビア人勢力
から攻撃を受けたヴコヴァルとその周辺地域，(2)モンテネグロから侵入した
JNA部隊を中心とするセルビア人勢力から攻撃を受けたドゥブロヴニクとそ
の周辺地域，そして(3)セルビア人勢力がクライナ・セルビア人自治区の版図
として主張したクライナ地方ならびに西スラヴォニア地方の領内である。1991
年に発生した戦争犯罪行為の大半は，これらの地域での戦闘の中で行われたも
のであった。

　まずヴコヴァルとその周辺地域について見ていこう。JNAはもともと，早々
にクロアチア人勢力を蹂躙して，この地域を通過し，そのまま西進して首都

42　　第2章　旧ユーゴ地域の紛争

図2-2 クロアチア紛争における JNA 部隊の作戦計画（1991年）

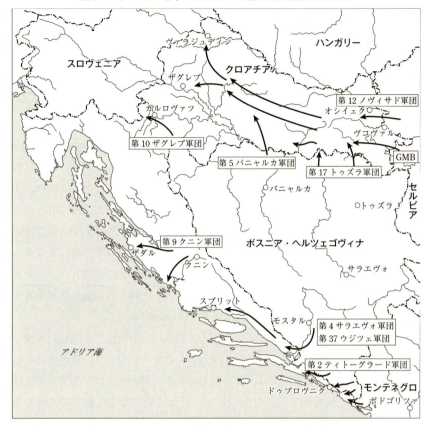

◀──── 計画された攻撃の進路　　GMB：第1親衛自動車化旅団

［出典］　Barić et al.（2015）:23 の図をもとに作成。ただし，一部表記を修正・割愛した。

のザグレブをめざすことを考えていた（**図2-2**を参照）。ところが，ヴコヴァルを防衛していたクロアチア軍の防衛部隊が予想以上に善戦し，激しい戦闘が長期化した。[3] 結局，セルビア人勢力の猛攻に耐えきれず，ヴコヴァルは1991年11月中旬に陥落し，そのときまでの戦闘でほとんど瓦礫と化したヴコヴァル市街はセルビア人勢力の支配下に置かれることになった。クロアチア紛争中に起きた戦争犯罪事件の中でも大規模なものの1つであるオヴチャラの虐殺事件は，ヴコヴァル陥落後に起きたものであり，ヴコヴァルの病院に収容されて

1　クロアチア紛争　　43

いた人々がセルビア人勢力によって病院から移送された後，暴行を受けて殺害された事件である。この事件における死者数は旧ユーゴ国際刑事裁判所（ICTY）の判決では 261 人とされているが，実際には 400 人近くに上るという指摘もある（Banjeglav 2016: 93）。

　次に，「アドリア海の真珠」と呼ばれ観光名所として名高いドゥブロヴニクとその周辺地域が，主としてモンテネグロから侵入した JNA 部隊からの包囲にあい，長期にわたって攻撃を受けた（Biserko 2006a）。ドゥブロヴニクを見下ろす山上に陣取った JNA 部隊からの砲撃を受け，世界遺産となっていたドゥブロヴニクの旧市街も激しい損傷を被って一時は危機遺産のリストに含まれるに至った。社会主義時代から欧米の観光客が数多く訪れていたドゥブロヴニクが攻撃に晒されているという事実は，欧米のマスメディアがこぞって取り上げ，欧米諸国においてセルビアに対する批判的な世論を喚起するうえで重要な役割を果たした。ただし，欧米のマスメディア，とりわけタブロイド紙によるドゥブロヴニクの被害の報道は，ドゥブロヴニクの旧市街が実際に激しい損傷を被る前になされたものが少なくなく，紛争への介入を支持する世論を喚起するための誇張が含まれているという指摘もある（Pearson 2010）。

　最後に，セルビア人がクライナ・セルビア人自治区の版図と主張した地域でも，多くの戦闘が発生し，また戦争犯罪行為も数多く行われた。前述のように，社会主義時代のクロアチアでは，都市部ではセルビア人とクロアチア人が混住していた。また農村部では，村落の単位で見れば民族的に均質的な地域も多かったが，そうした村落はしばしば地理的に近接しており，自治体のレベルで見ればセルビア人とクロアチア人が混住している地域が多かった。そのため，セルビア人が自治区を主張した地域も，実際にはその内部に多くのクロアチア人が居住していた。セルビア人勢力は，自分たちが支配を主張する地域からそうした人々を排除するために，殺害したり，脅迫によって家から追い出したりした。このように一定の地域から殺害や追放によって異民族を物理的に排除する行為は，「民族浄化」と呼ばれ（排除する主体の側から見れば，異民族の排除が完了した地域は，「浄化」された地域とされる），この言葉はその後，旧ユーゴ地域の紛争における戦争犯罪行為を象徴する言葉となった。

　ただし，この時期に発生した戦争犯罪行為のすべてがセルビア人勢力の側に

図 2-3 クロアチア紛争における死者の墓地および行方不明者の分布

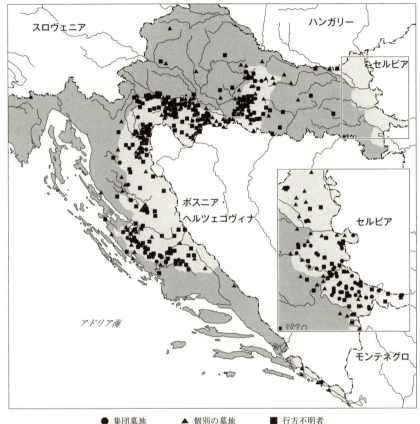

● 集団墓地　　▲ 個別の墓地　　■ 行方不明者

［出典］　Barić et al.（2015）: 20 の図をもとに作成。ただし，一部表記を修正・割愛した。

よるものであったわけではない。同様の行為は，クロアチア人勢力の側によってセルビア人住民に対しても行われた。例えば，クロアチア軍の司令官であったグラヴァシュは，1991年末に東スラヴォニア地方のオシイェクで行われたセルビア人住民に対する拷問と殺害の責任を問われ，クロアチアにおける裁判で有罪判決を受けている。[4]

　図 2-3 は，クロアチア紛争における死者の集団墓地・個別墓地，行方不明者の分布を示している。これを見ると，戦闘がどこで激しく行われたのかを視

図 2-4 クロアチア紛争におけるクロアチア軍の動き（1991-95 年）

クロアチア側が奪取した地域
- 西スラヴォニアの一部奪取（91 年末）
- クロアチア南端の奪取とドゥブロヴニクの包囲解除（92 年 4 〜 10 月）
- ミリェヴツィ平原の奪取（92 年 6 月 21 日）　　マスレニツァ作戦（93 年 1 月 22 〜 27 日）
- メダク・ポケット作戦（93 年 9 月 9 日）　　稲妻作戦（95 年 5 月 1 〜 3 日）
- 嵐作戦（95 年 8 月 4 〜 8 日）　　平和的に再統合

［出典］　Barić et al.（2015）: 28 の図をもとに作成。ただし，一部表記を修正・割愛した。

覚的に理解することができるだろう。

　約半年間の戦闘の後，バンス国連事務総長特使の仲介で，1992 年 1 月にクロアチア政府と JNA の間で休戦協定（サラエヴォ合意）が成立した。それに先立つ 1991 年 12 月，セルビア人勢力は 3 つの自治区を合わせて RSK の創設を

表 2-2　嵐作戦発動時のクロアチアと RSK の戦力の比較

	クロアチア軍	RSK 軍
兵力	130,000	40,000
部隊数	51	20
戦車	320	358-430
装甲車両	240	195-210
大砲	812	515-570
航空機	36	20-25
ヘリコプター	12	10-13

［出典］　Žunec (1999)：105 をもとに作成。

宣言しており，その版図は 1992 年 2 月に成立した国連安全保障理事会（安保理）決議によって国連保護区となり，国連保護軍（UNPROFOR）が展開することになった。これによって 1992 年以降は軍事的には小康状態が続いたが，武力衝突が完全に停止したわけではなかった。1992 年 4 月から 10 月にかけてはクロアチア軍がクロアチアの最南端で攻撃を行い，クロアチア人勢力がドゥブロヴニクとその周辺地域を奪回した。1993 年 1 月にはクロアチア軍が攻勢に出てダルマチア北部のザダル一帯を奪回した（**図 2-4** 参照）。

　事態が大きく動いたのは 1995 年である。1995 年 3 月末，UNPROFOR の任期切れに伴う国連安保理決議によって UNPROFOR が再編され，クロアチアに展開する部隊が国連クロアチア信頼回復活動（UNCRO）となったことを契機に，クロアチア軍が軍事作戦を計画・実行したのである。この時期までにクロアチア軍は大幅に増強されており，戦車やヘリコプターについてはなお RSK 側が若干優位に立っていたものの，兵力，大砲などについてはクロアチア軍のほうが優位に立つまでになっていた（**表 2-2** 参照）。

　クロアチア軍は，まず 1995 年 5 月に，西スラヴォニア地方を攻撃する軍事作戦「稲妻」を実施し，西スラヴォニア地方を陥落させてクロアチア政府の支配下に入れた（**図 2-4** 参照）。さらに，同年 8 月にはクロアチア軍が大規模な軍事作戦「嵐」を遂行し，8 月 4 日の作戦開始の翌日には RSK の首都クニンが陥落し，RSK は東スラヴォニア地方を除いて完全に崩壊した（Marijan 2007）。RSK の指導部や軍は国外へと脱出し，それに伴って RSK に居住していたセル

1　クロアチア紛争　　47

ビア人住民の大半もクロアチアの国外へと脱出した。1995年のクロアチア軍による軍事攻撃とクロアチア人勢力によるRSK版図の奪回の過程で，今度はクロアチア人勢力の側によるセルビア人住民に対する殺害行為が発生した[5]。2001年の国勢調査においてセルビア人の人口が激減しているのは，このときにセルビア人住民が大量に流出し，今なお帰還していないセルビア人が多いためである（表2-1を参照）。残る東スラヴォニア地方は，クロアチア当局と現地のセルビア人当局の間で1995年11月に調印されたエルドゥット合意に基づき，96年から98年まで国連東スラヴォニア・バラニャ・西スレム暫定統治機構（UNTAES）による暫定統治の下に置かれた後，クロアチアに平和的に再統合された。

クロアチア紛争は，双方に大きな被害をもたらした[6]。1991年から98年までの間のクロアチア側の死者は合計で1万4154人（うち6891人が軍人や警官などの武装した戦闘員，7263人が民間人），負傷者は3万578人（うち7169人が民間人，2万1959人がクロアチア人の武装した戦闘員，その他に国連部隊員や不明者が合計1450人であった）を数えた。セルビア人側については，1991年から95年までの間に戦闘で3496人が死亡し，1857人が行方不明になったとされている。家屋の損壊は約20万戸に及び，経済施設120件，文化施設（主として教会）2423件の被害も生じている。紛争によって家を離れることを余儀なくされた難民・国内避難民は，ピークに達した1992年12月には合計で66万人以上を数えた。

2 ボスニア紛争

ボスニアでは，旧ユーゴからの独立の是非を問う国民投票の結果に基づいてボスニア政府が独立宣言を発した1992年3月初頭以降，ムスリム人勢力，セルビア人勢力，クロアチア人勢力の間で武力衝突が発生し，95年にアメリカの仲介で和平協定が成立するまで3年半にわたって紛争が続いた[7]。紛争の背景にあったのは，クロアチアと同じく，旧ユーゴからの独立の是非をめぐる意見対立である。1992年3月の時点で，ムスリム人とクロアチア人はボスニアの旧ユーゴからの独立を支持する点で意見を一致させていたのに対し，セルビア人は，旧ユーゴからの独立に反対していたのである。ボスニア領内のセルビア

48　第2章　旧ユーゴ地域の紛争

表 2-3　ボスニアの民族構成（1961-2013 年）　　　　［単位：％］

	1961 年	1971 年	1981 年	1991 年	2013 年
ムスリム人	25.7	39.6	39.5	43.5	
ボシュニャク人					50.1
セルビア人	42.9	37.2	32.0	31.2	30.8
クロアチア人	21.7	20.6	18.4	17.4	15.4
ボスニア人					1.1
ユーゴスラヴィア人	8.4	1.2	7.9	5.6	0.1
総人口（人）	3,277,948	3,746,111	4,124,256	4,377,033	3,531,159

［注］　1961-91 年については Bieber（2008）: 24 を参照した。2013 年についてはボス
　　　　ニ ア 統 計 局 の ウ ェ ブ サ イ ト（http://www.popis.gov.ba/popis2013/knjige.
　　　　php?id=2　2019 年 2 月 25 日最終アクセス）から入手したデータをもとに筆者
　　　　が作成した。ただし，全期間を通じて 1％に一度も達していない民族について
　　　　は割愛した。
　　　　　なお，表中の「ボスニア人（Bosanac）」は，スラヴ系のイスラム教徒を指す
　　　　「ボシュニャク人（Bošnjak）」とは異なるカテゴリであり，宗教・民族から中立
　　　　的な，ボスニアという国家のナショナル・アイデンティティないし市民的アイ
　　　　デンティティを示すものである。また，表中には記載されていないが，2013 年
　　　　国勢調査では「ボスニア・ヘルツェゴヴィナ人（Bosanac i Hercegovac）」とい
　　　　うカテゴリでも 1 万 1406 人の登録があり，これも上記のナショナル・アイデン
　　　　ティティもしくは市民的アイデンティティを表明したものと思われる。

　人は，クロアチアのセルビア人と同様の手法で，自分たちが多数派を占める自
治体を糾合してセルビア人自治区をボスニア領内に次々と設立した。1992 年 1
月 9 日には，そうした自治体を統一して「セルビア人共和国（RS）」を設立す
ることが宣言された。
　ムスリム人勢力とクロアチア人勢力は，ボスニアの旧ユーゴからの独立を是
とする点では一致していたが，決して一枚岩ではなかった。クロアチア人勢力
は，1991 年後半から 92 年初頭にかけて，クロアチア人が人口の多数派を占め
る自治体を中心に，ボスニア・ポサヴィナ・クロアチア人自治区，ヘルツェ
グ・ボスナ・クロアチア人共同体，中部ボスニア・クロアチア人共同体を設立
し，クロアチア人の領域自治を志向する姿勢を明確に打ち出していた。この姿
勢は，ボスニアの一体性・不可分性を強調するムスリム人とは対立するもので
あった。ボスニア紛争が勃発すると，ムスリム人勢力とクロアチア人勢力の間
の武力衝突も起こり，1993 年にはクロアチア人はヘルツェグ・ボスナ・クロ

2　ボスニア紛争　　49

アチア人共和国（HR H-B）の設立を宣言するに至る[8]。このように，ボスニア紛争は，国家のあり方についてそれぞれに異なる考えをもつ 3 つの民族による三つ巴の紛争の様相を呈していた。

　ボスニアにおいて人口規模の点で最も大きかったのはムスリム人であった（**表2-3**参照）。しかし，クロアチア紛争と同様，ボスニア紛争においても，軍事的に優位に立ったのはセルビア人であった。クロアチア紛争の停戦を実現した 1992 年 1 月のサラエヴォ合意以降，JNA 部隊の配置転換が行われ，ボスニアに駐留する JNA 部隊が増強されていた[9]。その JNA 部隊が，セルビア人側に立って参戦したのである。1992 年 4 月末にユーゴ連邦が成立すると，JNA は組織的に 3 つに分割され，クロアチア領内に駐留する JNA 部隊がクライナ・セルビア人軍（SVK）に，ボスニア領内に駐留する JNA 部隊がセルビア人共和国軍（VRS）に，ユーゴ連邦に駐留する部隊がユーゴ軍（VJ）になった[10]（Hećo 2005: 234; Špegelj 1999: 60; Dimitrijević 2010: 295-306）。1992 年 5 月 11 日にはボスニアに駐留する JNA 部隊の構成員のうち，ユーゴ連邦の市民は全員ボスニアから退去するよう命じられ，翌 12 日には RS 議会で VRS の創設が決定され，JNA と VRS は正式に分離された（Dimitrijević 2010: 298; Hećo 2005: 235）。しかし，その後も VRS が JNA の軍備を引き継いで戦闘を行ったため，セルビア人の軍事力は他の民族のそれをはるかに凌駕していたのである。

　クロアチア人勢力は，ボスニア領内に居住するクロアチア人の中でも最も強硬派が多いといわれるヘルツェゴヴィナ地方を中心に武装化を進めた。ヘルツェグ・ボスナ・クロアチア人共同体は，同共同体の主権の防衛および同共同体のクロアチア民族とその他の民族を保護するための最高機関としてクロアチア防衛評議会（HVO）を設立した（Ribičič 2001: 54）。この組織はもともと執行権を暫定的に行使する最高権力機関と位置づけられており，それ自体が純粋な軍事組織であったわけではないが[11]（Ribičič 2001: 54），その後，ボスニア内に居住するクロアチア人側が公的に組織した武装勢力を指す呼称として定着した[12]。HVO は，クロアチア紛争が停戦に至ったことで余力が生じたクロアチア軍から人員や軍備の支援を受けていた（Delić 2007a: 124-127）。

　このようにセルビア人，クロアチア人が国境を隔てて存在する自民族主導の国家とその軍隊からさまざまな支援を得ていたのに対し，ムスリム人は，人口

50　第 2 章　旧ユーゴ地域の紛争

規模の上では最も優勢であったにもかかわらず，軍事的には圧倒的な劣勢に立たされた。セルビア人，クロアチア人の武装勢力から軍事的な挑戦を受けたボスニア政府は，1992年4月に動員令を発し，それをボスニア共和国軍（ARBiH）へと組織化した[13]。しかし，ARBiHは，外部の後援者をもたなかったため，軍備の面で圧倒的に劣っていたのである（月村 2006: 94）。例えば，ARBiHの幹部将校の1人であったディヴヤクは，ARBiHは志願兵が数多く集まっていたので兵員の数という点では問題に直面したことはなかったが，武器がないことが根本的な問題であったと述べている（Divjak 1999: 191）。ディヴヤクによれば，紛争勃発直後の時点でのVRSの戦力は，兵力9-10万人，戦車750-800台，装甲車類が1000台，航空機100機，ヘリコプター50機程はあったと推定されている（Divjak 1999: 184）。**表2-4**は，サラエヴォ方面を担当していたVRSのサラエヴォ・ロマニャ軍団と，ARBiHの第1軍団（サラエヴォ軍団）の1992年と95年の戦力を比較したものである。1995年時点ではARBiHも相当増強されていたことがわかるが，紛争勃発当初において両者の戦力の差が歴然としていたことも読み取れるだろう。

　そのため，ボスニア紛争が勃発すると，その初期においてはセルビア人勢力が圧倒的に優勢となり，その支配領域を一気に広げた。1992年末から93年初頭の時点で，セルビア人勢力はボスニア領の約7割を支配下に収めるに至っていた（**図2-5**を参照）。首都のサラエヴォ，ボスニア最西端のビハチ周辺地域，ボスニア東部のゴラジュデ，ジェパ，スレブレニツァがセルビア人勢力に包囲され，孤立状態に陥った。1993年4月から6月にかけて，国連安保理が採択した決議によって，これらの地域は国連安全地域に指定され，安全地域に対する攻撃の阻止や停戦の監視がUNPROFORの任務に加えられた[14]。しかし，国連安保理がこれらの地域を安全地域に指定した後も，セルビア人勢力によるこれらの地域への攻撃は停止したわけではなかった。

　1995年に入ると，セルビア人に有利な形で進展してきた戦況が大きく変化した[15]。そこにはいくつかの要因が存在する。第1に，アメリカの仲介で，1994年3月，ボシュニャク人を代表するボスニア政府のシライジッチ首相とクロアチア人を代表するHR H-Bのズバク大統領がボスニア連邦の創設に合意した（ワシントン合意）。ボスニア連邦は，ボシュニャク人地域とクロアチア人地域

2　ボスニア紛争　51

表 2-4　サラエヴォ地域における VRS と ARBiH の戦力の比較

		VRS サラエヴォ・ロマニャ軍団		ARBiH 第 1 軍団	
		1992 年	1995 年	1992 年	1995 年
	兵力	28,900	20,670	34,500	40,500
歩兵用武器	半自動小銃	8,267	5,155	1,694	3,114
	自動小銃	8,717	11,341	2,340	23,521
	機関銃	996	1,031	128	724
	迫撃砲 60mm	11	132	35	155
	迫撃砲 80mm	108	97	28	446
対戦車兵器	対戦車砲	782	310	95	1,328
	無反動砲	30	38	18	73
	対戦車ミサイル迫撃砲 POLK9K11	42	35	2	9
対空兵器	対空ミサイル PAM	93	116	14	45
	対空砲 PAT20-40mm	95	64	5	34
重火器	迫撃砲 120mm	45	62	19	32
	カノン砲 76-105mm	26	22	10	22
	榴弾砲 122mm	20	31	–	–
	榴弾砲 155mm	24	6	–	–
装甲車両	戦車 T-34	13	14	–	2
	戦車 T-55	73	75	1	9
	戦車 T-84	5	5	–	–
	装甲車両	42	46	2	4

［出典］　Divjak（1999）: 192 から一部を抜粋して作成。

を統合する政治体として構想されたものであり，将来的にはクロアチア共和国
との国家連合まで視野に入れたものであった。この合意の成立に伴い，ボシュ
ニャク人勢力とクロアチア人勢力の間で生じていた軍事的衝突が集結し，ボス
ニアにおいて，セルビア人勢力に対する共同戦線が形成された。ボスニア紛争
の構図が，三つ巴の武力紛争から，二者対立へと変化したのである。第 2 に，
欧米諸国が，比較的中立的な立場から，より明確な反セルビアの姿勢へと転換
し，ボシュニャク人・クロアチア人勢力をより積極的に支援するようになった。
1992 年の紛争勃発後，欧米諸国，特に北大西洋条約機構（NATO）の役割が
徐々に高まっていき，当初は飛行禁止区域の監視など限定的な役割を果たすに

図 2-5　クロアチアとボスニアにおけるセルビア人勢力の支配地域（1992 年末-93 年頃）

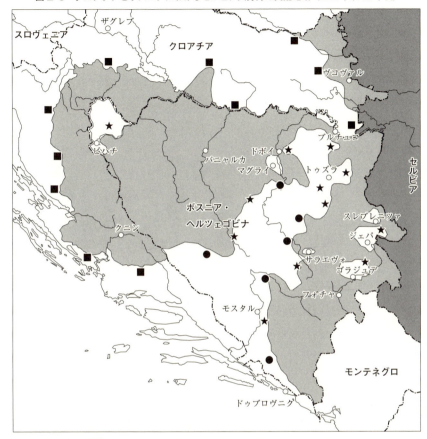

　　　　　█████ セルビア人勢力の支配地域　　-----国境線
　　　★：ARBiH の部隊　　●：HVO の部隊　　■：クロアチア軍の部隊

［出典］　Magaš & Žanić（1999）: Karta 5 をもとに作成。ただし，一部表記を修正・割愛した。

とどまっていた NATO は，94 年には飛行禁止区域を飛行したセルビア人勢力の戦闘機の撃墜，セルビア人勢力の陣地や戦車に対する空爆などを実施するようになっていた。1995 年夏，スレブレニツァの虐殺，さらにサラエヴォでのマルカレ市場砲撃事件が起きると，NATO によるセルビア人勢力に対する大規模な空爆が実施された。こうした軍事介入により，セルビア人の軍事的優位が失われていったのである。1995 年 8 月にクロアチア軍の軍事作戦によって

図 2-6　各勢力の支配領域（1995年10月12日時点）

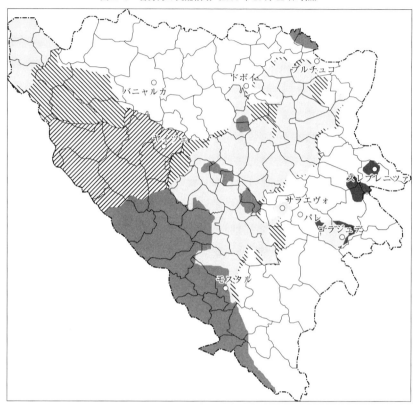

- □ ARBiHの支配地域　　▨ ARBiH が1995年1月から10月12日までの間に奪取した地域
- ▨ HVOの支配地域　　▨ HVO が1995年1月から10月12日までの間に奪取した地域
- ■ VRS が1995年1月から10月12日までの間に奪取した地域

［出典］Delić（2007b）: 543をもとに作成。ただし，一部表記を修正・割愛した。

　クロアチア内のRSKが壊滅すると，国境線を越えてボスニア領内に侵入したクロアチア軍からも攻撃を受け，ボスニアのセルビア人勢力の軍事的劣勢はさらに強まっていった。

　こうした軍事的バランスの変化を受けて行われた停戦交渉の結果，ボスニア政府とRSは1995年10月11日に，翌12日に発効する停戦合意に署名した。図 2-6 が示すように，この時点で，ボスニア連邦側は相当の領土を奪還しており，両陣営の支配地域の割合は，アメリカの和平案に示された割合（ボスニ

54　第2章　旧ユーゴ地域の紛争

ア連邦が 51%，RS が 49%）にほぼ等しいものとなっていた（月村 2006: 223）。軍事的にはセルビア人の優位が崩れ，紛争がさらに続けばセルビア人の支配地域はさらに減少する見込みが現実味を帯びていたため，それまで和平合意を拒否してきたセルビア人勢力の側にも和平合意に応じる誘因が存在した。このような状況で，1995 年 11 月にアメリカの仲介で行われた交渉の結果として成立したのが包括和平協定，いわゆるデイトン合意である（12 月にパリで正式調印された）。これにより，3 年半に及ぶボスニア紛争はようやく終結した。

　この長期間にわたる紛争の中で，数々の戦争犯罪行為が発生した。まず，クロアチア紛争と同様に「民族浄化」が発生した。ある民族の武装勢力が一定の地域を支配下に収めた際，その内部に居住する異民族の住民を物理的にその地域から排除するために，武装勢力による暴行や殺害が行われたのである[16]。これによって，多数の死者や行方不明者が発生し，命の危険を免れるために多数の人々がそれまで住んでいた家を離れて難民・国内避難民となって避難生活を余儀なくされた。次に，戦闘に関連して捕らわれの身となった人々（民間人を含む）に対して，さまざまな種類の拷問やレイプ等の非人道的行為が行われた。それが最も組織的に行われたのが，武装勢力が各地に設置した強制収容所である。強制収容所の存在はボスニア紛争の初期に欧米のマスメディアによって報じられ，ナチ・ドイツによるホロコーストを想起させる衝撃的な画像は，ボスニア紛争に関する欧米の世論に対しても大きな影響を与え，ICTY を設置する契機ともなった[17]。

　戦闘の帰結として捕われの身となった人々に対する組織的殺害が最も大規模に行われ，ボスニア紛争下で行われた非人道的行為のうち唯一ジェノサイド罪が ICTY で適用されたのが，1995 年 7 月に発生したスレブレニツァの虐殺事件である（長 2009）。ボスニアの最東端に位置し，1995 年までに周囲を完全にセルビア人勢力に包囲されていたスレブレニツァは，国連安保理決議で安全地域とされたものの，UNPROFOR として展開していたオランダ軍部隊はわずか400 人と小規模で装備も軽く，救援物資の搬入もままならない状況であった。1995 年 7 月にセルビア人勢力は，飛び地となっていたスレブレニツァの制圧をめざして攻撃を開始し，VRS の部隊が国連の安全地域に侵入していった。スレブレニツァを防衛する任務に当たっていた ARBiH の第 28 師団は総勢で

2　ボスニア紛争　　55

表 2-5　ボスニア紛争の犠牲者数　　　　　　［単位：人］

	民間人			軍人			合計
	男性	女性	小計	男性	女性	小計	
ボシュニャク人	24,187	6,920	31,107	30,647	259	30,906	62,013
セルビア人	2,626	1,553	4,179	20,683	91	20,774	24,953
クロアチア人	1,636	848	2,484	5,871	48	5,919	8,403
その他	291	179	470	98	3	101	571
合計	28,740	9,500	38,240	57,299	401	57,700	95,940

［注］　Tokača（2012）: 130, 134, 137, 140 の各民族の犠牲者の内訳のデータをもとに
作成。ただし，民族ごとのデータを集計すると，Tokača（2012）: 113 に掲載さ
れている民間人・軍人の合計とは 1 人相違が生じる（性別・民族別の集計とは
一致する）。ここでは，民族ごとの内訳のデータを正しいものとして集計した。

3000-4000 人程度と推定され，数の上では，この地域に配備された VRS の部
隊よりも優勢であったが，武器や物資の面では，重装備の VRS 部隊に比して
劣勢に立たされていた。VRS の部隊が進軍を始めると，UNPROFOR の部隊も
ARBiH の部隊も大きな抵抗を示すことなくスレブレニツァ市街は陥落した。
市街を防衛していた ARBiH 部隊は，ボシュニャク人が支配する地域への脱出
をめざして山中を北上する脱出行を試みるが，多くがセルビア人勢力に捕らえ
られた。このスレブレニツァ制圧作戦の過程で，セルビア人勢力に捕らわれの
身となった人々のうち，男性だけが選り分けられ，スレブレニツァの周辺各地
で大量虐殺されたのであった。その犠牲者数はおよそ 7500 人程度とされてい
る。

　3 年半に及んだボスニア紛争は，一連の旧ユーゴ地域の紛争の中でも最大の
犠牲者を生み出した。難民・国内避難民は 200 万人以上に及び，経済的な損失
は 1150 億ドルに相当すると推計されている（Ramet 2013:12）。死者数について
は，紛争末期から紛争終結後の時期にかけて，死者 20 万人という数字が流布
していたが，ボスニア内外の研究者による死者数の推定には最小で 2 万 5000
人から最大で 32 万 9000 人まで，大きな幅があった（Tokača 2012: 31-36）。死
者・行方不明者の身元の特定を進め，データの重複を省くことで，ボスニア紛
争における犠牲者の正確なデータベースを構築することを試みたサラエヴォの
調査・記録センターによれば，ボスニア紛争の犠牲者数（遺体が見つかっていな

56　　第 2 章　旧ユーゴ地域の紛争

い行方不明者 9684 人を含む）は，合計で 9 万 5940 人であった（Tokača 2012）。

表 2-5 は，ボスニア紛争の犠牲者の内訳を示している。民族別では，ボシュニャク人の犠牲者数は 6 万 2013 人で全体の 64.6％を占めており，最も多い。これに対しセルビア人の犠牲者は 2 万 4953 人で全体の 26％，クロアチア人は 8403 人で全体の 8.8％である。1991 年当時の民族構成と比べてみると（表2-3 を参照），ボシュニャク人が相対的に多くの犠牲者を出していることがわかる。また，ボシュニャク人および「その他」の諸民族の内部では民間人の犠牲者数が軍人のそれを上回っているのに対し，セルビア人とクロアチア人では軍人の犠牲者数のほうが民間人よりも多い。一般に，ボスニア紛争ではボシュニャク人が戦争犯罪の犠牲者になったケースが多いとみなされているが，表2-5 のデータはそうした認識が正しいことを示唆しているといえる。

3　コソヴォ紛争

コソヴォ紛争では，1997 年頃から武力衝突が徐々に激化していき，98 年には，コソヴォの独立をめざすアルバニア人が組織するゲリラ組織「コソヴォ解放軍（UÇK）」とセルビアの治安部隊や VJ との間の戦闘に発展した。紛争の背景には，1980 年代後半にセルビアでミロシェヴィッチが実権を掌握した後，コソヴォ自治州の自治権を剝奪し，アルバニア人に対して差別的な政策を実施していったことに対抗し，コソヴォ領内のアルバニア人がコソヴォのセルビアからの独立を主張するようになったという事情があった[18]。ただし，1990 年代前半までの間は，非暴力によって目的を達成しようとするルゴヴァ率いるコソヴォ民主連盟（LDK）がコソヴォのアルバニア人社会を主導していたので，武力紛争は起こらなかった。しかし，ボスニア紛争を終結させるために行われたデイトン和平交渉においてコソヴォ問題が扱われなかったことから，ルゴヴァの非暴力路線に失望した過激派のアルバニア人たちが UÇK を組織し，1996 年に散発的な攻撃を開始したのである[19]。

コソヴォのアルバニア人は，1991 年時点で，セルビア共和国全体では全体の人口の約 2 割を占める少数民族であった（表2-6 を参照）が，コソヴォ域内では圧倒的な多数を占めるに至っていた（表2-7 を参照）。しかし，こうした

3　コソヴォ紛争　57

表 2-6　セルビアの民族構成 （1961-91 年）　　　［単位：％］

	1961 年	1971 年	1981 年	1991 年
セルビア人	74.6	71.2	66.4	65.9
アルバニア人	9.2	11.7	14.0	17.1
ハンガリー人	5.9	5.1	4.2	3.5
ユーゴスラヴィア人	0.3	1.5	4.9	3.3
ムスリム人	1.2	1.8	2.3	2.5
モンテネグロ人	1.4	1.5	1.6	1.4
クロアチア人	2.6	2.2	1.6	1.1
総人口（人）	7,642,102	8,446,396	9,313,676	9,778,991

　　［注］　コソヴォ，ヴォイヴォディナを含む。データは全期間について，
　　　　　筆者が以前に CD-ROM で購入したユーゴ連邦統計局のデータ
　　　　　（SZS 1998）を参照した。

表 2-7　コソヴォの民族構成 （1948-1991 年）　　　［単位：％］

	1948 年	1953 年	1961 年	1971 年	1981 年	1991 年
アルバニア人	68.5	64.9	67.0	73.7	77.4	82.2
セルビア人	23.6	23.5	23.5	18.4	13.2	10.0
モンテネグロ人	3.9	3.9	3.9	2.5	1.7	1.0
ムスリム人	1.3	0.8	0.8	2.1	3.7	2.9
トルコ人	0.2	4.2	2.7	1.0	0.8	0.6
ロマ人	1.5	1.5	0.3	1.2	2.2	2.2
総人口（人）	727,820	808,141	963,988	1,243,693	1,584,440	1,954,747

　［注］　1948-81 年については Bataković (2007): 242 を参照した。1991 年についてはユーゴ連
　　　　邦統計局のデータ（SZS 1998）を参照した。1991 年のデータについては，アルバニア
　　　　人の多くは国勢調査をボイコットしたといわれるが，同年のデータはコソヴォのアル
　　　　バニア人側の専門家の推定ともほぼ一致しており，現実から大きく乖離してはいない
　　　　だろうという指摘もある（HOLjPS 2000: 120-126）。なおコソヴォでは，2011 年に独立
　　　　後初の国勢調査が行われたが，北部地域在住のセルビア人がボイコットしたため，コ
　　　　ソヴォに住むセルビア人の正確な数は不明である。

　コソヴォ域内の人口上の優位は，武力における優位を意味しなかった。ミロ
シェヴィッチによるコソヴォの自治権の剥奪以降，コソヴォの治安機関はセル
ビア人が統制したため，アルバニア人は当局が管理していた武器を使用するこ
とができなかったのである。LDK 主導の平和的な独立運動の下でも武装闘争
の準備は秘密裏に行われていたが（Kubo 2010），アルバニア人が利用できた武

58　　第 2 章　旧ユーゴ地域の紛争

器はごくわずかで，アルバニア人勢力はゼロから武装闘争の準備を進めなければならなかった。絶大な軍事力を有した旧ユーゴから人員と武器の大部分を継承していたユーゴ連邦とセルビアを支配するセルビア人は，アルバニア人に対して，武力という点で，圧倒的優位に立っていたのである。

　ただし，発足当初は構成員が100人程度に過ぎなかったUÇKは，1998年以降に急拡大し，同年夏には2万人を超えるまでに膨れ上がった。そうした急拡大を促した要因が，ミロシェヴィッチが1998年2月に発動したセルビア内務省統制下の治安部隊による武力弾圧である[20]。特に，ドレニツァ地域にあるプレカズ村では，地元の有力者であったヤシャリの一族が，女性や老人も含めて40人以上殺害された。ヤシャリは，以前から自己武装を進めており，地元の警察も近寄れないような存在であった。UÇKを組織した政治組織である「コソヴォ人民運動」とも連絡を取り合い，兵士の訓練などを実施して，来るべき武装闘争の準備を進めていたとされる。そのヤシャリ一族の根城を，UÇKの弾圧作戦としてセルビア治安部隊が急襲したのである。この事件は，「プレカズの虐殺」として内外で報道され，その後，アルバニア人の若年層が過激化して大挙してUÇKに流入していく契機となった。その結果，UÇKが急拡大したのである。奇しくも同じ時期，隣国のアルバニアでねずみ講事件があり，国内が大混乱に陥って無政府状態となり，暴徒化した国民の略奪行為によって国軍の武器庫から流出した武器（とりわけカラシニコフ銃などの小火器や弾薬類）をUÇKが安価に大量に購入することができたために，UÇKに大挙して流入した若者たちの武装化が可能となったのであった。

　急拡大したUÇKに対抗するためにミロシェヴィッチはVJの部隊を動員することを決め，VJの部隊も交えた交戦がコソヴォの各地で繰り広げられ，紛争が激化した[21]。1998年中に戦闘が激しかったのはコソヴォの西部，中部，北東部である（図2-7を参照）。これらの地域に治安部隊や民兵部隊，VJ部隊が展開する過程で，民間人に対する殺害や暴行，拷問といった非人道的行為が多数発生した[22]。装備や訓練，戦闘経験などの点で圧倒的な優位に立っていたセルビア側の部隊の攻撃を受け，急拡大で統率もとれておらず訓練も行き届いていなかったUÇKは劣勢に立たされた。また，この戦闘に伴って大量の難民と国内避難民が発生した。こうしたコソヴォ領内のアルバニア人の苦境を欧米のマ

3　コソヴォ紛争　59

図 2-7　コソヴォにおける紛争の概要 (1998-99 年)

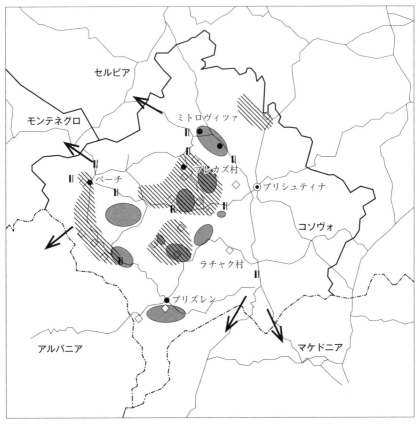

[出典] Dérens (2008): 148 をもとに作成。ただし、一部表記を修正・割愛した。

スメディアが報じたことで、コソヴォ紛争への介入を求める欧米の世論が醸成されていった。1998 年 10 月、アメリカのホルブルック特使とミロシェヴィッチの交渉の結果、ミロシェヴィッチが停戦およびセルビア側の部隊のコソヴォからの撤退と欧州安全保障協力機構 (OSCE) による停戦監視団のコソヴォへの展開に合意し、1400 人規模のコソヴォ検証団 (KVM) がコソヴォに派遣さ

れた。

　しかし，UÇK はこの停戦を利用して総崩れとなった態勢を立て直し，反撃に出た[23]。これに対しセルビア側の部隊もコソヴォに再侵入して戦闘が再開し，停戦は崩壊した。再発した紛争の中で，1999 年 1 月，ラチャク村でアルバニア人 45 人の遺体を KVM が発見し，これをセルビア側の部隊の虐殺行為によるものと欧米諸国が非難したことで，コソヴォ紛争への軍事介入の機運が高まっていく。その後，コソヴォ紛争の解決をめざしてフランスで開催されたランブイエ和平交渉が失敗に終わったことを受け，NATO は 1999 年 3 月，ユーゴ連邦に対する空爆を開始した。

　NATO による空爆が始まると，コソヴォにおけるセルビア側の部隊による攻撃はむしろ激しさを増し，民間人に対する非人道的行為も多数発生した[24]。また，その結果として大量のアルバニア人が紛争を逃れるために難民となり，主として隣国のマケドニアに流入した。難民となって国外に流出したアルバニア人は，最終的に 100 万人を超えた。同時に，NATO 空爆は数多くのセルビア人の犠牲者も生み出した。セルビア国営テレビのビルが爆撃されてジャーナリストが死亡した事件，病院が爆撃を受けて患者などが死亡した事件など，民間人が殺害される事件が数多く発生した。セルビアの非政府組織（NGO），人道法センター（HLC）によれば，NATO の空爆による死者は合計 754 人であり，そのうち 454 人は民間人であった[25]。工場などの経済施設や橋などのインフラも破壊され，製油所が爆撃を受けたことに伴う原油流出や劣化ウラン弾による放射能汚染など環境汚染も発生しており，セルビアの経済的な損失は甚大であった[26]。約 3 カ月間の空爆の後，1999 年 6 月にユーゴ連邦政府はついにコソヴォからの部隊の撤退やコソヴォへの多国籍軍の展開などについて NATO と合意した（クマノヴォ合意）。これを受けて，国連安保理決議 1244 により国連コソヴォ暫定行政ミッション（UNMIK）と治安維持部隊（KFOR）がコソヴォに展開し，コソヴォ紛争がようやく終結した。

　コソヴォ紛争の犠牲者については，セルビアとコソヴォの双方に拠点をもつ HLC がボスニアと同様に死者の身元の特定に基づいて犠牲者数を正確に調査するプロジェクトを実施し，その結果が「コソヴォの記憶の書」として発表された（HLC 2011）。それによれば，1998 年 1 月 1 日から 2000 年 12 月 31 日の

3　コソヴォ紛争　61

表 2-8　コソヴォ紛争の犠牲者数　　　　　［単位：人］

	民間人			軍人			合計
	男性	女性	小計	男性	女性	小計	
アルバニア人	7,206	1,486	8,692	2,106	22	2,128	10,820
セルビア人	933	263	1,196	1,001	2	1,003	2,199
その他	344	101	445	84	0	84	529
合計	8,483	1,850	10,333	3,191	24	3,215	13,548

　　［出典］　HLC のウェブサイト（http://www.kosovskaknjigapamcenja.org/
　　　　　　2018 年 9 月 5 日最終アクセス）から入手したコソヴォ紛争の死者の
　　　　　　データをもとに作成。

間に発生したコソヴォ紛争に起因する死者数は 1 万 3548 人であった。そのう
ち，1 万 1536 人は殺害によるもの，1696 人は行方不明（拘留，拉致などが起こっ
たことが確認されているが，遺体が見つかっていないもの），316 人は「戦争に起因
する死亡」（戦時下の食糧難，避難時の過酷な環境，医薬品不足等に起因する死亡）で
ある。

　表 2-8 は，その民族別，民間人と軍人の区別，性別による内訳を示してい
る。これを見ると，上記の死者のうち，4 分の 3 以上にのぼる 1 万 333 人が民
間人であり，軍人の死者は 3215 人となっている。民族別に見ると，約 8 割に
当たる 1 万 820 人がアルバニア人，約 16％に当たる 2199 人がセルビア人と
なっており，その他はロマ（161 人），ボシュニャク人（95 人），アシュカリ人
（77 人），モンテネグロ人（76 人）などが占めている。このデータをこれまでに
作成されたコソヴォ紛争の犠牲者に関する 11 のデータベースと照合してデー
タの完備性について分析した研究は，このデータベースについて，確認できる
死亡事例がすべて包含された，既存のデータベースに優越するものであると結
論づけている（Krüger & Ball 2014）。

小　括

　本章では，一連の旧ユーゴ地域の紛争の概要を検討してきた。本章の検討か
ら，旧ユーゴ地域で起こった 3 つの紛争について，以下のような特徴を指摘す

ることができる。

　政治的文脈という点では，クロアチアとボスニアは類似しているが，コソ
ヴォはこの2つの事例とは明確に異なっていた。クロアチアとボスニアでは，
セルビア人は人口比という点で少数派であり，社会主義体制が崩壊した後の民
主化の動きの中で，人口規模が政治的発言力と密接に関係するようになると，
自分たちの意向（ユーゴへの残留もしくはセルビアとの統合）を他の民族に強制す
ることは困難な状況に置かれていた。そのため，クロアチアとボスニアでは，
両国内の多数派（クロアチアにおけるクロアチア人，ボスニアにおけるムスリム人と
クロアチア人の連合）が進めようとする各共和国の旧ユーゴからの独立を阻止す
るために，できるだけ早く実力行使に出る必要があった。これに対し，コソ
ヴォでは，セルビア人は域内では少数派であったが，社会主義体制末期にミロ
シェヴィッチが実行したコソヴォの自治権廃止の結果，セルビア人側が支配権
を確立していた。そのためコソヴォでは，政治的な支配権を維持している限り
において，セルビア人側があえて武力を行使する必要はなかった。この文脈の
違いは，これらの事例における紛争化の時期の違い（社会主義体制の崩壊直後に
紛争化したクロアチアとボスニア，それよりも10年近く遅れて大規模紛争化したコソ
ヴォ）をもたらしたように思われる。

　しかし，軍事的な力関係という点では，3つの事例はむしろ共通していた。
すなわち，どの事例においても，紛争の初期時点では，軍事力についてはセル
ビア人勢力が圧倒的な優位に立っていた。社会主義体制期に整備されたJNA
を中心とする国防体制の中で蓄積された大量の武器と，JNAにおいて訓練さ
れた将校たちの多くが，セルビア人側についたからである。こうした軍事的な
力関係を反映して，紛争の初期には，セルビア人側に有利な形で戦況が進んだ。

　次に，そのことの帰結として，欧米の紛争報道において，セルビア人勢力は
相対的に弱い勢力を攻撃する側，「民族浄化」といわれる民間人への非人道的
行為を行っている側として，非難の対象となった。欧米の紛争報道においては，
いわゆる「セルビア悪玉論」が支配的となり（岩田 1999; 高木 2002），セルビア
人以外の民族の側に同情的な論調が強くなった。

　さらに，これらの特徴の帰結として，3つの紛争すべてにおいて，セルビア
人勢力と対抗する側を欧米諸国が積極的に支援することによって，セルビア人

小　括　　63

勢力にとっては好ましくない形で紛争が終結した。クロアチアでは，1992 年の停戦後からクロアチア軍に対して欧米諸国がさまざまな支援を与え，95 年にクロアチア軍が RSK に対する一連の軍事作戦を遂行した際にも，欧米諸国が支援した。[27] ボスニアでは，一時は国土の 7 割を制圧したセルビア人勢力に対し，「人道的介入」として NATO が空爆を行うようになり，1995 年からボシュニャク人，クロアチア人勢力による反攻が始まって軍事的な力関係が大きく変化していった。セルビア人勢力は，急速に戦況が不利になる中で RS の分離独立という目標を放棄し，RS とボスニア連邦という 2 つの構成体から成るボスニア・ヘルツェゴヴィナという国家枠組みを受け入れざるをえなかった。コソヴォでは，セルビアの治安部隊と VJ を中心とするセルビア人勢力は一時 UÇK を壊滅状態に追い込んだが，欧米諸国の仲介による停戦によって UÇK は態勢を立て直した。さらに 1999 年には NATO がユーゴ連邦に対する空爆に踏み切ることで，ミロシェヴィッチは最終的にコソヴォからの部隊の撤退とコソヴォへの国連ミッションと多国籍軍の展開に同意せざるをえなかったのである。

　すでに**序章**でも述べたが，こうしたセルビアに特有の状況は，民主化後のセルビアにおける移行期正義の追求をとりわけ困難なものにしたように思われる。国際的には，セルビアでミロシェヴィッチ体制が崩壊すると，いずれの紛争においても「加害者」側に立っていたとみなされたセルビアは，戦争犯罪被告人の逮捕・引き渡しなどの形で移行期正義を追求するよう強い圧力を欧米諸国から受けた。他方で，国内の世論を見てみれば，欧米諸国の関与によって紛争がセルビア側に不利な形で終わり，その過程でセルビア人側も当然被害を受けているので，自分たちこそ被害者であるという意識が強く，自分たちが紛争における加害者であるという意識は必ずしも強くない。こうした中でセルビアにおける移行期正義の追求は何に規定され，社会にどの程度の影響を与えていたのかを考えることは，重要かつ興味深い問題である。

　この問題を検討するのは**第 5 章**以降となるが，その前に次章では，以上のような経緯をたどった一連の紛争の中で発生した数々の非人道的行為について，その後どのような移行期正義の取り組みが進められてきたのかについて，その全体像をとらえることを試みたい。

64　第 2 章　旧ユーゴ地域の紛争

● 注

1) クロアチアにおいて体制転換から紛争勃発に至るまでの政治過程については，久保（2003），月村（2006）を参照。

2) クロアチア紛争における JNA の作戦計画については，当時ユーゴの国防大臣を務めていたカディィェヴィッチが自ら語っている（Kadijević 1993: 125-144）。JNA の諸部隊が実施した作戦の詳細については，Marijan（2008），SSVI（2010: 184-221），Vukšić（2006: 226-283），Dimitrijević（2010: 285-295）を参照。

3) ヴコヴァル攻防戦の詳細については，「鷹（Jastreb）」の異名で知られる，ヴコヴァルの防衛に当たっていたクロアチア軍第 204 旅団司令官のデダコヴィッチが書籍を刊行している（Dedaković-Jastreb et al. 2000）。研究者によるものとしては，Marijan（2004）が詳しい。

4) ただし，クロアチアの憲法裁判所は 2015 年に最高裁判所に対してグラヴァシュの不服申し立てを再度審議するよう命じ，最高裁判所は翌年，グラヴァシュに対する州裁判所の判決を破棄し，裁判のやり直しを命じた。そのため，グラヴァシュの戦争犯罪行為に対する有罪判決は，2018 年末の時点で確定していない。

5) 嵐作戦の過程で行われたセルビア人の民間人への殺害行為については，ゴトヴィナ将軍をはじめ 3 人のクロアチア軍の将校が ICTY で訴追され，一審ではゴトヴィナ将軍とマルカチュ将軍に有罪判決が下されたが，控訴審で両名について無罪判決が下されている。セルビア人側はしばしば，嵐作戦の過程で行われたセルビア人の殺害を「犯罪行為」「戦争犯罪」と非難する（Nišić 2002: 199-232）。嵐作戦中に行われた民間人の殺害の件数については，管見によれば，正確な数値はまだ得られていない。

6) 本段落で紹介している被害の数値については，Barić et al.（2015: 15-18）に依拠している。

7) ボスニアにおける内戦勃発前の政治過程については，久保（2003），月村（2006），佐原（2008）を参照。なお，ボスニアに居住するスラヴ系のイスラム教徒を指す呼称は，1990 年代初頭まで「ムスリム人」が使用されていたが，その後呼称を「ボシュニャク人」へと変更することが提唱され，94 年のワシントン合意（51 頁参照）では「ボシュニャク人」という呼称が用いられた。本章では，ワシントン合意以前については「ムスリム人」という呼称を，ワシントン合意以降については「ボシュニャク人」という呼称を用いる。

8) 1990 年の複数政党による選挙から HR H-B の設立に至るまでの経緯については，クロアチア人側の資料としては Rotim（1999），Ribičič（2001）が詳しい。ボシュニャク人側の資料としては Hero & Kovač（2016）を参照。

9) サラエヴォ合意後の JNA のクロアチアからの撤退からボスニア紛争の勃発までの期間の JNA の動きについては，Marijan（2008: 336-389）を参照。

10) ただし，バリッチによれば，RSK において従来「セルビア人軍」と呼ばれていた軍事組織が正式に RSK の軍として制度化されたのは「クライナ・セルビア人軍に関する法律」が公布された 1993 年 4 月であった（Barić 2005: 277）。

11) なお，ヘルツェグ・ボスナ・クロアチア人共同体の幹部会は，1992 年 7 月，同共同体の主権保護と領域的一体性の防衛のために武力闘争を中心的に遂行する主体として，ヘルツェグ・ボスナ・クロアチア人共同体軍の創設を決定している（Ribičič 2001: 56-

57）。

12) 1992 年 7 月には，ボスニアのイゼトベゴヴィッチ幹部会議長とクロアチアのトゥジマン大統領との間で友好協力協定が調印された。その際，HVO は，ボスニアの軍隊の一部をなす組織として言及されている（Delić 2007a: 151）。

13) ARBiH は，主としてムスリム人（ボシュニャク人）を保護するための武装勢力としてボスニア紛争を闘うことになるが，ARBiH には，ボスニアの共和国としての一体性を支持するセルビア人やクロアチア人も含まれていたことには留意されたい。例えば，サラエヴォ防衛の指揮などに従事した ARBiH の幹部将校の 1 人であるディヴヤクは，民族的にはセルビア人であった。

14) これらの決議の内容については橋本（1998）を参照。

15) 1994 年からデイトン合意に至る過程については，月村（2006: 153-244），Burg & Shoup（1999: Ch. 7）を参照。

16) ボスニアにおける「民族浄化」の実態については，佐原（2008）を参照。

17) 特に有名な例は，ニューヨーク・ニューズデイ誌のガットマン記者が 1992 年夏に報じたオマルスカ強制収容所の写真・映像である。ICTY で最初に訴追されたのは，この収容所に関連したセルビア人の D. タディッチであった。なお，D. タディッチについては，その著書の翻訳が日本で刊行されている（タディチ 2013）。

18) この間の経緯については，久保（2003, 2008a）を参照。

19) 筆者は UÇK の形成と拡大の過程については別稿で考察を試みている（Kubo 2010）。その概要は日本語でも講演録として刊行されている（久保 2008b）。

20) 筆者は，ミロシェヴィッチがこの弾圧作戦をなぜ実施したのかを，セルビア国内の政治状況と外部アクターの態度から説明することを試みた（Kubo 2013）。

21) 1998 年以降の VJ 部隊の動きについては，Dimitrijević（2010: 322-326），Marković（2002）を参照。

22) NATO による空爆開始前のコソヴォ紛争における非人道的行為については，例えば AI（1998），HRW（2001）を参照。

23) 1998 年初頭時点でアメリカ政府から「テロ組織」と非難されていた UÇK は，停戦合意の当事者とは認められず，その交渉から排除されたので，停戦合意の内容に拘束されることなく活動を継続した。その後アメリカは UÇK に対する態度を変え，1999 年にフランスで和平交渉が行われた際にはアルバニア人側の代表団に UÇK の指導者も加わっていた。UÇK に対するアメリカ政府の態度の変遷については，Kubo（2013）を参照。

24) HLC によれば，NATO による空爆中にセルビア人勢力によって殺害されたアルバニア人の民間人の数は 6900 人以上であった（Humanitarian Law Center, "Demystifying 'NATO Aggression and the Fight against Shiptar Terrorists',"http://www.hlc-rdc.org/?p=28616&lang=de　2018 年 9 月 6 日最終アクセス）。なお，1999 年 4 月から 6 月にかけてコソヴォで行われたアルバニア人住民に対する非人道的な行為について，被害者だけでなくその作戦に参加したセルビア人部隊側の元兵士が証言したドキュメンタリー "Unidentified" が 2015 年にベオグラードで公開され，大きな反響を呼んでいる（http://archive.balkaninsight.com/en/page/balkan-transitional-justice-the-unidentified　2018 年 10 月 5 日最終アクセス）。

25) HLC のウェブサイト（http://www.hlc-rdc.org/?p=34890&lang=de　2018 年 9 月 6 日最終アクセス）を参照。

26) NATO 空爆の経済的な影響については，著名な経済学者によって結成された NGO である G17 が推定を行っている（Grupa 17 1999）。

27) 例えば，1995 年の嵐作戦におけるアメリカの役割について，Pukanić（2005）を参照。

第**3**章

旧ユーゴ地域の移行期正義

は じ め に

　本章では，旧ユーゴ地域において紛争中に起こった一連の非人道的行為に関する移行期正義について，いかなる取り組みが行われてきたかを概観する。本章の検討は，**第1章第2節**で示した移行期正義メカニズム（TJM）の類型に従って行われる。第1〜3節は，旧ユーゴ地域の内外で行われた裁判を取り上げており，類型(1)の刑事裁判に対応するものである（国際司法裁判所〈ICJ〉は刑事裁判所ではないが，戦争犯罪の責任に関する国際裁判として旧ユーゴ国際刑事裁判所〈ICTY〉とも関連性を有するため，ICTY の次に検討する）。第4節では，類型(2)に対応する真実委員会を取り上げる。第5節は公職追放と恩赦を取り上げており，類型の(3)と(4)に対応する。この2つをまとめているのは，旧ユーゴ諸国では恩赦の事例がほとんど存在しないためである。[1] 第6節は被害者に対する賠償を取り上げており，類型(5)に対応する。第7節は公的な記憶の承認を取り上げる。これは，**第1章**で示した類型(6)に対応するものである。最後に，それまでの検討を踏まえ，旧ユーゴ地域における移行期正義の取り組みに関する全体的な特徴を考察して，本章を締め括ることにしたい。

69

1 ICTY

　旧ユーゴ地域の紛争に関する移行期正義の取り組みの中で，最も早くから行われ，また最も多くの注目を集めてきたのは，いうまでもなく，ICTYである[2]。1991年1月1日以降に旧ユーゴの領内で発生した国際人道法に違反する行為に責任を有する個人を訴追するために，国連安全保障理事会（安保理）がICTYの設置を定める決議を採択したのは，ボスニア紛争がまだ進行していた1993年5月のことであった。その後，準備期間を経て活動が開始され，1994年にはボスニアにおいて強制収容所の指揮官を務めていたセルビア人のD. ニコリッチに対して最初の訴追が行われた。最初の裁判は，1994年にドイツ当局によって逮捕され1995年にICTYに引き渡されたセルビア人のD. タディッチに対する裁判で，同年4月に開始された（ICTYでの訴追と裁判の詳細については巻末の資料1を参照）。

　ICTYの訴追・裁判の対象になった犯罪は，ICTY規程において，以下のように定義されている。

　(1) 戦時下の傷病者，俘虜，文民の保護について定めた1949年のジュネーブ諸条約に対する重大な違反行為（故意の殺人，拷問，資産の大規模な破壊など）
　(2) 化学兵器の使用，都市や村落の無差別破壊など，戦争の法規・慣習に対する違反行為
　(3) ジェノサイド（国民的，民族的，人種的，宗教的な集団の全体または一部を破壊する意図をもって行われる行為）
　(4) 人道に反する罪（文民に対する殺害，追放，拷問，レイプなど[3]）

(1)においてジュネーブ諸条約への言及があるのに対し，(2)〜(4)は規程の中には国際法的な根拠について明確な言及がない。しかし，(2)は1899年に採択されたハーグ陸戦条約をはじめとする一連の戦争法，(3)は1948年に国連で採択されたジェノサイド条約（集団殺害罪の防止及び処罰に関する条約），(4)は第二次世界大戦後にドイツで戦争犯罪に対する裁判を行うために45年に定められた国際軍事裁判所憲章や68年に国連で採択された「戦争犯罪及び人道に反する

70　第3章　旧ユーゴ地域の移行期正義

罪に対する時効不適用に関する条約」を念頭に置いたものである。旧ユーゴは
これら一連の条約を批准していたので，これらの戦争犯罪関連法規は 1991 年
以降に旧ユーゴ地域で起きた行為に適用可能なものであるとされる（Paust
1994）。ICTY で裁判官を務めた多谷千香子は，1991 年にすでに国際慣習法と
して確立していた戦争犯罪だけを管轄犯罪とし，新たな罪を設けなかった点を強
調し，戦争犯罪行為が行われた後で ICTY 設立規程が作られ遡及して適用され
たとしても，罪刑法定主義の要請に反するものではないことを示唆している
（多谷 2005: 10-13）。いずれにせよ，ICTY が裁判の対象としたのは，これらの
罪に該当する非人道的行為を犯した個人であり，国家・政府の責任を問うもの
ではない点に留意が必要である。

　とはいえ，ICTY では，紛争中に実際に非人道的行為を犯した実行犯だけで
なく，旧ユーゴ諸国で政府の要職に就いていた政治家や軍の将校も多数訴追さ
れ，その多くが有罪判決を受けている。こうした政府高官を訴追するうえで重
要となったのが，共同犯罪計画（JCE）という概念である。JCE の概念は，
ICTY の対象となる犯罪行為について，複数の人が関与し，戦争犯罪行為につ
ながる共同の計画や目的が存在し，当該人物がその共同計画に参加して重要な
貢献をなしている場合に適用される。この概念は，ICTY の判例によって生み
出されたもので，ICTY 規程においても，その後に制定された国際刑事裁判所
（ICC）規程においても明文規定をもたないが，国際刑事法の分野では慣例とし
て定着してきている（竹村 2007a, 2007b）。ICTY 検察局の元法律顧問のピア
チェンテは，とりわけ 2001 年以降，検察局がこの概念を用いて政府高官を訴
追するようになったと指摘している（Piacente 2004）。

　ICTY は，裁判局，書記局，検察局の 3 つの部局からなり，裁判局は 3 つの
裁判部と 1 つの上訴裁判部によって構成される二審制をとっている。犯罪の捜
査や証拠収集を担当する検察官は国連事務総長の指名に基づいて国連安保理が
任命し，裁判官は国連事務総長，国連安保理によって絞り込まれた候補者リス
トから国連総会が選出する。裁判官はこれまでに合計で 80 人以上が国連加盟
国から選出された。検察局を率いる主任検察官は，これまでにサロム（ベネズ
エラ），ゴールドストーン（南アフリカ），アルブール（カナダ），デル・ポンテ
（スイス），ブラメーツ（ベルギー）が担当してきた。

1 ICTY 71

ICTY は，2010 年 12 月の安保理決議によって，14 年末までに審理を完了することが要請され，控訴審など残余の業務を ICTY およびルワンダ国際刑事裁判所（ICTR）から引き継ぐための国際刑事裁判メカニズム（MICT）が設置された。ICTY は，予定よりも 3 年ずれ込んだものの，2017 年 12 月 31 日に閉廷された。[7] 設置から閉廷までの間に，合計で 161 人の戦争犯罪容疑者が起訴され，111 人の裁判は完了し，うち 97 人に対しては一審で有罪判決が下された（ただし，2019 年 2 月時点で，そのうち 8 人に対しては控訴審で無罪判決が下されており，また，逆に一審で無罪判決が下されても控訴審で有罪判決が下されたケースもある）。有罪判決を受けた受刑者は，ICTY と協力協定を結んだノルウェー，フィンランド，スウェーデン，デンマーク，イギリス，フランス，イタリア，スペインなどのヨーロッパ諸国の刑務所に収監される。なお，裁判が完了しなかった 50 人のうち，13 人はボスニア，クロアチア，セルビアの国内裁判所に移管され，37 人は告訴の取り下げもしくは被告人死亡となっている（巻末の資料 1 を参照）。

　ICTY は，自前の検察局をもつため，独自の犯罪捜査や証拠収集に基づいて戦争犯罪容疑者の訴追を決定することができるが，被告人を逮捕する警察権を保持する組織をもたないため，被告人の身柄の拘束については各国政府に要請する以外に手段をもたない。多くの場合，被告人は母国や自分の属する民族が多数派を占める国に居住しているので，ICTY はその国の政府に対して当該被告人の逮捕と引き渡しを要請することになる。そこで，旧ユーゴ諸国では，ICTY が自国民を戦争犯罪の容疑で訴追した場合に，被告人を逮捕し引き渡すか否かが大きな政治問題となってきた。各国の多数派民族に属する被告人は，ICTY から見れば戦争犯罪の容疑者であっても，各国の多数派民族の人々（とりわけその中でも民族主義的な立場をとる人々）の間では，母国・自民族のために命を賭して戦場に立った「英雄」とみなされるからである。その場合，ICTY の要請に従って被告人の逮捕や引き渡しを行うことは，多数派民族の有権者や民族主義の政治家などから「自民族に対する裏切り行為」を働いたという非難を浴びせられることにつながってしまうのである。

　ただし，紛争終結後に国際社会による平和構築が進められたボスニアとコソヴォでは，この問題はそれほど大きな政治問題とはならなかった。ボスニアにおける平和安定化部隊（SFOR），コソヴォにおけるコソヴォ治安維持部隊

(KFOR）といった，現地で警察権を行使できる多国籍部隊が，現地当局の協力を得ずに ICTY に訴追された被告人を拘束することが可能だったからである。ボスニアで SFOR に逮捕された被告人は 28 人，コソヴォで KFOR に逮捕された被告人は 2 人であった（巻末の資料 1 を参照）。ボスニアやコソヴォの政治家は，自民族の有権者には人気のない戦争犯罪被告人の逮捕・引き渡しという政策を遂行する責任を多国籍部隊に転嫁し，自分たちはそうした政策の執行によって自民族集団から非難を浴びることを回避できたのであった。

　そのため，ICTY で訴追された被告人の逮捕と引き渡しがとりわけ重要な政治的争点となったのは，クロアチアとセルビアであった。クロアチアでは，2000 年の政権交代以降，ICTY への協力が政治問題化し，それに反対する政党の閣僚が政府の方針に抗議して辞職するといった政局に発展した（Peskin & Boduszyński 2003）。所在が不明となっていたゴトヴィナ将軍の逮捕と引き渡しを欧米諸国が強く求め，それが実現していないことを理由として欧州連合（EU）への加盟交渉の開始が延期になったこともあった（東野 2007）。しかし，2005 年 12 月にゴトヴィナ将軍がスペイン領カナリア諸島で逮捕されると，クロアチア政府による戦争犯罪被告人の逮捕・引き渡しの問題は解決し，その是非は政治的な争点ではなくなった。これに対し，セルビアでは，この問題が民主化後 10 年にわたって重要な争点であり続けた。ICTY で訴追された 161 人のうち，実に 109 人もの被告人が，セルビア人勢力の側で紛争に関与していた人々（ただし，その中にはモンテネグロ人やクロアチア人も若干含まれているため，全員が民族的なセルビア人であったわけではないことに留意されたい）だったからである（表 3-1 を参照）。セルビア政府は，2000 年のミロシェヴィッチ体制崩壊以降，11 年に最後の逃亡中の被告人であるハジッチが逮捕されるまで，民主化から 10 年以上にわたり，「ICTY への協力」を求められ続けたのである。

　ICTY から訴追された被告人の半数以上がセルビア人勢力の側であったことは，セルビア人の多くにとっては不満の源泉であり，ICTY が中立性・公平性を欠いた反セルビア的な裁判所であることの証左であるとみなされた（Klarin 2009）。例えば，2002 年に民主主義・選挙援助研究所が実施した国際世論調査によると，ICTY に対する支持は，コソヴォで 83.3％，ボスニア連邦で 51％に達しているのに対し，セルビアでは 7.6％，ボスニア領内のセルビア人共和国

1 ICTY 　73

表 3-1　ICTY に訴追された戦争犯罪容疑者の人数の内訳　　　　　　［単位：人］

	被告人数	ICTY で判決を受けなかった被告			ICTY で判決を受けた被告		
		告訴取り下げ	判決前に死亡	各国裁判所へ移送	無罪判決（一審）	有罪判決（一審）	一審有罪判決のうち，控訴審で無罪
セルビア人勢力	109	15	14	10	5	65	1
クロアチア人勢力	34	4	2	3	2	23	5
ボシュニャク人勢力	9	0	1	0	2	6	1
アルバニア人勢力	7	1	0	0	4	2	1
マケドニア人勢力	2	0	0	0	1	1	0
合計	161	20	17	13	14	97	8

　［注］　算出の根拠については巻末の資料1を参照。「セルビア人勢力」はクロアチア紛争，ボスニア紛争，コソヴォ紛争におけるセルビア人勢力をすべて含む。クロアチア人勢力は，クロアチア紛争とボスニア紛争の双方に見られる。ボシュニャク人勢力はボスニア紛争，アルバニア人勢力はコソヴォ紛争に関与したものである。マケドニア人勢力は，本書では扱っていないが，2001 年に勃発したマケドニア政府当局とアルバニア人勢力のゲリラ組織の間の小規模な武力紛争の過程で発生した戦争犯罪事件に関するものである。

（RS）ではわずか3.6％であった（Klarin 2009: 92）。ただし，すでに前章で見たように，旧ユーゴ地域の一連の紛争において紛争勃発当初の軍事力はセルビア人勢力がきわめて高く，他の勢力を圧倒していた。そのような軍事的な力関係の下で紛争が展開される中で，非セルビア人の市民が殺害されたケースの数が多かったことは，**第2章**で示した死者数のデータからも明らかである。そのため，現場で行われた犯罪行為の責任を問えば，セルビア人の被告人が多くなるのは，むしろ自然であるという考え方をとることもできる。例えば，民族ごとに有罪判決を受けた被告の人数とその懲役年数合計を紹介して，セルビア人が不当に厳しく裁かれているということを示唆していた日刊紙『ポリティカ』の報道に対して，「ポリティカは，もちろん，犠牲者の数や犯罪の規模に関する統計は一切報道していない」と批判する研究者もいる（Klarin 2009: 92）。多谷も，同様の根拠から，ICTY が反セルビア的だという批判は当てはまらないと論じている（多谷 2005: 166-168）。

　セルビア人の多くが抱く ICTY に対する不信感や不公平感のもう一つの理由は，セルビア人勢力側だけは政府首脳や軍の将校のような高官が多数裁かれ，

74　第3章　旧ユーゴ地域の移行期正義

他の国・民族では高官に対する訴追があまり行われていないという点である。この点について多谷は，そもそもICTYの初期の起訴は大物を避けており，それがICTYを和平成立の梃子として利用しようとする欧米諸国の政治的目論見によるものであったことをICTYの問題点として指摘しつつ，ICTYが真の裁判機関として脱皮したのは2001年半ば頃からであると論じる（多谷 2005: 169）。多谷は，ユーゴ連邦の大統領であったミロシェヴィッチが起訴され，クロアチアのトゥジマンやボスニアのイゼトベゴヴィッチが起訴されなかったのは，そのときにはすでにトゥジマンは病死しており，イゼトベゴヴィッチについても捜査は開始されたもののその終結前の2003年1月に病死してしまったからではないかと指摘している（多谷 2005: 169）。

　ただし，その後のICTYにおける訴追と裁判において，セルビア人以外の大物についても訴追するという方針転換がなされたかというと，そうした転換は必ずしも明確ではなかったように思われる。確かにICTYにおける訴追を見ると，2001年頃から，クロアチア人の政府高官（事件番号 IT-04-74 など）や軍高官（事件番号 IT-06-90, IT-04-78 など），ボスニア共和国軍（ARBiH）の高官（事件番号 IT-03-68, IT-04-83）の訴追が行われている（巻末の資料1を参照）。しかし，先に述べたように政府高官などの責任追及のためにICTYで考案されたJCEの概念が，訴追や判決においてどのように適用されたかを見てみると，そのほとんどがセルビア人勢力側の被告に対するものであったことがわかる（**表3-2**を参照）。JCEの概念は，先に紹介したピアチェンテの指摘通り，2001年頃から訴追および判決で使用されるようになっており，それ以前に行われた訴追についても，起訴状の修正において追加的にJCEの概念が適用されるケースが多く見られる。しかし，そうした追加的適用が起こっているのはセルビア人勢力側の被告のみで，その他の勢力の被告については起きていないのである（巻末の資料1を参照）。

　JCEの定義やその適用要件は，ICTYの判例が積み重なる中で明確化されており（竹村 2007a, 2007b），被告人の地位や起訴対象事件の性質が一定であれば自動的に適用できるような性質の概念ではない。そのため，JCEがセルビア人被告に特に多く適用されている傾向それ自体が，必ずしも起訴および判決におけるバイアスを示しているわけではないかもしれない[8)]。しかし，後述するよう

1 ICTY　75

表 3-2　ICTY の告訴と一審判決における JCE 概念の適用件数　　　［単位：件］

	告訴			一審判決		
	JCE 不適用	JCE 適用	合計	JCE 不適用	JCE 適用	合計
セルビア人勢力	60	49	109	32	38	70
クロアチア人勢力	25	9	34	17	8	25
ボシュニャク人勢力	9	0	9	8	0	8
アルバニア人勢力	4	3	7	6	0	6
マケドニア人勢力	1	1	2	2	0	2
合計	99	62	161	65	46	111

　［注］　算出の根拠については巻末の資料1を参照。

に，アルバニア人勢力による戦争犯罪の容疑について，ICTY による本格的捜査が妨害されていたことが，ICTY 検察官本人によって暴露されていることもまた事実である（本章第3節を参照）。JCE の存在を認めれば，その計画に参画していた他の政府高官や軍将校にも責任追及が広がる可能性がある。その概念の適用がセルビア人勢力の側に対して，とくに集中的に行われていたという事実が有する意味は小さくないように思われる。

　さらに，ICTY が北大西洋条約機構（NATO）によるユーゴ連邦に対する空爆について戦争犯罪事件として捜査しなかったことも，セルビア人が ICTY に対して抱く不信感，不満の理由の一つとなっている。この点に関して多谷は，高高度からの空爆によって多数の民間人の死者が出たこと，劣化ウラン弾やクラスター爆弾などの使用による民間人の被害，国際慣習法として確立された「比例の原則」（攻撃対象が軍事目標であったとしても直接的軍事メリットに比して民間人・民生施設への副次的被害が大きすぎるときはそのような戦闘行為は行ってはならないとする原則）の違反などから，NATO の戦争犯罪を疑う声も出ていたが，ICTY はこの点について書類の検討は行ったものの捜査は開始しなかったと述べている（多谷 2005: 174）。

　このように，特にセルビア人の人々の間で ICTY に対する不信感や不公平感が見られる状況で，ICTY が下した判決は，必ずしも戦争犯罪を行ったとされる側の反省や謝罪にはつながってこなかったとされる。有罪判決が下されても，当の被告がその判決を不当なものと批判したり，その被告が属する側の社会で

「不当な判決」として批判したりする現象が，しばしば起こったからである[9]。最近の例では，2017 年 11 月に無期懲役の判決を受けたムラディッチ被告が，判決言い渡しに際して激昂し「これはすべて嘘だ！」などと発言して強制退場させられ，被告人不在の中で判決が言い渡されたことが象徴的であろう[10]。こうした姿勢は，セルビア人だけではなく，他の民族にも共通して見られるものである。例えば同じ 2017 年 11 月末に ICTY の控訴審で控訴棄却，懲役 20 年の刑確定の判決を言い渡されたクロアチア人のプラリャク被告は，「プラリャクは戦争犯罪人ではない！この侮辱的な判決を自分は拒否する！」と発言し，被告人席で服毒自殺した[11]。ICTY の裁判は国家や民族といった集団的な責任を問うものではなく，あくまで個人の戦争犯罪の責任を追及するものである。しかし，その判決は，現地社会では，しばしばその被告人が属する集団全体に対する断罪ないし免罪と受け取られる。例えば，ボシュニャク人のオリッチ被告に控訴審で無罪が言い渡されれば，ボシュニャク人は「ついに正義が実現した」と喜び，セルビア人たちは不当な判決と不満を抱く（Simic 2011）。**序章**で述べたように，多くの研究者が，ICTY による戦争犯罪裁判という形での移行期正義の追求は現地の人々の間の和解促進に貢献していないと評価するのは，こうした状況が旧ユーゴ地域で見られるからである。この点については，本書でも**第 7 章**と**第 8 章**であらためて検討することにしたい。

　裁判という形態をとる限り，そこには，犠牲者の立場を代弁しつつ被告人の責任を追及する検察側と，自らの責任を否定する被告人側という対決構図が存在することになる（ただし，被告人が罪状認否において公訴事実を認める場合にはその限りではない）。この両者が「犠牲者側の民族」と「加害者側の民族」の立場を代弁するとみなされる状況では，裁判は，「民族ごとに異なる真実」が対決し，互いに相手の真実を否定し合う場となる。したがって，過去の人権侵害や非人道的な行為について，加害者と被害者が直接向き合い，真実を共有し，関係を修復するような場としては，裁判が果たしうる役割はきわめて限定的であるように思われる。

1 ICTY　77

2 　　　　　　　　　　　I C J

　旧ユーゴ地域の戦争犯罪については，ICTY の活動と並行して，ICJ でもその責任に関する裁判が行われた。戦争犯罪行為に関する個人の責任を追及した ICTY とは異なり，ICJ において問われたのは国家の責任である。まず，ボスニア紛争中の 1993 年 3 月，ボスニア政府がユーゴ連邦を相手取って ICJ に提訴した。提訴において，ボスニア政府は，ユーゴ連邦の行為がジェノサイド条約やその他の国際法に違反するものであると主張し，そうした違反行為によって生じた損害に対する金銭的な賠償を求めた。次いで 1999 年 7 月に，クロアチア政府もユーゴ連邦を相手取って ICJ に提訴した。その主張はボスニア政府と同じく，ユーゴ連邦の行為がジェノサイド条約違反であるというものであり，それによって生じた損害に対する金銭的な賠償を求めるものであった。

　これらの裁判は結審までに相当の時間を要した。ボスニア政府の提訴に関する判決が出たのは 2007 年 2 月であり，クロアチア政府の提訴に関する判決が出たのは 15 年 2 月のことであった。ボスニアについては 14 年を，クロアチアについては 16 年を要したのである。いずれのケースにおいても，提訴の後にユーゴ連邦が国家連合「セルビア・モンテネグロ」に改組され，さらにそれが解体してセルビア共和国とモンテネグロ共和国に分かれるという国家形態の変動が続き，提訴の被告がめまぐるしく変わったことが手続きを長引かせた一つの要因であった。また，ユーゴ連邦側が提訴内容に関する ICJ の管轄権について疑義を呈したことも手続きの長期化につながった。さらに，ボスニア政府やクロアチア政府がジェノサイド条約に違反する行為を行ったとする反訴をセルビア側が提起したことも，手続きの長期化をもたらした（ただし，ボスニアに対しては 2001 年 4 月に反訴を撤回した）。

　それに加え，ボスニアについては，デイトン合意後の政治体制において，対外的にボスニアを代表する役割を果たす大統領評議会が 3 民族の代表によって構成されるようになり，ボスニア政府の意思決定にセルビア人代表も影響力を行使できるようになったことが手続きに混乱をもたらした。すなわち，1999 年 6 月に大統領評議会の議長から任命された共同代表人が ICJ に対して訴訟を

78　　第 3 章　旧ユーゴ地域の移行期正義

継続しないことを通告したが，9月になってボスニアの閣僚評議会議長が，そのような決定はなされていないこと，その者が共同代表人に指名されてはいないことをICJに通告し，さらにその通告の有効性をRSが争うという事態が発生したのである（湯山 2011: 437）。結局ICJは，ボスニアが告訴を撤回する意思を有していないと認定し，裁判は継続することになった。

裁判の手続きにおいて注目すべきは，ICTYの第一審裁判部が判決を下す際に行った事実認定について，それが上訴によって覆されない限り，高度に説得力のあるものとして受け入れるという立場をICJがとったことである（湯山 2011: 456）。そのため，ICJとICTYは形式上全く別の裁判であるが，ICTYの裁判の経過はICJの判決に大きな影響を与えるものとなり，逆にICJの裁判もICTYの裁判に影響を与えることになった。例えばオレントリカーは，ICJで裁判が続いていたことが，ICTYで使われた証拠がICJで使われてセルビアの立場が不利になるのではないかというセルビア政府の懸念につながり，セルビア政府がICTYへの協力を渋る理由の1つになったと指摘している（Orentlicher 2018: 69）。

ボスニアの提訴については2006年に口頭審理が開始され，判決は2007年2月に下された（ICJ 2007）。この判決でICJは，ジェノサイドの実行や共犯，実行の共同謀議・煽動についてはセルビアの責任を認めなかったが，スレブレニツァの虐殺事件についてはジェノサイドと認定したうえで，セルビアがジェノサイド条約において定められたジェノサイドを防止する義務に違反したと認定した。また，ジェノサイドの責任者を裁くことをめざしているICTYに十分に協力していないことから，セルビアはジェノサイド条約の定める義務に違反したとも認定している。他方で，金銭的な賠償の支払いについては原告の訴えを却下した。なお，ボスニアでは2017年に，大統領評議会のボシュニャク人代表を務めていたB. イゼトベゴヴィッチがこのICJ判決に対する控訴を行うことを試みた。しかし，セルビア人代表・クロアチア人代表がこれに反対の姿勢を示し，ICJはボスニア政府において控訴に関する公式の決定が行われていないということを理由に控訴を却下している。[12]

クロアチアの提訴については，2014年の口頭審理を経て，15年2月に判決が下された（ICJ 2015）。ICJはその判決において，クロアチアとセルビアが提

訴において主張しているさまざまな殺害や破壊の行為が，ジェノサイドの意図をもって行われたと断定することはできないとして，クロアチアとセルビアの双方の訴えを退けた。

　ICJにおいては，ユーゴ連邦も1999年4月に欧米の10カ国（ベルギー，カナダ，フランス，ドイツ，イタリア，オランダ，ポルトガル，スペイン，イギリス，アメリカ）のそれぞれを相手取った提訴を行っている。ユーゴ連邦は，NATOが実施している空爆が国連安保理の承認を得ないで行われていることから，他国に対する武力行使の禁止や他国の主権の尊重といった国際的義務に違反しており，また，特定の民族の一部を破壊しようとすることを禁ずるジェノサイド条約にも違反しているとして，ICJに提訴したのである。これに対しICJは，ユーゴ連邦は1999年時点では国連加盟国ではなかったので，ICJの規程当事国でもなく，したがって裁判所に提訴する権利をもたないとして，ユーゴ連邦の訴えを却下した（ICJ 2004）。

　ここで，ユーゴ連邦への対応に関し，ICJの判決において，矛盾が存在することを指摘しておきたい。ユーゴ連邦が原告となり，欧米諸国が被告となったユーゴ空爆の違法性を主張する提訴においては，ICJは，ユーゴ連邦が提訴の時点で国連加盟国ではなかったことを理由に，裁判所に提訴する権利を否定し，訴えを却下した。しかし，ユーゴ連邦が被告となり，クロアチアやボスニアが原告となった提訴においては，ユーゴ連邦が2000年まで国連加盟国ではなく，したがってICJがユーゴ連邦に対する管轄権をもたなかったことを認めつつも，そうしたことは手続き的瑕疵であって，その後の同国の国連加盟承認によって治癒されたと認定し，提訴を却下することなく，判決を下したのである。この点について，ボスニアの提訴に関する2007年のICJ判決を分析した研究では，この判決におけるユーゴ連邦がICJの規程当事国であったという認定と，ユーゴ連邦が原告となった2004年の提訴に関する判決における認定は，「明確に矛盾する」と指摘されている（湯山 2011: 481）。

3　各国の国内裁判

旧ユーゴ地域で起こった一連の紛争において発生した戦争犯罪行為に対する

80　第3章　旧ユーゴ地域の移行期正義

図3-1 クロアチアにおける戦争犯罪の訴追，有罪判決，無罪判決を受けた人の数（1991-2007年）

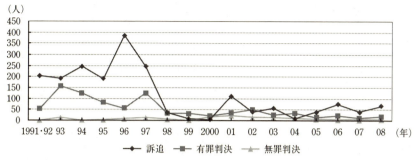

［出典］ DORH(2009): 23をもとに作成。

　移行期正義の取り組みのうち，司法的アプローチの最後の類型として，各国の国内裁判について見ておきたい。

　クロアチアにおける戦争犯罪容疑者の刑事訴追については，クロアチア国家検察局の年次報告によると，2009年末までに3844人に対して戦争犯罪の捜査が開始され，そのうち1747人が訴追に至り，さらにそのうちの555人に対して有罪判決が下されている（DORH 2010）。その後も，2010年に71人，11年に41人，12年に9人，13年に21人，14年に31人，15年に31人，16年に84人の訴追が行われており，訴追された者の合計は2016年末時点で2035人に上る計算となる（DORH 2011-2017）。これらの報告書には，訴追された者の民族帰属や所属組織などの記載はなく，訴追された者のどの程度が主要民族を構成するクロアチア人であったのかに関する正確な情報はない。しかし，クロアチアから避難したセルビア人に関する記録・情報を収集している非政府組織（NGO）のヴェリタスによれば，クロアチア国家検察局の2007年時点での情報では，戦争犯罪に関連した法的手続きが開始された3666人のうち，3604人は「クロアチア共和国に対する侵略に参加した者」（すなわち，セルビア人勢力側で戦闘に従事した者）であるのに対し，クロアチア人側の武装勢力の構成員は62人であった（Veritas 2010: 2）。また，ヴェリタスによれば，2011年6月末時点でクロアチア軍に所属する軍人のうち，戦争犯罪の捜査が開始された者は108人，訴追されたのは79人である。[13]

　図3-1は，1991年から2007年までに戦争犯罪で訴追された容疑者，有罪

判決を受けた被告人，無罪となり釈放された被告人の数の推移を示している。訴追の件数は，1996 年に急増し，2001 年に再度，前年に比べて大きく増えていることがわかる。1996 年の訴追の急増は，95 年のクライナ・セルビア人共和国（RSK）に対する軍事作戦が成功して RSK が崩壊したことによって，過去に非人道的な行為に関与したセルビア人の政治家，軍人らが拘束され，そうした人々が訴追されたものと思われる。実際に，1990 年代に行われた戦争犯罪関連の訴追と裁判は，ごく少数の例外を除いてセルビア人やユーゴ人民軍（JNA）要員に対するものであり，デュー・プロセスの原則の観点から見て，さまざまな問題があったという指摘がある（Rangelov 2013: 122）。これに対し 2001 年の急増は，2000 年の政権交代の結果，旧体制下の紛争中に行われたクロアチア人勢力側の非人道的行為の責任者が訴追され始めたことを示していると考えられる。例えば，2001 年にはクロアチア軍のノラツ将軍が地方裁判所で起訴されるなど，クロアチア軍将校に対する訴追が開始されたのである（Rangelov 2013: 123）。

　ボスニアでは，2000 年代半ばから国内で戦争犯罪を裁く動きが始まったものの，07 年末頃まで，戦争犯罪に対する国内裁判はほとんど実施されなかった。2004 年に戦争犯罪裁判所がサラエヴォに開設され，05 年 3 月に活動を開始し，7 月に最初の判決を言い渡した（UNDP 2008: 4）。しかし，2006 年 8 月時点でボスニアの司法に関する独立機関である高等裁判・検察評議会（裁判官や検察官の任命，懲戒，司法に関する統計資料の管理などの権限を有する）が 1 万 2034 人の戦争犯罪容疑者の存在を把握していたのに対し，同年末時点で戦争犯罪に関して法的制裁が下されたのはわずか 52 件であった（Šimić 2013: 176）。この時点で，ボスニアでは，国内で戦争犯罪を裁くために必要な制度や資源が全く整備されていなかった。例えば，ボスニア連邦にも RS にも，証人を保護するための戦略もプログラムも存在していなかった（Šimić 2013: 177）。ボスニアの司法省は 2007 年秋に戦争犯罪を裁く国内裁判に関する戦略を策定するための作業部会を設置し，2008 年末にボスニアの閣僚評議会が戦争犯罪裁判のための国家戦略を採択した（Šimić 2013: 191）。

　その後，ボスニアでは膨大な数の戦争犯罪裁判が行われている。高等裁判・検察評議会によれば，2006 年から 12 年末までに戦争犯罪について捜査が完了

した案件が 1365 件（容疑者は 5964 人），訴追が完了した案件は 322 件（被告人は 509 人）であった（VSTV 2013: 197）。2012 年末時点でも捜査が完了していない戦争犯罪容疑の案件は 579 件（容疑者は 2681 人），容疑者不明で処理が完了していない戦争犯罪容疑の案件が 827 件にのぼっている（VSTV 2013: 198）。戦争犯罪に関して判決が下された案件は，2006 年から 12 年までの間に 472 件，13 年に 82 件，14 年に 293 件，15 年に 353 件，16 年に 359 件となっており，16 年末までに合計で 1559 件について裁判が完了している計算になる（VSTV 2013, 2015-2017）。

　セルビアでは，2003 年の戦争犯罪裁判所の設置以前にも戦争犯罪に関する国内裁判が行われていたが，ごくわずかで散発的なものにとどまっていた。人道法センター（HLC）によれば，本来，戦争犯罪と定義されるべき犯罪に関する通常裁判所での裁判は合計 20 件（被告人の数は合計 35 人で，その約半数はコソヴォ紛争中に行われた犯罪行為）であったが，そのうち 12 件では戦争犯罪とは定義されずに裁判が行われた（HLC 2014: 83）。この他に，軍事裁判によって裁かれた戦争犯罪案件も若干あったが（被告人の数は合計 17 人），その多くはクロアチア紛争中に拘束されたクロアチア側の軍人に対する裁判であった（OSCE 2015: 21）。2003 年の戦争犯罪法の採択によって，ベオグラード地方裁判所ならびに最高裁判所に戦争犯罪裁判を専門に担当する裁判部（戦争犯罪裁判部）が設置され，検察や警察にも戦争犯罪の捜査や訴追を専門に担当する部署が設置され，戦争犯罪を裁くための制度的基盤が整った。2005 年には戦争犯罪裁判に参加する証人の保護に関する法律が制定され，戦争犯罪の証人の保護を担当する専門の部署も設置された（OSCE 2015: 21）。

　しかしながら，制度的基盤が整えられた後も，セルビアにおける戦争犯罪に関する国内裁判の数はそれほど増えていない。欧州安全保障協力機構（OSCE）によれば，訴追案件は，2014 年末時点で合計 49 件，訴追された被告の数は合計 162 人である（OSCE 2015 を参照）。被告のほとんどはセルビア人であり，少数派の民族に属する被告はごくわずかである点については，政治的に困難な裁判を進めてきているといえる（少数派の民族を被告とする案件として 17 人のアルバニア人を訴追したものがあったが，全員無罪となっている）。しかし，被告のほとんどは下級士官クラスであり，将校クラスの軍人はおろか，下級士官に対して命

令を与える地位にあった中級クラスの軍人でさえ被告となっている者はほとんどいない。また，半数以上の案件では訴追理由となった戦争犯罪行為による犠牲者の数は一桁台となっており，大規模な戦争犯罪を裁くための裁判はあまり進んでいない。セルビアにおける戦争犯罪の国内裁判を推進するために最も活発な活動を行ってきたHLCの報告書は，戦争犯罪検察局が戦争犯罪の責任者を訴追するために十分な活動を行っておらず，訴追したとしてもその対象を下級士官クラスに限定していることを批判している（HLC 2014）。

　コソヴォでは，国連コソヴォ暫定行政ミッション（UNMIK）が展開した直後に，戦争犯罪・民族犯罪裁判所を設置する構想があったが，現地のアルバニア人の強い抵抗にあい，頓挫した（KIPRED 2008）。UNMIK展開後のコソヴォにおいて戦争犯罪容疑の捜査を担ったのはICTYの国際捜査官とUNMIKの文民警察であり，現地住民で構成されるコソヴォ警察は戦争犯罪捜査において重要な役割を果たしていなかった（OSCE 2010: 7-8）。2008年末までにコソヴォの裁判所において裁判が完了した戦争犯罪案件は40件余であったが，そのうち21件はUNMIKが国際検察官・国際裁判官を導入する2000年以前に訴追がなされたものであり，すべてアルバニア当局に拘束されたコソヴォのセルビア人を対象とするものであった（AI 2012: 16）。欧州安全保障協力機構（OSCE）によれば，2009年末までにコソヴォにおいて戦争犯罪容疑で裁かれた被告の数は37人である（OSCE 2010: 8）。人員不足等に起因する捜査，起訴，裁判の遅れに加えて，証人保護の仕組みの欠如，戦争犯罪裁判に関与する司法当局者に対する脅迫など，この時期のコソヴォにおける戦争犯罪裁判には多くの問題があり（OSCE 2010），ごく少数にとどまっていたのである。

　2008年にEUがコソヴォに派遣したEU法の支配ミッション（EULEX）は，「戦争犯罪，テロ，組織犯罪……その他の重大犯罪事件が適切な捜査，訴追，裁判を受けることを確実にすること」をその任務に含んでいた[14]。EULEXは，UNMIKから1187件の戦争犯罪容疑の案件を引き継いだ（OSCE 2010: 6; AI 2012: 16）。しかしEULEXも，戦争犯罪に対応するための十分な資源を有しているわけではなかった。例えば，OSCEは，2010年の報告書において，EULEXが20人の検察官を擁しているものの，戦争犯罪を専門に扱う検察官は2人しかおらず，08年12月9日の活動開始から2009年末までの間にEULEX

が訴追したのは 4 件（被告は 8 人）に過ぎないと指摘している（OSCE 2010: 14-15）。EULEX で戦争犯罪の捜査を担当していたラーティカイネンは，2011 年のインタビューで，UNMIK から引き継いだ 1187 件の戦争犯罪容疑のうち，700-750 件余りがまだ残っていると語っており，証拠不十分などでリストから除外された 158 件を除くと，およそ 3 年間で 300 件程度の手続きが完了したことをうかがわせている（AI 2012: 18）。

　独立宣言後のコソヴォでは，2008 年 3 月にコソヴォ共和国特別検察庁に関する法律が制定され，戦争犯罪の捜査や訴追を専門で担う機関が設置された（AI 2012: 23）。しかし，コソヴォ解放軍（UÇK）の側が紛争中に行った行為を戦争犯罪として裁くことについては，UÇK を母体として形成された政党の政治家やアルバニア人の市民の多くが強く反対する傾向にあり，訴追や裁判は独立後もあまり進まなかった。その理由として，コソヴォでは現地の司法機関が戦争犯罪容疑者を訴追しようとせず，できる限り EULEX に案件をたらい回しにする傾向があり，政治的権力をもつ UÇK 出身の政治家やその関係者による戦争犯罪容疑を訴追する意思をもたないことが指摘されている（Visoka 2017）。HLC のコソヴォ支部は，2016 年には国際検察官も戦争犯罪容疑の訴追を 1 件も行っておらず，コソヴォにおける戦争犯罪容疑の案件の数は紛争終結以来，最低の水準に達したと懸念を表明している[15]。

　しかし，UÇK メンバーによる臓器売買の疑惑によって，コソヴォでの戦争犯罪に関する裁判を求める国際的な機運が高まってきている。この問題は紛争終結後から時折報道されていたが，長い間，セルビア側のプロパガンダであるとみなされ，本格的な捜査の対象とはなってこなかった。ところが 2008 年に，ICTY の主任検察官を退任したばかりのデル・ポンテが，この問題についての本格的な捜査が妨害にあっていたこと，臓器の違法な摘出が行われていた「イエロー・ハウス」で押収した証拠の一部がハーグで破壊されてしまったことなどを暴露した（Del Ponte & Sudetic 2009）。これを契機に，欧州評議会の中で，この問題に関する調査を求める声が高まり，法律問題・人権委員会に調査が付託されたのである。報告者に任命されたスイス出身の欧州評議会議員マーティは，2011 年に提出した報告書の中で，紛争終結直後の時期に，捕虜になった人々から臓器が摘出され海外に密売されたことを示唆する多数の証拠があると

3　各国の国内裁判　　85

結論づけた（CoE 2011）。これを受けて EU は，同年 11 月，この報告書に記載されている戦争犯罪容疑を調査するための特別捜査タスクフォース（SITF）を設置した。2014 年 4 月にはコソヴォの大統領と EU の外務・安全保障政策上級代表の間で，コソヴォ紛争中に行われた戦争犯罪行為を裁くための特設裁判所の設置について書簡のやりとりがあった。その後 SITF は，コソヴォにおいて紛争中に行われたセルビア人などの少数民族に対する戦争犯罪行為が，UÇK の指導部によって決定され，組織的に行われたことを示す十分な証拠があると結論づけた（SITF 2014）。そして 2015 年 8 月，コソヴォ議会が憲法修正と特別裁判所・特別検察局に関する法律を可決し，コソヴォにおける戦争犯罪容疑を裁くための裁判所を，第三国に設置することを決定したのである。

　この裁判所はオランダのハーグに設置されることが決まり，EU による予算措置を受けて，活動開始に向けた準備が進められた。2017 年末には，コソヴォ特別裁判所の所長が，訴追を開始する準備ができていると語った。これに対し，コソヴォの政治家たちの間では，この裁判所の活動停止を求める動きも見られたが，そうした動きに対する欧米諸国の強い反発もあり，実際に裁判所を停止させるには至っていない。特別裁判所の検察局は 2019 年 1 月，UÇK の元司令官や元軍事裁判所長などの関係者をハーグに招 聘し，取り調べを開始した。今後，戦争犯罪容疑者の訴追に向けた動きが，どのように進展するかが注目される。

4　真実委員会

　真実委員会は，移行期に発生した非人道的行為について，その真相を包括的に明らかにすることなどを目的に設置される組織であり，民主化や紛争終結の後に多くの国で設置されている（**第 1 章**参照）。しかし，旧ユーゴ地域については，これまでのところ，真実委員会はあまり大きな役割を果たしてきていないように思われる。

　国家を超えた地域的な真実委員会については，1995 年 11 月のボスニア紛争を終結させるデイトン合意の成立に際して，ボスニアのイゼトベゴヴィッチ大統領とセルビアのミロシェヴィッチ大統領が添付した書簡において，紛争の原

因，紛争中の行為，紛争の帰結に関する事実解明と調査を行う国際委員会を設置することが提案されていた（Mallinder 2013: 65）。しかし結局，そうした委員会は設置されなかった。

　各国の国内で設置される真実委員会については，旧ユーゴ地域の中で設置の動きを最初に見せたのはユーゴ連邦であった。ミロシェヴィッチ体制が崩壊した後，ユーゴ連邦大統領に就任したコシュトゥニツァの大統領令によって，2001 年 3 月に真実和解委員会が設置されたのである。しかし，コシュトゥニツァはこうした委員会の設置に際して，南アフリカやチリの事例に言及しつつ，「犯罪行為に責任のある指導者は自分の国民の前で責任を問われるべきである」と述べており，ミロシェヴィッチを ICTY に引き渡すべきであるという国際的な圧力を前にして，ICTY に代わる国内の制度を作り出し，ICTY の正統性を否定しようという意図を有していたことは明白であった（Subotić 2009: 53）。

　この目的は，非人道的行為の実態を明らかにしたり，そのために証人や生存者の証言を集めたりすることではなく，「戦争をもたらした社会的・民族的・政治的対立の証拠を明らかにし，これらの事象の間の因果関係に光を当てること」であった（Subotić 2009: 54）。コシュトゥニツァは，この真実和解委員会のメンバーに，「過去の戦争を親セルビア的に解釈し，明白に反国際主義的な傾向をもつ」民族主義的・保守的な学者を選任した（Subotić 2009: 54）。委員会のメンバーに選任された中で反民族主義的な立場をとっていた法学者のディミトリィェヴィッチと歴史家のペロヴィッチは委員会の発足直後に辞任した（Gordy 2013: 67）。セルビアの人権 NGO であるヘルシンキ人権委員会の代表を務めるビセルコは，この委員会の報告書がもし出ていたら，1991-99 年の戦争を相対化し，ユーゴ紛争におけるすべての勢力の責任を対等にすることになっただろうと述べている（Biserko 2006b: 237）。しかし，この委員会は結局，適切な予算すら与えられず，何の報告書も公表することなく，自然消滅してしまった。

　真実委員会という名称は与えられていないが，ボスニアでは戦争犯罪行為や行方不明者に関する重要な公的機関が設置されてきた。[20]内戦終結直後の 1996 年には，行方不明者の発見を目的とした諸政府間の協力を促進するために，アメリカのクリントン大統領の肝いりで国際行方不明者委員会（ICMP）が設置された。2000 年には国際社会の支援を受けて「行方不明者研究所（Missing

Persons Institute）」が設置され，各民族が自分たちの支配していない地域における行方不明者の調査ができるよう，共同の遺体発掘調査が進められた。こうした調査の結果，ボスニア紛争で生じた約4万人の行方不明者のうち，70％以上の身元が判明したとされる。2014年には，武力紛争・人権侵害の結果として生じた行方不明者の問題について各国当局が一義的な責任を有することを確認した共同宣言が，ボスニア，クロアチア，モンテネグロ，セルビアの大統領によって署名されている。

　また，ボスニアでは，RS政府が「RSとボスニア連邦における内戦の期間中に人道に反する罪ならびに国際戦争法規に違反する犯罪に関するデータの収集を目的とした」戦争犯罪研究のための記録センターを設置し，2002年にスレブレニツァの虐殺事件について報告書を発表した（DCRS 2002）。この報告書が，ボスニア内外で大きな論争を巻き起こした。この報告書は，死者6000-8000人という推計は「明らかな誇張」としたうえで，スレブレニツァで死亡したボシュニャク人は2000-2500人程度と推定され，そのうちの約1800人は戦闘もしくは戦闘からの逃走中に死亡した兵士であると主張したのである（DCRS 2002: 32-34）。これに対して国内外から非難の声が殺到した。このセンターは，RS政府においてICTYとの関係を担当する部局が設置したものであり，この報告書は，ICTYで訴追されているセルビア人の被告を弁護するための証拠として提出されたものであった。しかし，この報告書が証拠として使われたのは一度だけで，しかも，その裁判では証拠としては採用されたものの，判決では「修正主義の最悪の例」であると断罪された（Gordy 2013: 127）。

　この後，ボスニアの裁判所の決定を受けて，RS政府がスレブレニツァの虐殺事件に関する調査委員会を設置し，2004年6月にスレブレニツァの虐殺に関する報告書が発表された（KIDS 2004）。この報告書では，1995年7月10日から19日までの間にスレブレニツァ地域で行方不明になった人の数について，6450人とする国際赤十字委員会のデータと，7779人とするICMPのデータがあるが，前者は犠牲者とその近親者からの報告のみを受け付けており，家族が全員殺害されている場合にデータに含まれないという問題があることを考えると，後者のデータが最も正確であろうと結論づけている（KIDS 2004: 32）。政治学者のゴーディは，この報告書は，墓地の場所や殺害の計画などについて詳細

に記載している「意義のある報告書」であったと評価し,「唯一の成功した真実委員会」であったと述べている (Gordy 2013: 66)。この報告書が発表された後,RS の議会は同じ年の 10 月に犯罪行為を認める決議を行い,翌 11 月に RS 政府はスレブレニツァ虐殺の犠牲者の家族に対する謝罪を表明した (Gordy 2013: 67)。

この他にボスニアでは,ビイェリナ市で市議会が真実和解委員会を設置して紛争中の非人道的行為を明らかにしようとしたが,2009 年に委員会が市議会に対して報告書を提出して承認を求めると,市議会はその報告書を否決してしまった (Šimić 2013: 216)。市民が委員会に対して批判的であったことがその背景にあったようである (Šimić 2013: 216)。2006 年にはボスニアの閣僚評議会が,議会におけるセルビア人政党の要求を受けて,すべての民族のサラエヴォ市民が紛争中に受けた犯罪行為を調査する委員会を設置することを決定したが,委員会メンバーの人選などをめぐって対立が起こり,活動開始には至らなかった (Mallinder 2013: 66; Porobic-Isakovic 2016)。

コソヴォでは紛争終結後,真実委員会を設置するという動きはほとんど見られなかった。2012 年 6 月には,当時コソヴォ首相を務めていたサチが,過去に向き合い和解を進めるための戦略を策定する省庁横断的な作業部会を設置すると発表したが,その後は具体的な進展がなく,17 年になっても戦略の策定には至らなかった[21] (Ahmetaj 2017)。その一方で,2017 年に入ると,サチ大統領は真実和解委員会の設置に向けた協議を開始した。しかし,この動きに対しては,全く成果を生み出さなかったユーゴ連邦の真実和解委員会を想起させるものとして,懐疑的な姿勢をとる者が少なくない[22]。サチが真実和解委員会の設置に向けた動きを示した時期は,サチ自身も含めた UÇK の元メンバーに対する戦争犯罪の責任追及の動きが高まった時期 (2011 年の欧州評議会の報告書公表,16 年の特別裁判所の活動開始) の後である。国際社会による戦争犯罪の責任追及を逃れるための隠れ蓑として真実和解委員会を利用しようという意図があった可能性も否定できないだろう。

紛争中に行われた非人道的行為に関する真相究明や証言の収集・記録といった点において,各国の政府が設置した公的機関は限定的な役割しか果たしてこなかった。そうした中で,旧ユーゴ地域における非人道的行為の調査と記録に

おいて大きな役割を果たしてきたのが，各国の NGO である。とりわけ各紛争で生じた死者数については，他の国々や地域においてもしばしば見られるように，立場によって死者数を過大評価したり過小評価したりすることが見られた。そこで，死者数が政治的に利用されることを防ぐために，個人ベースで死者の身元を特定し，死者数を正確に計測するプロジェクトが，各国の NGO によって進められたのである。そうしたプロジェクトの成果は本書の**第 2 章**の記述にも盛り込まれている。ボスニアでは，サラエヴォを本拠地とする調査・記録センターがボスニア紛争の死者数を計測した。コソヴォ紛争については，ベオグラードとプリシュティナの双方に事務所を有する HLC が同様のプロジェクトを進め，コソヴォ紛争の死者数を明らかにした。クロアチアでは 2019 年 2 月時点でまだ作業が完了していないが，NGO のドクメンタがデータの収集と整理の作業を進めている[23]。2018 年 12 月には，HLC やドクメンタなどの NGO が共同で，旧ユーゴ地域で起こった一連の紛争における死者に関するインタラクティブ・マップを公開した[24]。

　さらに，こうした旧ユーゴ地域の人権 NGO の活動は，真実委員会に関する最も注目すべき動きにもつながっている。セルビアやクロアチアの人権 NGO の指導者が中心となり，旧ユーゴ地域のすべての国を対象とする真実委員会を設立しようという構想が生まれたのである[25]。2007 年に，この構想は，「旧ユーゴ領内で発生した戦争犯罪ならびに重大な人権侵害に関する事実の確立のための地域委員会」（通称 RECOM）の設置に向けて活動する連合（RECOM 連合）の設立に結実した。2017 年時点で，この連合には旧ユーゴ地域の 2000 以上の NGO および個人が参加している（Borrini 2017）。この連合は，旧ユーゴ地域の政府に対し，RECOM の設立に参加して活動資金を提供するよう呼びかけていた。2011 年には RECOM 設立に賛同する署名が 55 万件以上も集まった。その後，RECOM 設立に向けた動きは停滞するが，2017 年 5 月に再度署名活動が始まり，5 万件以上の署名が集まった（Borrini 2017）。ドイツ主導で行われた西バルカン諸国の EU 加盟を支援する外交プロセス（通称「ベルリン・プロセス」）の一環として 2017 年 7 月に開催されたトリエステの首脳会議では，地域の和解を推進するための重要なメカニズムとして RECOM が言及され，コソヴォ，マケドニア，モンテネグロ，セルビアの 4 カ国の首脳が RECOM 設立

のための合意文書を起草するための特使をすでに任命し，ボスニアでも大統領
評議会のボシュニャク人代表はすでに特使を任命した[26]。2018 年 7 月には，ロ
ンドンの西バルカン諸国首脳会議において，ボスニア，コソヴォ，マケドニア，
モンテネグロ，セルビアの 5 カ国が RECOM 設立に関する正式調印を行う可
能性が高いと報じられていたが，結局，調印は見送られてしまった[27]。この委員
会は，旧ユーゴの領内で 1991 年から 2001 年までに発生した紛争における死者，
行方不明者，拷問の犠牲者のリストを作成することをめざしている。RECOM
が設立されれば，旧ユーゴ地域で起こった一連の紛争に関する移行期正義の新
たな段階が始まることになると期待され，その活動の成果が注目される。

5　公職追放と恩赦

　紛争終結後に戦争犯罪の責任者を公職追放する動きについては，旧ユーゴ諸
国間で大きな差異が見られる。この点で最も明確な制度化を行ったのはボスニ
アである。ボスニアでは，デイトン合意によって制定された憲法において，
ICTY で有罪判決を受けた者や ICTY の検察局に起訴され逃走中の者は公職に
就くことが禁じられ（憲法 9 条 1 項），戦争犯罪裁判と公職追放が明確に結び付
けられた。これを受けて，1996 年 7 月には RS 大統領であったカラジッチがあ
らゆる公職から辞職するなど，戦争犯罪被告人は公職から追放された。また，
デイトン合意の付属文書 7「難民・避難民に関する合意」において，難民・避
難民が帰還しやすい条件を作り出すための信頼醸成措置として，軍や警察，そ
の他の公務員の中で，民族集団・少数派集団の基本的権利の重大な侵害に責任
のある人々の訴追や解雇を行うことも規定された（1 条 3 項）。この規定に従っ
て，1999 年から 2002 年にかけて，国連安保理が設立した国際警察タスク
フォースが 2 万 4000 人の警察官を審査し，793 人の警察官を解職した（Mallinder
2013: 63）。2004 年には NATO によって軍高官に対して同様の公職追放が行わ
れている。

　セルビアでは，ジンジッチ首相が暗殺された後，セルビア議会が「人権侵害
の説明責任に関する法律」を採択し，特に軍および警察においてミロシェ
ヴィッチ体制下で要職に就いていた人々を公職から，追放することがめざされ

5　公職追放と恩赦　　9I

た（Dimitrijević 2013: 423）。この法律は，1976年3月以降に公職者が関与した
すべての人権侵害を対象とするものであったが，人権侵害への関与を審査する
委員会の人選に対する議会での民族主義政党の反発などから，実際には全く執
行されず，2013年にこの法律は廃止された（Dimitrijević 2013: 423; Nikolić-
Ristanović & Ćopić 2016: 151）。セルビアでは，国会議員選挙法88条の規定によっ
て，懲役6カ月以上の有罪判決を受けた場合には失職することになっているが，
刑期を終えた人物には適用されないため，ICTYで有罪判決を受けても国会議
員職にとどまるケースが見られる。例えば，極右政党の党首として著名なシェ
シェリは，ICTYの第一審で無罪となったものの，MICTでの控訴審で2018年
4月に懲役10年の有罪判決を受けたが，判決を受けた時点で裁判のために拘
留されていた期間が10年を超えていたため，刑期を終えたものとみなされて
収監されず，その後も国会議員職にとどまった[28]。軍高官などでも，ICTYで有
罪判決を受けた後，公職に復帰する例が見られる。

　戦争犯罪を理由とする公職追放が制度化されたボスニア，戦争犯罪を含む人
権侵害一般を理由とする公職追放を制度化しようと試みた（が，実施されなかっ
た）セルビアに対して，クロアチアやコソヴォでは，戦争犯罪に関連した公職
追放の規定は存在しない（Rangelov 2013）。クロアチアでは，1996年に一般恩
赦法が採択され，戦争犯罪に該当する深刻な人道法違反を除き，武力紛争中に
行われた行為が恩赦の対象となった（Rangelov 2013: 122）。

6　被害者に対する賠償

　旧ユーゴ地域における紛争の被害者に対する賠償は，国際裁判を通じては行
われていない。ICTYでは，被害者への賠償に関する明文規定はなく，犯罪行
為によって得た財産や収益の返還命令の規定が存在したのみで，被害者への賠
償が実際に行われることはなかった（越智 2016: 38）。先に述べたように，ICJ
における裁判では賠償を求める提訴が行われたが，賠償の支払いを命じる判決
は下されなかった。そのため，旧ユーゴ地域における紛争被害者への賠償は，
主として各国の国内制度によって進められた。

　旧ユーゴ地域の一連の紛争において，紛争被害者への賠償の中で最も重要な

92　第3章　旧ユーゴ地域の移行期正義

点となったのが，紛争被害者が有していた家屋などの資産の返還である。多くの人々が紛争を逃れて難民や国内避難民となり，それまで住んでいた家から離れて避難生活を送る状態が長く続いたため，そうした人々への資産の返還が求められたのである。

なお，旧ユーゴは社会主義体制であったが，家屋の私有が一部認められており，特に農村部などでは私有の家屋が多かった。他方，都市部では「社会有」という旧ユーゴ独自の社会主義的な所有形態のアパート等が多く，その場合には市民は所有権ではなく居住権を有していた（片柳 2013）。社会主義体制の崩壊に伴って「社会有」の制度も消滅したため，紛争前に「社会有」のアパートに居住権を有していた紛争被害者の権利の回復は，紛争後の新体制下には存在しない権利を追求しなければならないことになり，大きな困難に直面した（片柳 2013）。

クロアチアでは，1995 年にクロアチア軍が RSK の支配領域を奪取すると，そうした地域でセルビア人が所有権や居住権を有していた家屋をいったん国家の管理下に置き，クロアチア人に入居させることを可能にする法律が採択され，かつてのセルビア人地域へのクロアチア人の移住が進んだ。[29] 1998 年頃から，避難民となった人々（とりわけセルビア人を中心とする少数派民族の人々）の権利を保護するよう国際機関などが圧力をかけ，上記の法律は廃止されたが，少数派の帰還はなかなか進まず，帰還を前提とする資産返還も進まなかった。しかし，2003 年 11 月の選挙後に発足した新政権が，セルビア人が帰還しなくても資産の返還を受けてその資産を売却することができる制度を作った。また，返還対象となる物件にクロアチア人が入居している場合には，現在の入居者に代替の物件を安価に提供する制度も作られた。そのため，資産の返還が急速に進んだ。2003 年から 06 年にかけて，ほぼすべての資産が返還されたといわれる。しかし，セルビア人にとっては雇用や子弟の教育などで不安の多い環境は変わらなかったので，実際に帰還したのは少数にとどまっている（紛争後のクロアチアにおけるセルビア人の人口規模については，**第 2 章**の**表 2-1** を参照されたい）。

ボスニアでは，デイトン合意においてすべての難民・国内避難民が元の家に帰還する権利を有すると謳われ，紛争中に奪われた不動産を回復する権利や，回復できない不動産について補償を受ける権利が定められている。これらを実

6　被害者に対する賠償　　93

現するために，国際社会を代表する上級代表の決定によってボスニア全土で統一的な不動産法が定められ，不動産請求を処理するための不動産請求委員会も設置され，帰還や不動産返還を妨害する公職者の解任などの強制措置もとられ，国際社会の強い介入の下で不動産の返還が進められた（片柳 2013）。2003 年末までに計画の履行率が 92.5% を超え，国際社会主導の不動産返還は成功したとみなされているが（片柳 2013），ボスニアでもクロアチアと同様，雇用や教育をめぐる不安が残るため，異民族が多数派を占める地域への帰還はあまり進まず，多くの場合，資産の返還を受けた市民はそれを売却・賃貸したり，空き家のまま維持して休暇に利用したりした（片柳 2013; Hronešová 2016）。

　コソヴォでは，1999 年 6 月に UNMIK が展開すると，資産の登記等を行う住宅・資産局（HPD）と，資産の返還請求等に対応し，裁定を行う住宅・資産請求委員会（HPCC）が設置され，これら両機関の活動を通じた資産問題の解決がめざされた。[30]上記の枠組みは，以下の 3 つのタイプの請求に対処するとされた。第 1 に，1989 年 3 月以降に差別的な立法に基づいて所有権や居住権を失った人が，その権利の回復を求める請求（A 型請求）である。第 2 に，1989年 3 月以降に非公式の取引によって移転された所有権や居住権について，その公式な登記を求める請求（B 型請求）である。第 3 に，1999 年 3 月以前に所有権や居住権を有していた資産を失った人が，その回復を求める請求（C 型請求）である。請求の件数としては C 型が圧倒的に多いが，ミロシェヴィッチ体制下で制定された法律によって資産を失ったり，資産を非合法なかたちで売却することを選択したりした人の所有権・居住権の問題をあわせて解決しようとした点が，クロアチアやボスニアとは異なっている。請求の期限は何度かの延長を経て 2003 年 7 月末に設定され，合計 2 万 9160 件の請求が処理された。

　ただし，上記の枠組みは住居に限定され，農地や商用地などの非住宅不動産が対象とされなかったため，その問題に対応する必要が生じた。[31]そこでUNMIK は 2006 年に，コソヴォ資産庁（KPA）の設置を決定し，こうした資産に関する請求への対応を開始した。KPA が受け付けた請求は 2009 年 4 月までに 4 万 304 件に達した。KPA によれば，2019 年 3 月時点で，KPA が受理した請求の総数は 4 万 2749 件で，そのうち 4 万 2116 件（98.5%）については裁定済みである。[32]

コソヴォの場合には，こうした不動産の返還に加えて，紛争の結果として失われた年金給付に対する賠償を求める動きがある。[33] コソヴォでは，1989 年までコソヴォ自治州で独自の年金基金が存在していたが，ミロシェヴィッチがコソヴォ自治州の自治権を廃止した後，年金基金を統合し，コソヴォ紛争の勃発以後はコソヴォの年金受給資格者に対する年金給付を停止していた。紛争終結後，年金を受け取れなかった年金受給資格者がセルビアで賠償を求める訴訟を起こしたが，大半は書類不備などの理由で敗訴している。そうした人々のうちの 2 人が欧州人権裁判所に提訴し，2012 年 4 月に，セルビア政府に対し，年金支給のなかった期間の分の年金支払いを命じ，さらにその後も年金給付を継続するよう命じる判決が出された。その後セルビア政府は年金問題を解決するための行動計画を策定したが，それに従ってコソヴォの人々が行った年金給付申請の大半は，UNMIK が支給した基礎年金をすでに受給しているといった理由で却下されており，その決定を非難するコソヴォの人々とセルビア政府の間の対立は解消されていない。

被害者に対する金銭的な賠償も進んでいる。クロアチアでは，特に国内の戦争犯罪裁判で有罪が立証されたケースで，賠償を求めて被害者が提訴した場合に，そうした訴えが認められる判決が出されている（Rangelov 2013: 125）。ボスニアでも，個人や集団で被害者が賠償を求める訴えを起こしており，賠償を命じる判決が出されている。例えば，スレブレニツァの虐殺事件に関する裁判では，ボスニアの憲法裁判所の人権院が，RS 政府に対し，事件の調査を命じ，スレブレニツァ・ポトチャリ財団に対して合計 400 万マルク（200 万ユーロ）の賠償を命じる判決を下している（Mallinder 2013: 64）。コソヴォでも，犯罪行為の賠償を求める民事訴訟が行われている。しかし，国家当局に対して賠償を求める裁判については，コソヴォ最高裁判所が 2004 年に，犯罪行為が行われてから 5 年以内に提訴しなければならないという決定を下したため，民事訴訟はほとんど起こされなかった（Kamatali 2013: 271）。

こうした裁判によって実現する賠償の他に，国家が被害者に対して給付金支給などで支援する制度も存在するが，そうした給付金の受給者としては退役軍人が多くの比重を占めており，民間人の被害者の受給者は少ない。クロアチアでは，2007 年時点でそうした給付金を受給する民間人の犠牲者は 3000 人程度

6 被害者に対する賠償　95

であったというデータがある（Rangelov 2013）。この他に，クロアチアでは，2015年にレイプの被害者に対して10万クーナ（約1万4500米ドル）の一時金と月額2500クーナの給付金を支給することを定める法律が制定された。[34] ボスニアでは，2009年時点で，ボスニア連邦の民間人の受給者が1万950人（軍関係の受給者は9万8249人），RSにおける民間人の受給者は3843人（軍関係の受給者は6万9451人）であったというデータがある（Hronešová 2016: 346）。支給額は障害の度合いなどによって異なるが，最も障害の度合いが高い場合，2015年ではボスニア連邦側の金額で，退役軍人の支給額が月額1880マルク（940ユーロ），民間人の被害者への支給額が月額1320マルク（660ユーロ）である（Hronešová 2016: 347-348）。コソヴォでは，UNMIKの展開後，戦傷病者や紛争被害者の遺族に対する給付金について定める規則が2000年に定められ，給付金の支給や医療ケアの提供などが行われている（Kamatali 2013: 271）。2006年には殉職者，UÇK戦傷病者，退役軍人，民間人の紛争犠牲者の遺族の地位と権利に関する法律が定められ，給付金やその他の特典が与えられている（Kamatali 2013: 271）。UÇK関係者への給付はコソヴォにおける福祉スキームの中で最も手厚いものになっており，支給額は2016年には国内総生産（GDP）の1.7%に達すると推計されている（Mustafa 2017: 28）。

7　公的な記憶の承認

　旧ユーゴ諸国の政府は，紛争終結後，紛争に関する資料や記録を収集して資料館や博物館を設置したり，紛争の犠牲者を追悼するセンターや追悼碑を設置したりすることで，紛争中に発生した非人道的な行為に関する公的な記憶の承認を行ってきた。以下に，代表的なものを挙げておこう。

　クロアチアは，首都ザグレブの公文書館の一角に「祖国戦争記念・記録センター」を設置し，資料の収集や刊行を行っている。このセンターには常設展などは存在しないが，このセンターが発行する一連の書籍はクロアチア紛争に関する重要な資料となっている。紛争に関する博物館としては，重要なものが2つ開設されている。ドゥブロヴニクの「祖国戦争博物館」とヴコヴァルの「祖国戦争メモリアル・センター」である。このほかに，カルロヴァツ郊外のトゥ

ラニィに「祖国戦争博物館」が存在するが，これは祖国戦争において用いられた戦車などの屋外展示のみである。犠牲者を追悼する記念碑は，ヴコヴァルなど虐殺現場となった場所を中心に，各地に設置されている（Clark 2013）。

ボスニアでは，1992 年にサラエヴォ大学の一部として「人道に反する罪・国際法研究所」が大統領令によって開設され，ボスニアで発生した非人道的行為の資料や記録，それに関する分析などを中心に，多くの書籍を刊行している。戦争に関する博物館としては，サラエヴォ市内に，「人道に反する罪・ジェノサイド博物館」，スレブレニツァの虐殺事件に関する写真や映像を常設展示する「ギャラリー 11/7/95」，戦争中の子どもの体験に特化した「戦争子ども博物館」，戦争中に市民が包囲の外に出るために作った坑道に関する展示を行う「戦争トンネル博物館」などが開設されている。犠牲者を追悼する記念碑は数多いが，最も重要なものはスレブレニツァの虐殺事件の犠牲者を埋葬・追悼するための「スレブレニツァ・ポトチャリ虐殺犠牲者記念碑・墓地」であろう（Kontsevaia 2013）。

セルビアには，一連の旧ユーゴ地域での紛争に関する博物館や記念碑はほとんど存在しない。セルビアの公式的な立場からすれば，旧ユーゴ地域での一連の紛争はコソヴォを除きセルビアの国外で発生したものであるので，それらに関する博物館や資料収集・刊行の機関が存在しないことは当然かもしれない。NATO によるユーゴ空爆についてはセルビアが当事者であるが，それに関する博物館や記念碑はほとんど設置されていない。[35] ベオグラード市内に存在するものとしては，NATO による中国大使館の誤爆によって死亡した中国大使館員を追悼する記念碑がある。その他は，ベオグラード空港の脇にある航空博物館において，NATO による空爆の際にユーゴ軍によって撃墜されたステルス戦闘機 F-117 の一部が展示されている程度である。ユーゴ空爆については，ベオグラードの市街中心部に NATO 空爆によって破壊された国防省の建物の残骸が長年にわたり放置されており，NATO 空爆の被害を市民に想起させる記念碑のような役割を果たしている。

コソヴォでは，法によって規定された紛争の記憶のための施設は，1998 年 2 月にセルビアの治安部隊の攻撃を受けて一族郎党が皆殺しとなったヤシャリ一族の住居跡だけである（Sweeney 2015）。この住居跡は，セルビアの治安部隊の

7　公的な記憶の承認　　97

攻撃によって建物に残された弾痕，砲撃によって生じた穴などが生々しい姿で残されている。毎年3月5-8日には，ヤシャリ一族と，戦闘で犠牲となったUÇKの兵士たちを追悼する式典が行われ，人々がヤシャリ一族の住居跡に向けて大勢で行進し，献花する。これは，コソヴォにおいて紛争に関連して実施される最大級の追悼式典である（Sweeney 2015）。

　以上のような公的な記憶の承認の動きに関連して，各国における歴史教育の問題にふれておきたい。旧ユーゴ地域では，紛争後，各国・各民族において紛争についての異なる理解や解釈が定着しており，公教育における歴史教育は，「過去に関する相互に排他的な理解（versions）をさらに堅固なものにし，新たなサイクルの不信感，不真実，不正義をもたらすことにつながっている」といわれる（Subotic 2013: 266）。例えば，クロアチア紛争に関するクロアチアの歴史教科書とセルビアの歴史教科書の内容を検討した研究では，両者の説明が相容れないものであると指摘されている。セルビアの教科書ではクロアチアの新憲法によってセルビア人が主要構成民族としての地位を失ったことやセルビア人がクロアチアの新政権の攻撃を受けたことが紛争の契機として強調される。それに対し，クロアチアの教科書では，クロアチアの新憲法制定以前からセルビアの指導部やJNAがセルビア人の反乱を準備していたことが強調されているのである（FHP 2015: 18-19; 石田 2018: 8）。

　紛争後のボスニアについては，学校教育が構成体政府および構成体内の州政府の管轄下に置かれ，国語，文学，地理，歴史，宗教といった民族アイデンティティと密接にかかわる科目群（「民族的科目群」と呼ばれる）については，構成体ごと，州ごと，州内でも民族ごとに異なる教育カリキュラムが構築されている（久保 2017）。ボスニアにおける民族的科目群の合計145の教科書の内容分析・比較分析を行ったボスニアの研究グループは，教科書の多くにおいて，ボスニアの社会の分断を促したり，自民族を肯定的に，他の民族を否定的に描くステレオタイプ（固定観念）を用いたりする内容が含まれていると結論づけている（Trbić 2007）。ボスニアの歴史教科書の内容を分析した歴史学者のカッツも，この調査の結論を紹介した記事を引用したうえで，「残念ながら，この状況は2007年以降もさほど変わっていない」と結論づけている（Katz 2015）。

　旧ユーゴ地域における紛争後・民主化後の歴史教科書では，直近の旧ユーゴ

地域の一連の紛争だけでなく，それ以前の歴史についても解釈や評価が改訂されている（Koulouri 2001, 2002; Katz 2007; Dimou 2009; Karačić et al. 2012; Đurašković 2016）。ここではその一例として，ボスニアの歴史学者カッツの研究をもとに，第一次世界大戦の引き金となったサラエヴォ事件の暗殺者プリンツィプをめぐる記述を紹介しておきたい[38]。1914年にサラエヴォでオーストリア帝位継承者夫妻を暗殺したプリンツィプについては，帝国主義を打破するために命を賭した英雄として描くことが，第二次世界大戦後の社会主義体制における党の公式路線となり，その路線に沿った歴史教育が展開された。しかし，紛争後は民族によってプリンツィプの評価は異なっている。セルビア人における歴史教育では英雄として（ただし，民族を超えた階級闘争上の英雄ではなく，セルビア民族主義的な英雄として）描かれているのに対し，その他の民族ではそうした英雄視はもはや見られない。例えば，クロアチアではプリンツィプの所属した組織「青年ボスニア」をテロ組織と記述する歴史叙述も見られる（Katz 2015: 109）。こうした歴史解釈の改訂と歩調を合わせ，プリンツィプが帝位継承者夫妻を暗殺した場所の付近にある橋は，社会主義時代に，それ以前の「ラテン橋」という名称から「プリンツィプ橋」に改称されていたが，紛争後は，かつての名称に戻された。1953年に設置された記念板も破壊され，現在では「この地でプリンツィプがオーストリア・ハンガリー帝位継承者夫妻を暗殺した」と書かれた記念板が設置されている[39]。

　こうした歴史教育における国家間・民族間の分断状況を打開するために，旧ユーゴ地域では，共通の歴史教材を作成する動きが進んでいる（石田 2018: 8-11）。中でも特に重要なのは，ギリシャのNGO「南東欧における民主主義と和解のためのセンター（CDRSEE）」の「共同歴史プロジェクト」による共通歴史教材である。このプロジェクトでは，第1期でオスマン帝国期から第二次世界大戦までを扱い，第2期で冷戦期と冷戦終焉後の旧ユーゴ地域の紛争を扱っており，旧ユーゴ地域の紛争に関する教材は2016年に刊行された[40]。ただし，これらの教材は既存の公定教科書に取って代わるものではなく，各国で副教材として使用されることを想定した史料集である。CDRSEEはこうした教材を用いた教育の方法について現地の教師を対象にしたセミナー等も実施している。しかし，各国の教育現場では，教師がこれらの教材を使用したがらない，もし

くは仮に教師が使用を望んだとしても当局や保護者など周囲の圧力によって使用できないといった問題が存在している。[41] したがって，こうした共通歴史教材の作成が，公定の教科書で示されている歴史観，国家や民族によって異なる歴史認識を，どこまで変えるのかは，本書執筆時点（2019年3月）では不透明であるように思われる。

小　括

　最後に，以上の検討を踏まえて，旧ユーゴ地域の移行期正義の全体的な特徴について考えたい。旧ユーゴ地域の移行期正義の顕著な特徴は，公的に運用されてきた TJM において，加害者と被害者の関係の修復や再構築を行うことを直接的な目的とした試みがほとんどないことである。[42] ICTY の裁判は，加害者に刑罰を科するための取り組みであり，裁く側である国際社会（ICTY の検察官，判事）と戦争犯罪の被告人とが対峙する構図が前面に出た。被害者は，一部が証人として裁判に参加し，法廷の場で被告人と対峙したが，罪状を否認する被告人の場合，その立場を最後まで貫き，その立場の正しさを立証することが求められた。そのため，被害者と加害者の関係が再構築されたり修復されたりすることはなかった。これは，国内裁判においても同様である。真実委員会は，機能した例がほとんどなく，（スレブレニツァの虐殺事件について2004年に報告書を作成した RS の委員会のように）多少なりとも意義のある活動を行った場合でも，その主眼は戦争犯罪行為の報告書を作成することに置かれ，加害者と被害者の関係性の再構築をめざした対話の場や公聴会などは設定されなかった。**第1章**の議論を踏まえると，公的に運用されてきた TJM には，和解を直接的な目的とする活動はほとんどなかったといえる。したがって旧ユーゴ地域の文脈では，和解は，移行期正義の中で追求される直接的目的というよりも，TJM の外にあり，裁判とそれに伴う真相の究明などがもたらす可能性のある社会的変化としてとらえるほうが妥当であると思われる。

　旧ユーゴ地域において，このような形態の移行期正義が主流となったのはなぜだろうか。国際社会の意向が強く働いて ICTY が設置されたため，そこでの裁判の実施を最優先することが各国政府に求められたのは疑念の余地がない事

実である。しかし，それに加えて，紛争に伴って国家が解体し，多くの事例において加害者と被害者が別々の国に分かれて住むようになり，同一の国家の内部で共存することを迫られたわけではなかったという事情が大きく影響しているように思われる。国内の政治力学を見れば，クロアチアの政治家はクロアチア人が9割を占める有権者を見ていればよく，セルビアの政治家はセルビア人が8割を占める有権者を見ていればよかった。ボスニアでは紛争後も国内に3つの民族が存在したが，デイトン合意で定められた新憲法では，各民族がそれぞれ民族内で政治的代表を選出する政治制度が採用された（久保 2017）。各国の政治家が，加害者と被害者の双方のコミュニティに配慮した真実和解委員会のような TJM を採用しなかったのは，それを行うよう政治家を動機づける国内要因がきわめて弱かったことを考えれば，むしろ自然な帰結だったのではないかと思われる。

　この点で，本章で紹介したように，各国の NGO が中心となって設置を求めている真実委員会である RECOM が，これまでに旧ユーゴ地域で採用されてきた TJM とは一線を画すものになるか否かが注目される。言い換えれば，RECOM の活動が旧ユーゴ地域における加害者と被害者の間，諸民族間，諸国家間の関係を修復し，再構築することを可能にするような活動を含むものになるかどうかが重要なのである。RECOM が実際に設立されるか否か，そしてもし設立されれば，RECOM が具体的に何を目標とし，それが実際にどの程度実現されるかを注視し，その現地社会への影響を明らかにすることが今後の重要な研究課題となるであろう。

● 注

1) 本書の分析の対象からは外れているが，2001 年に小規模な武力紛争が生じたマケドニアでは，02 年にアムネスティ法が議会で可決され，ICTY の裁判の対象となる犯罪行為を除いて，すべての住民に対し，01 年の紛争に関するすべての犯罪行為について恩赦が与えられた。2011 年には，ICTY から差し戻された戦争犯罪容疑の捜査案件についても，この法律を適用することが議会で決定されている。詳しくは Milenkovska & Remenski（2016）を参照。

2) ICTY については日本語でもすでにいくつかの書籍や論文が刊行されている。特に望月（2012），多谷（2005），ヘーガン（2011a, 2011b）を参照。

3) ICTY 規程 2-5 条を参照。ICTY 規程は ICTY のウェブサイトから最新版が入手できる（http://www.icty.org/x/file/Legal%20Library/Statute/statute_sept09_en.pdf　2019 年 2 月 26 日最終アクセス）。

4) ICTY の判決では，JCE の概念の適用要件について，D. タディッチ被告に対する裁判の控訴審判決が参照されている。例えば以下を参照。Case No. IT-95-13/1-T, *Prosecutor v. Mile Mrkšić, Miroslav Radić, Veselin Šljivančanin*, Judgement, para. 545.

5) ICTY の歴代裁判官の氏名，任期，出身国は，ICTY のウェブサイト（http://www.icty.org/en/about/chambers/judges 2019 年 2 月 27 日最終アクセス）に掲載されている。

6) ICTY のウェブサイト（http://www.icty.org/en/about/office-of-the-prosecutor/ 2019 年 2 月 27 日最終アクセス）を参照。

7) ICTY の閉廷式典は 2017 年 12 月 21 日に行われたが，公式の閉廷日は 12 月 31 日である（http://www.icty.org/en/press/icty-marks-official-closure-with-moving-ceremony-in-the-hague 2019 年 2 月 27 日最終アクセス）。

8) 起訴状において JCE の概念が適用されても，判決でそれが認定されなかったケースは，セルビア人被告に対する判決を含め，少なくない。例えば，ヴコヴァル地域での戦争犯罪に関する裁判（事件番号 IT-95-13/1）などがそのケースに当たる（巻末の資料 1 を参照）。

9) こうした現象については，国際刑事裁判所の正統性に関する市民の認知は，裁判所が誰を起訴したか，その基礎が市民たちの集団内の支配的な言説（ナラティブ）に合致するかどうかで決まるという「社会心理学モデル」で理解することを提唱している研究もある。そのモデルによれば，国際刑事裁判所による起訴が集団内の言説と矛盾するときは，起訴の妥当性を否定することで集団内の言説を維持するとされる（Ford 2012）。

10) "Ratko Mladić convicted of war crimes and genocide at UN tribunal" *The Guardian*, 2017/11/22.

11) "Croatian War Criminal Dies After Swallowing Poison in Court," *New York Times*, 2017/11/29.

12) "ICJ rejects Bosnia's revision request in ruling vs. Serbia," *B92*, 2017/3/10.

13) ヴェリタスのウェブサイト（http://www.veritas.org.rs/srpske-zrtve-rata-i-poraca-na-podrucju-hrvatske-i-bivse-rsk-1990-1998-godine/procesuirani-za-ratne-zlocine-u-rh/ 2018 年 3 月 20 日最終アクセス）を参照。

14) European Council Joint Action 2008/124/CFSP on the European Union Rule of Law Mission in Kosovo, EULEX Kosovo, 4 February 2008, Article 3.

15) "Kosovo 'Holding Fewer War Crimes Trials Than Ever,'" *Balkan Transitional Justice*, 2017/3/30.

16) コソヴォ大統領と EU 上級代表の間の書簡は，国際的な合意として，コソヴォ議会で批准される。2014 年 4 月の書簡については以下を参照。*Law on Ratification of the International Agreement between the Republic of Kosovo and the European Union on the European Union Rule of Law Mission in Kosovo*, Law No. 04/L-274.

17) "Kosovo war crimes court ready for first indictments: chief judge," *Reuters*, 2017/11/24.

18) 例えば 2017 年 12 月末には，コソヴォ議会の 43 人の議員が，特別裁判所の設置を定めた法律の執行停止を求める動議を提出した。この動議を提出した議員の一人は，このような裁判所は UÇK だけを処罰しようとする政治的なものであり，受け入れ難い

と発言した（ただし，動議は可決されなかった）。コソヴォのサチ大統領も 2018 年 2 月に，コソヴォのアルバニア人を裁くための裁判所の存在は「歴史的不正義」であると非難し，「コソヴォが遂行したのは自分たちの民族としての存在を守るために行った防衛的な戦争なのだ」と語っている（"Kosovo's Thaci Vows War Crimes Court Abolition, Calls Debate 'Exaggerated'," *VOA*, 2018/1/10; "U.S. Warns Kosovo Against Scrapping War Crimes Court," *RFE/RL*, 2018/1/17; "Kosovo politicians in 'panic attack' over war crimes court," *Politico*, 2018/1/15; "Kosovo's President Criticizes International War Crimes Court," *RFE/RL*, 2018/2/14）。

19) "Explainer: New Hague Tribunal Looks To Avoid Mistakes Of Past Kosovar Prosecutions," *RFE/RL*, 2019/1/18; "Two Kosovo Ex-Commanders Set for Hague Questioning," *Balkan Transitional Justice*, 2019/1/11.

20) 本段落の記述は Fischer（2016: 30-31）に依拠している。

21) "Kosovo President Reveals Plans for a Reconciliation Commission," *Prishtina Insight*, 2017/2/13; "War Justice Strategy for Kosovo Undermined by Division," *Balkan Transitional Justice*, 2017/4/11. この作業部会が失敗した理由については，Ahmetaj and Unger（2017）が詳細な分析を行っている。

22) "Kosovo's Thaci Announces Post-War Reconciliation Commission," *Balkan Transitional Justice*, 2017/2/13.

23) ドクメンタの調査担当者であるヨジッチ氏へのインタビュー（ザグレブ，2018 年 11 月 16 日）。ドクメンタによる紛争犠牲者の調査は，2017 年 12 月にシサク・モスラヴィナ州の死者・行方不明者に関する発表の際，ドクメンタのテルシェリッチ代表が，その時点で死者・行方不明者の合計として 1 万 6080 が確認されており，クロアチア全土の 70％の領域が調査済みで，調査は 2020 までかかる見込みと語っている（https://www.documenta.hr/hr/poimeni%C4%8Dni-popis-poginulih-i-nestalih-sisa%C4%8Dko-moslova%C4%8Dka-%C5%BEupanija.html　2019 年 3 月 10 日最終アクセス）。

24) インタラクティブ・マップのウェブサイト（http://zrtveratovasfrj.info/site/home　2019 年 3 月 10 日最終アクセス）を参照。ただし，2019 年 3 月時点では，このインタラクティブ・マップに情報が掲示されているのは複数かつ中立的な情報源によって死亡が確認された 1 万 9795 件にとどまっており，大半の死者に関する情報はまだ掲示されていない。クロアチアについては 2018 年 12 月までにドクメンタが確認した死者 1 万 7007 人のうち，マップに掲載されているのは 4113 人である（https://www.documenta.hr/hr/dokumentiranje-ratnih-%C5%BErtava-na-ovom-linku-mo%C5%BEete-doznati-imena-ubijenih-i-na%C4%8Din-na-koji-su-stradali.html　2019 年 3 月 10 日最終アクセス）。

25) RECOM の設立の経緯や活動の発展については，Kurze & Vukusic（2013）を参照。

26) "Balkan States 'Expected to Sign Truth Commission Agreement,'" *Balkan Transitional Justice*, 2018/1/29.

27) "Balkan Govts Dodge Signing Truth Commission Declaration," *Balkan Transitional Justice*, 2018/7/10.

28) "Serbia, And Its Parliament, Grapple With Fate Of War Criminal Vojislav Seselj," *RFE/RL*, 2018/4/16.

29) 本段落の記述は Leutloff-Grandits（2016）に依拠している。

30) 本段落の記述は Arraiza and Moratti（2009: 428-440）に依拠している。

31) 本段落の記述は Arraiza and Moratti（2009: 440-449）に依拠している。

32) KPA の ウ ェ ブ サ イ ト を 参 照（http://www.kpaonline.org/ClaimsTotalDecided_caseload.asp　2019 年 3 月 8 日最終アクセス）。

33) 本段落の記述は Ahmetaj（2016）に依拠している。

34) "Croatia passes law to compensate war rape victims," *Reuters*, 2015/5/29.

35) これについては 2018 年 6 月に，セルビアの民族主義派寄りの日刊紙『ヴェチェルニェ・ノヴォスティ』が，NATO 空爆の犠牲者を追悼する記念碑が存在しないことは恥ずべきことだという芸術家のインタビューを掲載している（Miljana Kralj, "Sramota je da nemamo spomenik žrtvama NATO bombardovanja," *Večernje Novosti*, 2018/6/16）。

36) 筆者がこの施設を訪問した際の観察やインタビュー内容については，久保（2007）を参照。

37) ただし，各国の国内でも政治的立場などによって歴史の理解・解釈が異なるため，各国・各民族における紛争の理解や解釈が均質的であるわけではない点に留意されたい。例えば，クロアチアにおける歴史教科書の内容をめぐる国内の論争については，Koren & Baranović（2009），Subotic（2013）を参照。

38) 本段落の記述は以下 Katz（2014），Harrington（2014）に依拠している。

39) なお，この地には社会主義時代以前にもユーゴスラヴィア王国時代の 1930 年に最初の記念板が設置されており，1945 年にも記念板が設置されたため，ボスニア紛争後に設置された記念板は 4 代目のものである（Harrington 2014）。

40) この教材は CDRSEE のウェブサイトからダウンロードが可能である（http://cdrsee.org/publications/education　2019 年 3 月 4 日最終アクセス）。

41) CDRSEE の「共同歴史プロジェクト」を主導するクルリ氏へのインタビュー（スコピエ，2015 年 10 月 30 日）。筆者は 2015 年 10 月 29 日から 11 月 1 日にかけてスコピエで行われた共通歴史教材作成のための国際編集会議に出席し，プロジェクトを主導している各国の歴史家にインタビューすることができた。また，歴史家たちが旧ユーゴ紛争に関する教材作成のために行う編集会議に立ち会って，議論の一部始終を観察することができた。筆者の参加を快く承諾してくださった CDRSEE のクルリ氏をはじめとする関係各位に記して謝意を表したい。

42) 旧ユーゴ地域において，加害者と被害者の関係修復，もしくは両者が属していたコミュニティ間の関係修復を目的とする活動は，主として国際 NGO や現地の NGO の主導で行われてきたように思われる。例えばヴコヴァルにおける若者の交流活動を通じたクロアチア人とセルビア人の間の関係修復，和解をめざす NGO の活動については，Kosic & Tauber（2010）を参照。

第4章

民主化後のセルビア政治

はじめに

　本章では，2001年から17年までのセルビア政治を概観する。本章の目的は，第5章以降の分析を理解するために必要な前提を読者に示すことである。まず，第1節では，セルビアの国家体制の変遷について概観する。次に，第2節では，セルビアの政党システムを政党数と政策位置という2つの観点から概観する。最後に，第3節では，セルビアの歴代政権について，その政権政党の党派性を考慮しつつ，概観する。第5章以降では，各政権を分析の単位として比較・検討を行うので，「政権」をどこで区切るかを読者に示し，分析の単位を明確化することが第3節の狙いである。

1　国家体制

　まずセルビアの国家体制から見ていこう。セルビアは，旧ユーゴの解体に伴って1992年に成立したユーゴ連邦を構成する2つの共和国のうちの1つであった。この連邦は2003年まで存続した後，同じ2つの共和国からなる国家

105

連合「セルビア・モンテネグロ」へと改組された。その3年後の2006年6月，モンテネグロが独立を宣言し，その後セルビアも独立を宣言して国家連合は消滅した。このとき，セルビアは国家連合の継承国家となっている。このように，本書の分析対象となる2001年から17年までの時期についていうと，(1)ユーゴ連邦を構成する共和国であった時期 (2001-03年)，(2)国家連合を構成する共和国であった時期 (2003-06年)，(3)独立国家の時期 (2006年以降) という，3つの異なる国家体制が存在していた。

　本書では，このような状況が存在するにもかかわらず，2001年から17年までの時期について，セルビアを単独で分析対象として取り上げる。そのことがなぜ不適切ではないのかを説明するためには，1990年代のユーゴ連邦の状況から歴史的経緯を見ていく必要がある。そこで以下では，まず1990年代のユーゴ連邦の状況を簡単に振り返ったうえで，ユーゴ連邦および国家連合とセルビアとの関係を順次，示していくことにしたい。

⑴ 1990年代のユーゴ連邦とセルビア

　セルビアでは，旧ユーゴ解体とユーゴ連邦発足に先立つ1980年代後半に，ミロシェヴィッチを共和国の指導者とする体制が確立した。この体制は，社会主義体制の終 焉をもたらした1990年の自由選挙（旧ユーゴでは，共和国ごとに選挙が実施され，連邦レベルの選挙は実施されなかった）を経ても，変わることなく続いた。1990年に実施されたセルビア共和国の大統領選挙および議会選挙では，社会主義体制において支配政党であったセルビア共産主義者同盟 (SKS) を中心に結成されたセルビア社会党 (SPS) が圧勝したからである。この選挙でミロシェヴィッチはセルビアの大統領に就任し，SPSがセルビア議会の与党となった。

　ユーゴ連邦はセルビアとモンテネグロという2つの共和国によって1992年に結成されたが，モンテネグロは当時，ミロシェヴィッチと蜜月の関係にあったブラトヴィッチの指導下にあったため，同共和国は事実上ミロシェヴィッチの統制下にあった。連邦議会の議員は直接選挙によって選出されたが，138人の議員のうち108人はセルビアの選挙で選出され，議席の多くはSPSが獲得していた。またモンテネグロ選出の連邦議会の議席の大半は，共産主義者同盟

が改称されて設立された同共和国の与党である社会主義者民主党（DPS）が獲得していた。そのため，連邦議会もまた，ミロシェヴィッチの事実上の統制下にあった。さらに，連邦大統領は連邦議会によって選出されるので，連邦大統領もまたミロシェヴィッチの統制下にあった。このように，ユーゴ連邦全体が，名目上はそれを構成する一共和国の大統領に過ぎないミロシェヴィッチの支配下にあった。そのため，1992年に発足したユーゴ連邦は，名目上の最高権力者である連邦大統領はミロシェヴィッチではなかったにもかかわらず，しばしばミロシェヴィッチの権威主義的な支配の下にあった国として扱われる。

　1990年代のユーゴ連邦について留意すべきは，その対外的主権をめぐる国内外の見解の不一致である。ユーゴ連邦政府は，設立直後から，ユーゴ連邦が旧ユーゴの法的な継承国家であると主張した。しかし，ユーゴ連邦に対する制裁を定めた1992年5月の国連安全保障理事会（安保理）決議757号では，前文において，旧ユーゴの国連加盟国としての地位をユーゴ連邦が自動的に継承するという主張は一般的に受け入れられていないと述べられている[1]。また，同年9月の国連総会決議では，ユーゴ連邦は旧ユーゴの国連加盟国としての地位を自動的に継承することはできず，あらためて国連加盟申請を行う必要があるとされた[2]。結局，ユーゴ連邦は，1990年代を通じて，対外的主権の確立の最も重要な指標である国連加盟を実現することができなかった（ユーゴ連邦が国連加盟を認められたのは，2000年にミロシェヴィッチ体制が崩壊した後のことであった）。1990年代には，ユーゴ連邦を国家承認していない国も多かった。例えばアメリカは，1992年のユーゴ連邦設立時，国家承認を行わない方針をとった。すなわち，ユーゴ連邦の設立後，その対外的主権について国内で疑義を呈する声は上がらなかったが，国際的にはユーゴ連邦の対外的主権が確立されたとはいえない状況にあったのである。

　このようなミロシェヴィッチによるユーゴ連邦の事実上の支配には，1997年から99年にかけて，3つの変化が生じた。第1に，1997年7月にミロシェヴィッチが連邦大統領に選出され，名実ともにユーゴ連邦の最高権力者となった。1990年に選挙に先立って制定されたセルビア憲法は大統領の三選を禁止していたため，90年，92年（ユーゴ連邦発足に伴って前倒しで大統領選挙・議会選挙が実施された）と二度セルビアの大統領に選ばれていたミロシェヴィッチに

1　国家体制　107

とっては，連邦大統領に就任することは自然な選択肢であっただろう。同じ年に行われたセルビア大統領選挙では，SPS の候補者であったミルティノヴィッチが勝利し，また議会選挙でも SPS 主導の選挙連合が最大の議席を獲得し（ただし単独では過半数に至らなかった），与党の座を維持した。そのため，ミロシェヴィッチの連邦大統領就任は，セルビア国内でのミロシェヴィッチの支配には変化をもたらさなかった。

　第2に，1997 年末に行われたモンテネグロの大統領選挙では，それまでブラトヴィッチ大統領の主導する体制下で同共和国首相を務めていたジュカノヴィッチが反旗を翻してブラトヴィッチの対立候補として大統領選挙に出馬し，決選投票で逆転勝利を収めるという波乱が起きた。ジュカノヴィッチはブラトヴィッチと同じ DPS に所属していたが，欧米諸国と対立してユーゴ連邦を国際的な孤立へと導いていたミロシェヴィッチに反発し，親欧米的な立場をとって選挙戦を展開していた。1998 年1月にモンテネグロの大統領に就任すると，ジュカノヴィッチはミロシェヴィッチの支配する連邦体制をボイコットした。その後，モンテネグロは，欧米諸国の経済支援を受け入れ，国内で使用する通貨をユーゴ連邦の公式通貨であるディナールからドイツマルクに切り替える[3]など，ユーゴ連邦から独立した国家の様相を呈していった。そのため，ミロシェヴィッチによる支配は，1998 年以降は事実上，モンテネグロには及ばなくなったのである。

　第3に，1998 年以降に激化していったコソヴォ紛争の帰結として 99 年3月に北大西洋条約機構（NATO）がユーゴ連邦を空爆すると，ミロシェヴィッチは，当初は抗戦の構えを見せていたものの，空爆の激化に耐えられなくなり，同年6月にコソヴォからのユーゴ軍（VJ）の撤退や国連安保理決議に基づく文民・軍事部隊のコソヴォへの展開を認める停戦協定に署名した。これによってコソヴォは，国連コソヴォ暫定行政ミッション（UNMIK）と，NATO を中心とするコソヴォ治安維持部隊（KFOR）の統治下に置かれた。そのため，ミロシェヴィッチと SPS による支配は，コソヴォを除くセルビア共和国の版図に限定されることになった。

　以上の3つの変化の結果，2000 年までに，ユーゴ連邦政府とセルビア政府の実効支配の対象領域はほとんど同一となったのである。

(2) セルビアの民主化後のユーゴ連邦とセルビア

2000年7月にミロシェヴィッチは連邦憲法を修正し、それまで連邦議会からの間接選挙であったユーゴ連邦大統領の選挙制度を国民による直接選出へと変更した。それに伴い2000年9月に連邦大統領選挙が実施されると、ミロシェヴィッチはセルビアで反ミロシェヴィッチの立場を共有する野党が形成したセルビア民主野党連合（DOS）が立てた統一候補のコシュトゥニツァに予想外の敗北を喫した。ユーゴ連邦当局は第1回投票でコシュトゥニツァの得票数が投票総数の過半数に満たなかったことにして決選投票に持ち込むことを試みたが、当局が発表した第1回投票の結果が明らかに不正なものであることに抗議する大衆のデモやストライキが発生した。結局、首都ベオグラードにおける10月5日の大衆蜂起を受けて、翌6日にミロシェヴィッチは敗北を認めて退陣することを発表した。[4] 同年12月にはセルビアでも議会選挙が実施され、DOSが圧倒的な勝利を収めたことによって、1990年からセルビアを支配してきたSPSの支配体制の崩壊が決定的となった。

ただし、2000年の連邦大統領選挙によってミロシェヴィッチ体制が崩壊しても、モンテネグロがユーゴ連邦から事実上独立した国家の様相を呈する状況は変わらなかった。モンテネグロ国内を支配するジュカノヴィッチは連邦体制からのボイコットを継続し、ジュカノヴィッチが率いる与党DPSは、連邦大統領選挙と同じ日に実施された連邦下院議員選挙には候補者を一切立てなかった。モンテネグロ選出の連邦議員は、ミロシェヴィッチと蜜月の関係にあったブラトヴィッチがモンテネグロ大統領選挙での敗北後に設立した新党である社会主義者人民党（SNP）の議員がほとんどを占める状況が続いた。そのため、2001年以降も、ユーゴ連邦政府の実効支配が及ぶ領域は、コソヴォを除くセルビアにとどまることになった。

セルビアから見れば、2001年以降の状況は、ユーゴ連邦政府とセルビア共和国政府という2つの政府が同国の領土（コソヴォを除く）を支配する二重権力状態であったといえる。しかし、この2つの政府は、いずれもセルビアの反ミロシェヴィッチ体制の政党連合DOSが支配していた。したがって、二重の権力が存在することがセルビアにおける政治に大きな混乱をもたらしたわけでは必ずしもない。ユーゴ連邦の政府において最も重要な役割を担うのは連邦大統

1 国家体制 109

領であり，その職に就いたのはセルビアの反ミロシェヴィッチ体制の政党連合であるDOSが統一候補として擁立したコシュトゥニツァであった。連邦政府を率いる連邦首相は連邦大統領の指名を受けて連邦議会によって選出されるが，2001年以降の連邦議会において与党を形成したのはDOSとSNPの連合であった。連邦大統領と連邦首相は同一の共和国から選出してはならないという連邦憲法の規定によって，連邦首相はモンテネグロから選出される必要があった。そのためSNPの政治家が連邦首相に就任していたが，モンテネグロが連邦政府の実効支配下にない状況ではSNPの発言力は小さく，連邦政府は基本的にDOSが支配していた。他方セルビア政府については，2000年末の議会選挙においてDOSが圧倒的勝利を収め，DOSを率いた主導的政治家の1人であるジンジッチがセルビア首相に就任した。

2001年以降のセルビアにおいて，同国の統治において実質的な権限を有していたのは共和国政府であった。連邦政府の権限は，連邦憲法の規定によって，外交や軍事，関税や貿易，運輸通信，科学技術などの分野に限定されていたからである。連邦大統領の政治的な権限は小さく，権限の多くは儀礼的・形式的なものであった。ただし，対外的主権についてはユーゴ連邦が有するという前提があったので，1990年代を通じて実現できなかった国連加盟や諸外国からの国家承認の獲得といった国際社会に復帰するための一連の政策は，ミロシェヴィッチ体制が崩壊した後の連邦政府の重要な任務の1つとなった。軍の文民統制を確立するための治安部門改革など，連邦レベルでの対処が必要な重要案件も少なからず存在していた。とはいえ，セルビア国内の政治・経済・社会を統制する主要な法律を定め，政策を遂行していく役割を有していたのはセルビア共和国の政府であり，ミロシェヴィッチ体制崩壊後のさまざまな改革はセルビア政府によって推進されることになった。

2001年以降のセルビアにとっては，依然としてユーゴ連邦政府，連邦の諸機構からのボイコットを継続するモンテネグロとの間で合意を形成し，関係を正常化することが重要な課題となった。この問題には欧州連合（EU）も積極的な仲介に乗り出し，独立へと進もうとするモンテネグロをユーゴ連邦の枠組みにとどめようと試みた。EUの仲介による交渉の結果，2002年3月に合意が成立し，ユーゴ連邦をセルビアとモンテネグロの国家連合に改組することが決

定された。この合意に基づき，2003 年 2 月にユーゴ連邦議会で国家連合の憲法章典が採択され，国家連合が正式に発足した。この憲法章典では，採択から3 年が経過した後は，構成国は国民投票の実施を経て国家連合からの離脱のプロセスを開始することができると規定されており，また，モンテネグロが国家連合から離脱した際には，ユーゴ連邦に関する国際的文書，とくに国連安保理決議 1244 号は，ユーゴ連邦の継承国となるセルビアに関するものとなり，効力を維持すると規定された。[8]この規定から明らかなように，欧米諸国が国家連合の設立へと圧力をかけたのは，モンテネグロの突然の独立によってユーゴ連邦が消滅してしまうことで国連安保理決議 1244 号が効力を失い，国連によるコソヴォの暫定統治を継続することが不可能になり，コソヴォを取り巻く情勢が悪化することを防ぐためであった。

(3) 国家連合から独立国家へ

2003 年 2 月に発足した国家連合において，共和国の権限はさらに強化され，国家連合の政府の役割はきわめて限定的なものとなった。国家連合の政府（閣僚評議会）は，首相を除くと，外交，国防，国際経済関係，国内経済関係，人権・少数民族の権利を担当する 5 人の大臣しかおらず，各共和国の内政にはほとんど干渉しないものであった。国家連合が決定権限を有する領域についても，その権限は排他的なものでは必ずしもなかった。例えば，外交に関しては，依然として国家連合が国際法主体であると規定しつつも，国家連合を構成する共和国も諸外国と国際関係を築き，国際的合意を締結し，諸外国に共和国を代表する機関を設置することができると定められた。[9]

国家連合の議会の議員は，憲法章典の規定上は国家連合を構成する各共和国から直接選挙で選出されることになっていた。しかし，移行期間として，設立から 2 年間は各共和国議会から間接選挙で選ばれ，その政党構成は各共和国議会の構成に準ずる（選挙によって構成に変化が生じればそれに応じて配分を変更する）と定められた。[10]結局，移行期間が経過した後はモンテネグロの独立に向けた動きが本格化したため，国家連合の議員選挙は一度も実施されなかった。国家連合の大統領は，国家連合の議会による間接選挙で選ばれると定められた。セルビア・モンテネグロの国家連合は，結局，直接選挙を一度として行うこと

なく解体に至ったのであった。

　モンテネグロ政府が設立に合意した国家連合が発足したことによって，DPS
率いるモンテネグロ政府の連邦諸機構からのボイコットの問題は解決した。
DPS 出身の議員は国家連合の議会にも選出され，国家連合が設立した後，最
初にして最後の国家連合大統領に選出されたのは，同党に所属するマロヴィッ
チであった。しかし，モンテネグロの独立を志向する DPS の方針に変化が生
じたわけではなく，独立への動きが禁止された国家連合設立から 3 年間という
移行期間が過ぎると，モンテネグロ政府は即座に独立へと動き出した。独立要
求がコソヴォへと飛び火することを危惧した EU は，再び積極的な仲介に乗り
出し，モンテネグロ政府は，賛成票が有効票総数の 55％を超えることを国民
投票成立の条件とすることに合意した。国民投票は 2006 年 5 月に実施され，
投じられた賛成票は有効票総数の 55.5％で，成立の条件となった 55％をわず
かに上回っていた。この結果を受けて，モンテネグロ政府は 2006 年 6 月に独
立を宣言した。

　モンテネグロが独立を宣言すると，セルビアも独立を宣言し，国家連合は消
滅した。その後セルビアでは，新憲法が起草され，セルビア議会で同年 9 月
30 日に新憲法案が採択されたことによって，名実ともに独立国家となった。
とはいえ，国家連合の解体・新憲法採択にともなってセルビアの政治制度や政
党システムに変化が生じたわけではなく，国家連合時代にはセルビア共和国に
設置されていなかった外務省と国防省については国家連合の省庁がそのまま引
き継がれ，担当大臣も国家連合時代のドラシュコヴィッチ外務大臣とスタンコ
ヴィッチ国防大臣がそのままセルビアの大臣に就任した。このように，セルビ
ア国内の政治は，国家連合の解体から大きな影響を受けずに継続したのであっ
た。

　以上の検討が示すように，2000 年のミロシェヴィッチ体制崩壊までに，ユー
ゴ連邦の政府機構はその全領土を実効的に支配する能力を喪失し，モンテネグ
ロ，セルビア，（UNMIK の暫定統治下の）コソヴォはそれぞれ別個の政治システ
ムとして機能するようになっていた。2000 年の体制崩壊以降もこうした状況
は続き，結局，ユーゴ連邦は国家連合への改組を経て解体へと至った。その間，

112　　第 4 章　民主化後のセルビア政治

セルビアの政治は，国家体制の変更によって大きな断続を経験することなく，セルビア共和国憲法の下で独自に展開し続けた。以上の理由から，本書では，2006年の独立の前後を問わず，セルビアを1つの国として扱い，分析対象とすることとしたい。

2 セルビアの政党システム

　本節では，民主化後のセルビアの政党システムについて述べる。まず，政党システムに大きな影響を与える政治制度である執政制度と選挙制度を概観する。次に，1990年代のセルビアの諸政党について簡単に解説する。最後に，政党の数と政党の政策位置という2つの観点から，2000年以降の民主化後のセルビアの政党システムを検討する。

(1) セルビアの政治制度

　まず，政党システムに重要な影響を与える政治制度として，セルビアの執政制度について概観しておこう。1990年と2006年のいずれの憲法においても，セルビアの執政制度は，国民から直接選挙で選出される大統領と，議会に対して説明責任を有する首相・内閣の両方が政治において重要な役割を果たす，いわゆる半大統領制をとっている。大統領は国民による直接選挙で選出され，任期は5年で，三選が禁止されている[11]。いずれの憲法においても，執政権は首相が率いる政府が有すると規定されている[12]。また，首相の任免に関しては，大統領は首相候補を議会に対して提案する権限のみをもち，任命権も罷免権も有しておらず，首相の率いる政府は議会に対してのみ責任を有する[13]。このように，とりわけ内政においては首相が強い権限を有するが，大統領の権限が儀礼的なもののみに限定されているわけではなく，大統領はセルビアの国家の一体性を体現し，セルビアを代表する存在とされている。1990年憲法では，諸外国や国際機関との外交関係の領域に関する事項は大統領の権限となっている[14]。また議会に対しては，議会が採択した法律を議会に送付し，再審議するよう求める権限を有している（ただし，議会が再度法案を採択した場合には，大統領は必ず公布しなければならない[15]）。

2　セルビアの政党システム　　113

セルビアの議会は1990年と2006年のいずれの憲法においても一院制が採用されており，定数は250である。また，大統領が憲法違反を犯したと判断した場合，議会は，議員定数の3分の2の賛成をもって大統領に対する解任請求を行うことができる。[16]1990年憲法では，その後に国民投票が実施され，投票者の過半数が賛成した場合，大統領の解任が決定されるが，国民投票によって解任請求が否決された場合には，議会は解散される[17]。他方，2006年憲法では，議会が解任請求を行った場合，憲法裁判所が大統領による憲法違反の有無に関する判断を行うことになっている[18]。

　次に，セルビアの選挙制度について見ておこう[19]。大統領選挙については，1990年から一貫して多数決2回投票制が採用されており，第1回投票で投票総数の過半数を超える票を獲得した候補がいない場合には，上位2人による第2回投票（決選投票）が行われる。異なる点は，2003年までの選挙については選挙成立の要件として投票率が50％を超えなければならないと規定されていたのに対し，2004年の大統領選挙からは投票率要件が撤廃されたことである。後で述べるように，2002年から03年にかけて，3回連続して投票率規定によって選挙が不成立となってしまったために，選挙法が改正されたのである。

　議会選挙については，1990年以降，しばしば選挙制度が変更されている。1990年の議会選挙では小選挙区・多数決2回投票制が採用されたが，92-93年の議会選挙では拘束名簿式の比例代表制（異なる定数をもつ9つの大選挙区においてドント式で議席配分される）が採用された。1997年の議会選挙では選挙区の数が29にまで増加した。2000年以降は全国区の拘束名簿式比例代表制（ドント式）へと選挙制度が変更され，04年以降については，選挙委員会によって少数民族代表と認められた政党リストは5％の阻止条項の適用を受けないとする優遇措置が導入されている。

(2) 1990年代のセルビアの諸政党

　1990年代のセルビアは，一般にミロシェヴィッチによる権威主義的な支配が行われていた時期とみなされているが，選挙は定期的に実施されていた。この時期，セルビアでは議会選挙が4回，大統領選挙が3回（投票率が50％に達しなかったため無効になった選挙を含めれば4回）実施されている。**表4-1**と**表4-**

表 4-1　セルビアの議会選挙の結果（1990-97 年）

	90 年 12 月 9, 23 日	92 年 12 月 20 日	93 年 12 月 19 日	97 年 9 月 21 日
SPS	194	101	123	110**
SRS	–	73	39	82
SPO	19	50*	45*	45
DSS	–		7	–***
DS	7	6	29	–***
その他	30	20	7	13
合計	250	250	250	250

［注］　* 選挙連合「セルビア民主運動（DEPOS）」としての獲得議席数
　　　** ユーゴ左翼党（JUL），新民主主義（ND）との選挙連合としての獲得議席数
　　　*** 選挙をボイコット

表 4-2　セルビアの大統領選挙の結果（1990-97 年）

投票日	投票率 (%)	投票結果	
		第 1 位候補	第 2 位候補
1990 年 12 月 9 日	71.5	ミロシェヴィッチ (SPS)	ドラシュコヴィッチ (SPO)
		3,285,799（65.3%）	824,674（16.4%）
1992 年 12 月 20 日	70.3	ミロシェヴィッチ (SPS)	パニッチ (無所属)
		2,515,047（57.5%）	1,516,693（34.7%）
1997 年 9 月 21 日	57.5	リリッチ (SPS, JUL, ND)	シェシェリ (SRS)
		1,474,924（35.7%）	1,126,940（27.3%）
1997 年 10 月 5 日* (決選投票)	49.0	シェシェリ (SRS)	リリッチ (SPS, JUL, ND)
		1,733,859（49.1%）	1,691,354（47.9%）
1997 年 12 月 7 日	52.8	ミルティノヴィッチ (SPS, JUL, ND)	シェシェリ (SRS)
		1,665,822（43.7%）	1,227,076（32.2%）
1997 年 12 月 21 日 (決選投票)	50.6	ミルティノヴィッチ (SPS, JUL, ND)	シェシェリ (SRS)
		2,177,462（59.2%）	1,383,781（37.6%）

［注］　投票結果は，第 3 位以下の候補者は割愛した。網掛けは当選者を示す。
　　　* 投票率が 50%に達しなかったため選挙不成立

2　セルビアの政党システム　115

2 は，その結果をまとめたものである。

　与党の SPS は，1990 年選挙では単独で過半数を獲得しているが，92 年以降の選挙では SPS もしくは SPS 主導の選挙連合が単独過半数を獲得したことは一度もなかった。こうした状況で，SPS は，1994 年までは他の政党から閣外協力を得るかたちで，それ以降は他の政党と連立政権を形成することで，政権を維持した。大統領選挙では，最終的には SPS の候補がすべての選挙を制したが，SPS が圧倒的優位というわけでは必ずしもなかった。1992 年の選挙では第 2 位のパニッチ候補との激しい競争となった。最終的には得票率にして 22％，票数にして 100 万票程度の差があったものの，コソヴォにおいてボイコットしたアルバニア人の人口は 150 万人以上であったので，アルバニア人がパニッチに投票すればミロシェヴィッチが敗れる可能性は十分にあった（久保 2003）。1997 年 9 〜 10 月に行われた大統領選挙では，10 月の決選投票で SPS の候補が対立候補に敗れる事態に至ったが，投票率が 50％に満たずに選挙自体が無効となったので，かろうじて敗北を免れた。この他に，1996 年に実施された統一地方選挙でも，与党の SPS は首都ベオグラードなど都市部で敗北を喫し，選挙結果を認めようとしない体制に抗議する大規模なデモが発生し，最終的に SPS は敗北を認めてベオグラードの市長職などを野党側に譲り渡した。このように，SPS による支配は国民の圧倒的支持を得ていたわけでは決してなかった。

　国民からの支持が必ずしも十分に得られない中で，SPS が率いる体制側は，他党との連立形成に加えて，選挙制度の操作，反体制マスメディアの弾圧などの手段を用いて政権を維持しようとした。とはいえ，野党の形成や活動は完全に弾圧されていたわけではなく，1990 年代には，民主化後に主要な役割を果たす政党の多くが野党として形成された。1990 年に実施された最初の議会選挙に際しては，文学者のドラシュコヴィッチが中心となって設立した王党派の民族主義政党であるセルビア再生運動（SPO）と，哲学者のミチュノヴィッチやジンジッチなど知識人が中心となって設立した自由主義の政党である民主党（DS）が選挙に参加し，それぞれ一定の議席を獲得した。

　さらに，これらの政党から分離するかたちで，新たな野党が形成されていった。SPO の創設者の 1 人で，「チェトニクの首領」の称号を有していた民族主

義者のシェシェリは，その後 SPO から離脱し，極右政党のセルビア急進党（SRS）を設立した。SRS は，1992 年の議会選挙で一気に第 2 党の座を獲得するなど急成長し，90 年代から 2000 年代にかけてセルビア政治において重要な位置を占め続けた。SRS は，SPS の「姉妹政党」などと呼ばれることもあるが，SPS と常に良好な関係にあったわけではなく，とりわけ，1995 年のボスニアに関するデイトン合意後や，97 年の大統領選挙の不成立の後は，SPS との関係が悪化したとされる。しかし，1997 年以降，コソヴォ紛争が激化する中でSRS と SPS の関係は改善し，98 年 3 月には SPS と連立を形成して政権入りし，SRS の議員がセルビア政府の重要閣僚を担当した。

　DS の側では，1990 年に同党の副党首に就任していた法学者のコシュトゥニツァが 92 年に同党を離脱し，新たにセルビア民主党（DSS）を設立した。DSS は DS よりも民族主義的な立場をとる反体制の民主主義派野党と位置づけられるのが一般的である。DSS は，1992 年の選挙では SPO やその他の小政党とともに野党連合のセルビア民主運動（DEPOS）を結成し，多くの議席を獲得した。1993 年の議会選挙では単独で選挙に参加したが，96 年の統一地方選挙ではDSS は DS，SPO と野党連合「共に（Zajedno）」を結成し，都市部などで勝利を収めた。1997 年の議会選挙と大統領選挙では，SPO は連合から離脱して選挙に参加したが，DSS は DS とともに選挙をボイコットした。

(3) 民主化後の政党システム——政党数の観点から

　ここまでの経緯を踏まえて，本項では，民主化後のセルビアにおける政党システムについて，主として政党数の観点から概観してみたい。

　2000 年から 16 年までのセルビア議会選挙の結果は，**表 4-3** に示した通りである。2000 年の選挙において DOS が圧倒的多数を占める状況が生じた後，03 年から 12 年までの期間は，単独過半数を獲得する政党もしくは政党連合が存在しない多党制の状況が続いていたことがわかる。この間の政治において中心的な役割を果たしていた政党は，DOS を主導した 2 つの政党である DS とDSS，旧体制政党の SPS，そして 1990 年代から有力な政党として存続してきた極右政党の SRS である。なお，1990 年代に有力な野党の 1 つであった SPOは，2000 年選挙では DOS に加わらずに単独で出馬したため，議会選挙で議席

2　セルビアの政党システム　117

を獲得することができなかった。2003 年には SPO 自身が主導する選挙連合で 22 議席を獲得するに至るが，その後は単独もしくは自党の主導する選挙連合で議席を獲得するには至っておらず，主要政党の地位からは陥落したとみなしてよいであろう。[20]

　後で述べるように，旧ユーゴ国際刑事裁判所（ICTY）へのミロシェヴィッチの引き渡しの問題を契機として DS と DSS の対立が激化し，DOS は 2002 年に崩壊した。その後に実施された 2003 年の議会選挙は，最も多党化が進んだ選挙であった。SRS，DS，DSS，SPS の主要 4 政党に加えて，先に述べたように SPO も 2003 年選挙では 22 議席を獲得して善戦し，さらに新党の G17 プラス（G17）が 34 議席を獲得して，一躍，主要政党としての地位を得た。G17 は，1990 年代末期に経済学者を中心に結成された同名の非政府組織（NGO）を母体としていた。G17 の中でも中心的な存在であった経済学者のディンキッチは，民主化後にセルビア国立銀行総裁に 36 歳の若さで就任し，ジンジッチ政権下の経済改革を支えた。2007 年選挙では，SRS，DS，DSS，SPS，G17 の 5 政党に加え，党内の路線対立から DS を離脱したヨヴァノヴィッチらが結成した自由民主党（LDP）を中心とする選挙連合が重要な勢力となった。2008 年選挙では，基本的にこれらの 6 政党が競合する構図が続いた（2008 年選挙では，G17 は DS と選挙連合を結成した）。

　この選挙競合の構図が崩れ始めたのが，2012 年選挙である。これに先立つ 2008 年，SRS の内部で路線対立が生じ，EU との安定化・連合協定（SAA）を支持する勢力が SRS を離脱してセルビア前進党（SNS）を結成したのである。それまで SRS の副党首を務め，2003 年から 3 度にわたり同党の候補としてセルビア大統領選挙にも出馬していたニコリッチを中心に SRS の大半が SRS を離脱し，SNS に加わった。その結果，2012 年選挙では SRS に代わって SNS が第 1 党の座を獲得し，SRS は 18 万票（投票総数の 4.6%）しか獲得することができず，議席を完全に失ったのである。2012 年選挙では，その他の政党の顔ぶれはそれまでの選挙とほとんど変わっていないが，G17 は，自らが中心となって設立した政党連合，セルビア地域連合（URS）として選挙に参加している。

　2012 年選挙で勝利を収めた SNS は，議会選挙と同日に開催された大統領選挙でも勝利を収めた。この後，セルビアの政党システムが変化していく。その

118　第 4 章　民主化後のセルビア政治

表 4-3　セルビアの議会選挙の結果（2000-16 年）

	2000 年12 月 23 日	2003 年12 月 28 日	2007 年1 月 21 日	2008 年5 月 11 日	2012 年5 月 6 日	2014 年3 月 16 日	2016 年4 月 24 日
SPS	37	22	16	20	44	44	29
SRS	23	82	81	78	0	0	22
SNS	–	–	–	–	73	158	131
DSS	176**	53	47	30	21	0	13
DS		37	64		67	19	16
G17/URS	–	34	19	102	16	0	–
SPO	0	22	0		19	*	*
LDP	–	–	15	13		0	13
NDS/SDS	–	–	–	–	–	18	
DJB	–	–	–	–	–	0	16
その他の諸政党	14	0	8	7	10	11	10
合計	250	250	250	250	250	250	250
有効政党数	1.9	4.8	4.6	3.5	4.9	2.3	3.2

［注］　＊ SNS 主導の選挙連合に参加
　　　　＊＊ DOS としての総議席数
［出典］　セルビア共和国選挙管理委員会が公表した各選挙結果をもとに作成。

動きは，一言でまとめれば，SNS の一強体制の成立と，SNS に対抗する野党の多党化である。まず前者について見てみると，SNS 主導の選挙連合は，2014 年に議会で単独過半数を上回る議席を獲得し，2016 年選挙でも若干議席数を減らしたものの単独過半数を上回る議席を維持した。1 つの政党が主導する選挙連合が単独過半数を 2 回連続して達成したのは，1990 年以降のセルビアの政治史上初めてのことであった。SNS は，大統領選挙においても 2012 年，17 年と 2 回連続で勝利している。2012 年以降，SNS の一党優位体制が成立しつつあると思われる。

　他方，SNS に対抗する勢力の間では，多党化の動きが強まっている。第 1 に，2012 年まで与党であった DS では，党内で路線対立が顕在化し，2012 年まで DS を主導していたタディッチは，14 年に DS を離脱して新民主党（NDS）を設立した。NDS は 2014 年には緑の党などの小政党と選挙連合を形成して 18 議席を獲得した。その後，NDS は社会民主党（SDS）と改称し，2016 年選挙では LDP などの政党と選挙連合を形成して 13 議席を獲得している。

2　セルビアの政党システム　119

第2に，経済学者や政治学者が2014年1月に結成した新党「もう沢山だ（DJB）」が登場し，2014年選挙では7万票余（有効票の2%）の得票にとどまって議席獲得に至らなかったが，2016年選挙では獲得票を3倍に伸ばして16議席を獲得するに至っている。

　第3に，これらの新党が一定の議席数を確保する一方で，党勢を衰退させてセルビアの政界から退場するかに思えた政党も，勢力を回復させている。DSSは2014年選挙において獲得票数が15万票（4%）にまで落ち込んで1議席も獲得できない事態に直面した。しかし，DSSは2016年選挙ではキリスト教右派政党「扉（Dveri）」と選挙連合を形成して5%の阻止条項を超えることに成功し，13議席を獲得して議会に復帰している。SRSも，2012年と14年の選挙では得票数が有効票の5%に満たず，議席を獲得できない状態が続いていたが，2016年選挙では有効票の8%を得て22議席を獲得し，第3党の座に返り咲いた。SRSの復活劇の背後には，ICTYの公判中もSRS党首の座にとどまり続けていたシェシェリが2016年3月に無罪で釈放され，選挙運動を主導できたという変化があった。2000年代に登場した有力政党のうち，17年までに完全に消滅したのはURSのみである。

　こうした変化の結果，2016年の議会選挙においては，SNSを除いても6つの政党もしくは選挙連合が10議席以上を獲得するに至っている。こうした反SNS勢力の多党化は，一強体制を築いたSNSを利する状況を作り出しており，野党勢力の再結集なくして，SNSの一強体制を崩すことは不可能であろう。

　いずれにせよ，政党数という観点から見れば，民主化後のセルビアの政党システムは一貫して多党制であったといえるだろう。有効政党数が3を下回ったのは2000年選挙と14年選挙の2回のみであった。2000年の選挙については，反ミロシェヴィッチで結束した野党連合のDOSが全議席の7割を獲得したが，それ自体が大小あわせて17もの政党を糾合した連合であり，それを主導したDSとDSSの間の対立が顕在化してDOSは瓦解に至った。2014年の選挙では，SNSの主導する選挙連合が単独過半数を獲得し，その他に3つの有力政党が存在していた。2016年の選挙ではSNSの優位が続き，12年以降のセルビアは一党優位システムに近づいているといえる。しかし，比較政治学における古典的な政党システムの研究では1つの政党が3回連続して絶対多数議席を確保す

ることが一党優位システムの条件とされており（サルトーリ 2000: 333），この基準に従えば，まだ一党優位システムが確立したとはいえないであろう。

(4) 民主化後の政党システム──政党の政策位置の観点から

　このように，民主化後のセルビアの政党システムは，数の点でいえば一貫して多党制であった。では，政策位置という点では，セルビアの政党システムはどのように特徴づけることができ，諸政党はどのように位置づけることができるのだろうか。

　他の旧ユーゴ諸国と比較したときのセルビアの政党システムの際立った特徴は，スロヴェニア，クロアチア，ボスニア，マケドニアといった国々では社会主義体制を主導した共産主義者同盟の後継政党が価値観の政策軸において自由主義の立場をとったのに対し，ミロシェヴィッチが主導した SPS は，価値観の政策軸においてはむしろ民族主義的な立場をとり，経済政策の面では共産主義的なイデオロギーを維持したことである。ミロシェヴィッチは，共産主義体制からの体制転換が起きる前の 1980 年代後半から，それまでタブー視されていたセルビア民族主義を前面に押し出して民衆の支持を得る戦略をとった。SPS の政策位置は，このようなミロシェヴィッチの生き残り戦略の帰結であったといえるだろう。それをよく示しているのが，筆者が 2006 年 3 月から 10 月にかけて旧ユーゴ地域で実施した専門家サーベイの結果に基づいて作成した主要政党の配置図である（図 4-1 を参照）。

　この図の縦軸は，経済政策面での政策の違いを示している。「経済右派」は小さな政府・民営化推進を志向する立場，「経済左派」は大きな政府・国有化推進を志向する立場を示している。他方，横軸は，民族主義か，自由主義かという価値観の面での志向性の違いを示している。「民族主義」は民族主義推進，宗教的原則の支持，同性愛や中絶といった問題に関する自由主義的政策（同性婚推進，中絶容認など）に対する反対などを志向する立場を示している。他方，「自由主義」は，国家にとらわれないコスモポリタンな意識や文化の推進，世俗的原則の支持，自由主義的な政策への支持を志向する立場を示す（久保 2011）。これを見ると，クロアチア，ボスニア，モンテネグロ，マケドニアの共産主義者同盟の後継政党（クロアチアやボスニアの社会民主党〈SDP〉，マケドニ

2　セルビアの政党システム　121

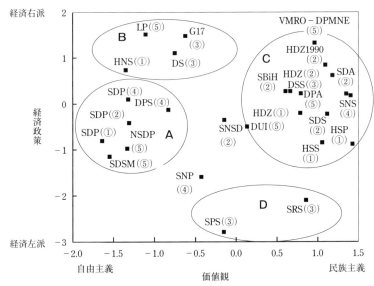

図 4-1 旧ユーゴ諸国の主要政党の政策位置（2006 年）

［注］ カッコ内は国名を示している。①はクロアチア、②はボスニア、③はセルビア、
④はモンテネグロ、⑤はマケドニアを指す。
［出典］ 久保（2011）：160 をもとに作成。ただし、一部の表記を修正・割愛した。

アの社会民主同盟〈SDSM〉、モンテネグロの DPS）が経済政策面ではやや左派寄りの中道の立場を、価値観の軸では自由主義の立場をとっている（図中のグループ A）のに対し、セルビアの共産主義者同盟の後継政党である SPS は、経済政策面では強い左派に、価値観の軸では中道に位置しており（図中のグループ D）、他の国の旧共産主義者同盟の政党とは明確に異なる位置にいることがわかる。

共産主義者同盟の後継政党の政策位置の違いは、それに対抗する新興政党の政策位置の違いにつながった。スロヴェニア、クロアチア、ボスニア、マケドニアといった国々では、共産主義者同盟の後継政党が価値観の政策軸において自由主義的な立場をとったため、それに対抗する新興の反体制勢力は民族主義的な立場をとった（図中のグループ C）。クロアチアやボスニアでは、そうした政党が選挙に勝利して政権を掌握したことで、民族間の緊張が高まり、紛争勃発の引き金となった（久保 2003）。これに対しセルビアでは、SPS が民族主義的な立場をとったため、それに対抗する野党勢力には、価値観の軸において

122　第 4 章　民主化後のセルビア政治

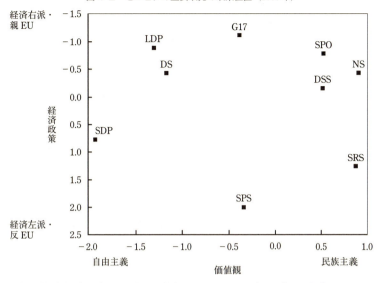

図 4-2 セルビアの主要政党の政策位置（2006 年）

［出典］ 久保（2011）: 155 をもとに作成。ただし，一部の表記を修正・割愛した。

自由主義的な立場をとる余地があった（図中のグループ B）。DS は，1990 年の結党時からそうした立場をとった政党であったといえるだろう。他方，SPS よりもさらに民族主義的な立場をとる野党勢力も登場した。SRS はその代表的な政党である。

　このようにセルビアは，旧共産主義者同盟の政策志向という点では旧ユーゴの他の諸国とは際立った違いがある。しかし，民族主義—自由主義という価値観の軸が政党間の対立・競合を規定するうえで重要なものとなったという点では，他の旧ユーゴ諸国と同様であった。図 4-2 は，図 4-1 と同じ調査の結果をもとに，セルビアに限定した分析を行い，主要政党の位置を図示したものである。2006 年時点でのセルビアの諸政党を民族主義と自由主義に大別するなら，SRS，SPO，DSS，新セルビア（NS）は基本的に民族主義の立場をとるのに対し，DS，LDP，社会民主党（SDP）は基本的に自由主義の立場をとる政党と位置づけることができるだろう。主要政党の中で価値観の軸では位置づけが曖昧なのは G17 と SPS で，両者は価値観の軸では中道に位置しているが，

G17 は経済右派・親 EU, SPS は経済左派・反 EU の立場が鮮明である。なお，SNS は 2006 年時点で存在していなかったため図中に示されていないが，SNS は SRS から分離してできた政党であり，民族主義—自由主義という点では，大きな違いはないと考えられる。

3 セルビアの歴代政権の政党構成

最後に，前節の政党システムの検討を踏まえ，セルビアの歴代政権の構成について簡単に振り返っておきたい。まず，2000 年の議会選挙後に成立した DOS 政権は，DS の党首であったジンジッチを首班とし，DS と DSS が中心となって運営した政権であった。次章で見るように，ジンジッチが ICTY に協力する政策を推進すると，DSS は DOS から離脱し，政権からも離脱していく。政権の発足直後は DS と DSS による保革共存の連立政権の様相を呈していたが，その後，DS 主導の自由主義を基本とする政権の性格を強めたと位置づけてよいであろう。

2003 年末の議会選挙後，04 年 3 月に第 1 次コシュトゥニツァ政権が発足した。DSS を中心とし，SPO, NS, G17 を連立相手として形成された連立政権である。SPO と NS は民族主義的な政策立場をとる政党であったが，G17 は中道であった。また，これらの 4 政党の議席を合わせても議会の過半数には届いておらず，旧体制政党である SPS からの閣外協力を得て成立が可能となった少数内閣であった。したがって，第 1 次コシュトゥニツァ政権は，基本的には民族主義的な立場をとる政権であったといえるだろう。

2007 年 1 月の議会選挙後，政党間の連立交渉は難航し，組閣までに長い時間を要した。ようやく 2007 年 5 月に，DSS, NS, DS, G17 の 4 党からなる第 2 次コシュトゥニツァ政権が成立した。2007 年 1 月の選挙結果では，DS の獲得議席のほうが，DSS—NS の選挙連合よりもはるかに議席数が多い。そのため，DS は政権内で大きな影響力を有していた。他方で DSS のコシュトゥニツァが首相として大きな影響力を有していたことも間違いない。政権の性格としては，保革共存の連立政権と位置づけてよいであろう。

2008 年の議会選挙後は，DS 主導の選挙連合「ヨーロッパのセルビアのため

に（ZES）」が中心となって連立政権を発足させた。しかし，DS 主導の選挙連合に，ハンガリー人，ボシュニャク人の少数民族政党を合わせても議会の過半数には達しなかったため，DS の政敵であった SPS を連立相手に加えるという苦肉の策によって政権が成立したのであった。SPS のダチッチ党首は副首相兼内務大臣に就任し，最も重要な省庁の1つである内務省を監督する立場となった。とはいえ，全体としては自由主義の立場をとる政党が政権の多数派を構成しており，ツヴェトコヴィッチ内閣は，基本的には自由主義的な立場をとる政権であったと位置づけてよいだろう。

　2012 年の議会選挙後は，選挙で勝利した SNS を中心として政権が発足したが，首相の地位はキャスティング・ボートを握った SPS が獲得し，同党のダチッチ党首を首班とする政権が発足した。中道政党の G17 を中心とする政党連合である URS や，少数民族政党である民主行動党（SDA）も政権に参画していたが，閣僚の大多数は SPS，SNS の民族主義的な議員によって占められていた。したがって，ダチッチ内閣は，基本的には民族主義的な立場をとる政権であったといえるであろう。

　2014 年の議会選挙後は，選挙で大勝した SNS を中心とする政権が形成され，首班の地位も SNS のヴチッチが得た。2016 年の議会選挙後も，SNS 主導で政権が形成された。ヴチッチ政権は，民族主義的な立場をとる政権と位置づけてよいであろう。

　第2節で述べたようにセルビアは半大統領制を採用しており，共和国大統領の政治的権限は基本的には限定されたものだが，時には大統領も政治的に重要な役割を果たす。とりわけ外交面では，大統領が重要な役割を果たすことがある。そこで，最後に 2000 年代以降の大統領選挙の結果についても簡単に振り返っておきたい。**表4-4** は，2000 年の民主化以降のセルビアにおける大統領選挙の投票結果（決選投票が行われた大統領選挙における第1回投票の結果を含む）をまとめたものである。

　2002 年から 03 年にかけて，決選投票も数えて合計4回の選挙が実施されたが，投票率は 02 年9月末の第1回投票こそ 50％を超えたものの，その後はいずれも 50％を下回り，選挙が成立しなかった。結局，投票率が過半数を超えることを大統領選挙の成立要件とする規定を廃止した後で実施された 2004 年

3　セルビアの歴代政権の政党構成　　125

表 4-4 セルビアの大統領選挙の結果 (2002-17 年)

投票日	投票率 (%)	投票結果	
		第 1 位候補	第 2 位候補
2002 年 9 月 29 日	55.5	コシュトゥニツァ (DSS) 1,123,420 (30.9%)	ラブス (無所属) 995,200 (27.4%)
2002 年 10 月 13 日* (決選投票)	45.5	コシュトゥニツァ (DSS) 1,991,947 (66.9%)	ラブス (無所属) 921,094 (30.9%)
2002 年 12 月 8 日*	45.2	コシュトゥニツァ (DSS) 1,699,098 (57.7%)	シェシェリ (SRS) 1,063,296 (36.1%)
2003 年 11 月 16 日*	38.8	ニコリッチ (SRS) 1,166,896 (46.2%)	ミチュノヴィッチ (DOS) 893,906 (35.4%)
2004 年 6 月 13 日	47.8	ニコリッチ (SRS) 954,339 (30.6%)	タディッチ (DS) 853,584 (27.4%)
2004 年 6 月 27 日 (決選投票)	47.8	タディッチ (DS) 1,681,528 (53.2%)	ニコリッチ (SRS) 1,434,068 (45.4%)
2008 年 1 月 20 日	61.4	ニコリッチ (SRS) 1,646,172 (40.0%)	タディッチ (DS) 1,457,030 (35.4%)
2008 年 2 月 3 日 (決選投票)	68.1	タディッチ (IBZ) 2,304,467 (50.3%)	ニコリッチ (SRS) 2,197,155 (48.0%)
2012 年 5 月 6 日	57.7	タディッチ (IBZ) 989,454 (25.3%)	ニコリッチ (SNS) 979,216 (25.1%)
2012 年 5 月 20 日 (決選投票)	46.3	ニコリッチ (SNS) 1,552,063 (49.5%)	タディッチ (DS) 1,481,952 (47.3%)
2017 年 4 月 2 日	54.4	ヴチッチ (SNS et al) 2,012,788 (55.1%)	ヤンコヴィッチ (無所属) 597,728 (16.4%)

[注] 第 3 位以下の候補者の投票結果は割愛した。網掛けは当選者を示す。
 * 投票率が 50%に達しなかったため選挙不成立
[出典] セルビア共和国選挙管理委員会が公表した各選挙結果をもとに作成。

表 4-5　2001 年以降のセルビアにおける歴代政権の構成

大 統 領	首 相	任 期	政権構成政党	本書での呼称
ミルティノヴィッチ（〜 02 年 12 月 29 日）	ジンジッチ（DS）***	01 年 1 月 25 日〜03 年 3 月 12 日	<u>DOS</u>	DOS 政権
大統領代行*（〜 04 年 7 月 11 日）	ジヴコヴィッチ（DS）	03 年 3 月 18 日〜04 年 3 月 3 日	<u>DOS</u>	
タディッチ（04 年 7 月 11 日〜12 年 4 月 5 日）**	コシュトゥニツァ（DSS）	04 年 3 月 3 日〜07 年 5 月 15 日	<u>DSS</u>, G17 Plus, SPO, NS	DSS 政権
	コシュトゥニツァ（DSS）	07 年 5 月 15 日〜08 年 7 月 7 日	<u>DSS</u>, NS, DS, G17 Plus	DSS・DS 連立政権
	ツヴェトコヴィッチ（DS）	08 年 7 月 7 日〜12 年 7 月 27 日	<u>ZES</u>, SPS-PUPS-JS, MK, BLES	DS 政権
ニコリッチ（12 年 5 月 31 日〜17 年 5 月 31 日）	ダチッチ（SPS）	12 年 7 月 27 日〜14 年 4 月 27 日	<u>SPS</u>, SNS, URS, PUPS, SDA	SPS・SNS 連立政権
	ヴチッチ（SNS）	14 年 4 月 27 日〜16 年 8 月 11 日	<u>SNS</u>, SPS, SDPS, NS, PS	SNS 政権
	ヴチッチ（SNS）	16 年 8 月 11 日〜17 年 5 月 31 日	<u>SNS</u>, SPS, SDPS, PUPS, PS	
ヴチッチ（17 年 5 月 31 日〜）	ブルナビッチ（SNS）	17 年 6 月 29 日〜	<u>SNS</u>, SPS, SDPS, PUPS, PS, SNP	

　［注］　* ミチッチ（02 年 12 月 29 日〜 04 年 1 月 27 日），ムルシャニン（04 年 2 月 4 日〜 3 月 3 日），ミハイロヴィッチ（04 年 3 月 3 〜 4 日），マルコヴィッチ（04 年 3 月 4 日〜 7 月 11 日）
　　　　** 2012 年 4 月 5 日から 5 月 31 日まで，デヤノヴィッチ国会議長が大統領代行
　　　　*** ジンジッチ暗殺後，チョヴィッチ（03 年 3 月 12 〜 16 日），コラチュ（03 年 3 月 16 〜 17 日）が首相代行
　　　　政権構成政党の欄の下線は，首相を輩出している政党もしくは政党連合を指す。

　6 月の大統領選挙において，DS のタディッチが決選投票で逆転勝利し，大統領に就任したのであった。その後，新憲法の制定を経て，新憲法体制下で初めて実施された 2008 年の大統領選挙において，タディッチ大統領は再度決選投票で逆転勝利し，再び大統領に就任した。2012 年は，再選をめざすタディッチと SRS のニコリッチが 3 度目の勝負を行う選挙となったが，今度はニコリッチが決選投票で逆転勝利し，大統領に就任した。2017 年の大統領選挙では，14 年以来首相として SNS 政権を主導してきたヴチッチが大統領選挙に出馬し，

3　セルビアの歴代政権の政党構成　　127

圧勝した。

次章以降では，2001 年以降のセルビアにおける移行期正義や近隣諸国に対する公的謝罪を，政権ごとに検討していく。その際，原則として首相を輩出している政党もしくは政党連合の名称で政権を区別し，その名称を政権の名称として分析を進めていく。ただし，首相輩出政党よりも大きい連立相手が政権に参画している場合には，その連立相手の名称を政権名称に含める。具体的には，ジンジッチおよびジヴコヴィッチという DS の政治家が首相を担当し，DOS が政権与党であった 2001 年から 04 年までの時期を DOS 政権期と呼ぶ。同様に，DSS のコシュトゥニツァが首相を担当した 2004 年から 07 年までの時期を DSS 政権期と呼ぶ。2007 年から 08 年までの第 2 次コシュトゥニツァ内閣の時期は，DSS・DS 連立政権期と呼ぶ。なぜなら 2007 年 5 月から 08 年 7 月までは，DSS のコシュトゥニツァが首相を引き続き担当しているが，その主要な連立相手である DS は，2007 年議会選挙で，DSS を上回る議席を獲得しているからである。2008 年 7 月から 12 年 7 月までの時期は，DS 政権期である。2012 年 7 月から 14 年 4 月までの期間は，SPS のダチッチが首相を担当したが，連立相手の SNS は SPS よりも多くの議席を獲得していたため，SPS・SNS 連立政権期と呼ぶ。2014 年 4 月以降は，SNS のヴチッチ，ブルナビッチが首相を担当しているため，一括して SNS 政権と呼ぶこととする（各政権の詳細については，**表 4-5** を参照）。

小　　括

本章では，2000 年の民主化以降のセルビア政治の概要を，国家体制，政治制度，政党システム，政権構成の点から振り返り，この時期に形成されたセルビアの政権を 6 つに区別した。**第 5 章**と**第 6 章**では，これらの歴代政権が，移行期正義の問題にどのように対処したのか，2001 年以降にセルビアにおいて移行期正義の推進をもたらした要因は何だったのかという問題について分析を進めていくことにしたい。

128　第 4 章　民主化後のセルビア政治

● 注

1) UN S/RES/757.
2) UN A/RES/47/1.
3) ドイツマルクの使用は当初，事実上の国内通貨の扱いにとどまっていたが，1999 年にドイツマルクの使用が公式に決定され，1 年間の移行期間を経て，2000 年以降はディナールが使用できなくなった。
4) 選挙の実施からミロシェヴィッチの退陣の決断に至る過程においては，大衆からの圧力だけでなく，軍と治安機関も重要な役割を果たしていた（久保 2016）。
5) ミロシェヴィッチの退陣後に連邦首相に就任したのは SNP のジジッチであったが，ミロシェヴィッチの ICTY への引き渡しに抗議して辞任し，その後は同じく SNP に属するペシッチが就任した。
6) Ustav Savezne Republike Jugoslavije, član 77.
7) Ustav Savezne Republike Jugoslavije, član 96.
8) Ustavna Povjelja Državne Zajednice Srbija i Crna Gora, član 25.
9) Ustavna Povjelja Državne Zajednice Srbija i Crna Gora, član 10.
10) Ustavna Povjelja Državne Zajednice Srbija i Crna Gora, član 12.
11) Ustav Republike Srbije（1990），član 86. Ustav Republike Srbije（2006），član 114, 116.
12) Ustav Republike Srbije（1990），član 9. Ustav Republike Srbije（2006），član 122.
13) Ustav Republike Srbije（1990），član 83, 93. Ustav Republike Srbije（2006），član 112, 124.
14) Ustav Republike Srbije（1990），član 9, 83.
15) Ustav Republike Srbije（1990），član 84. Ustav Republike Srbije（2006），član 113.
16) Ustav Republike Srbije（1990），član 88. Ustav Republike Srbije（2006），član 118.
17) Ustav Republike Srbije（1990），član 88.
18) Ustav Republike Srbije（2006），član 118.
19) 1990 年から 2010 年までのセルビアの選挙制度と各選挙結果については，久保（2010）を参照されたい。
20) SPO は 2007 年の議会選挙では単独で選挙戦を戦い議席を失った。しかし，その後 SPO は他の政党との選挙連合に参加することで若干の議席を得ており（2008 年は DS との連合に参加し 4 議席，12 年は LDP との連合に参加し 4 議席，14 年は SNS との連合に参加し 5 議席），政党としては存続している。

第5章

政権の党派性

は じ め に

　本章では，セルビアにおける歴代政権がどのように旧ユーゴ国際刑事裁判所 (ICTY) への協力の問題に対応してきたのかを検討する。その作業を通じて，政権の党派性は移行期正義の追求に影響を与えているのか否かという問いに対する答えを示すことを試みたい。

　本章の構成は，以下の通りである。第1節〜第4節では，(1) 2001年から04年までのセルビア民主野党連合 (DOS) 政権，(2) 04年から07年までのセルビア民主党 (DSS) 政権，(3) 07年から08年までのDSS・民主党 (DS) 連立政権，(4) 08年から12年までのDS政権の政策をそれぞれ概観する。最後に，政権の党派性がICTYに協力する政策に対して影響を与えていたのか否かという問題について，本章で示した事実を踏まえて考察し，本章の締め括りとしたい。

1　　　　　　　　　# DOS 政権

(1) ジンジッチの政策転換

　まず，2001 年 1 月のセルビア議会選挙後のジンジッチ首相就任から，2004 年 3 月のコシュトゥニツァ首相就任に至るまでの期間におけるセルビア政府の移行期正義に関する政策について見ていこう。

　セルビア首相に就任したジンジッチは，ミロシェヴィッチ体制期の人権侵害について責任を追及する姿勢を取り始めた。ミロシェヴィッチの退陣後もセルビア内務省・国家保安局長の座にとどまっていたマルコヴィッチは，2001 年 1 月 25 日に辞任した。ジンジッチは，2001 年 1 月末の閣議で，それまで公安局長補を務めていたルキッチ中将を公安局長・内務次官に任命し，今後は公安局がミロシェヴィッチ体制期に起こった未解決の殺人事件の解決をめざすとした。[2] ただし，このときジンジッチが解決をめざすとしたのは主としてミロシェヴィッチ体制期にセルビア国内の反ミロシェヴィッチ陣営に対して行われた犯罪行為である。具体的に言及されていたのは，野党政治家やジャーナリストの暗殺事件であって，クロアチア，ボスニア，コソヴォなどで他の民族に対して行われた戦争犯罪行為は言及されていなかった。[3] そもそもルキッチはコソヴォ紛争の期間中にセルビア内務省のコソヴォ司令部の司令官を務めていた人物であり，その後，2003 年 9 月にコソヴォ紛争中の非人道的行為の責任を問われて ICTY に訴追されている。したがって，この人事によって，一連の武力紛争における戦争犯罪行為の責任追及を進めることが想定されていたわけではない点には留意が必要である。とはいえ，このジンジッチの動きは，翌月にはマルコヴィッチ前国家保安局長の逮捕につながっており，ミロシェヴィッチ体制による人権侵害の責任追及の嚆矢としては注目に値する。

　ジンジッチは，首相就任直後には，ICTY への協力の問題に関する積極的な行動や発言を控えていた。例えば，ミロシェヴィッチ体制崩壊後にユーゴ連邦大統領に就任したコシュトゥニツァが ICTY のデル・ポンテ主任検察官と会談するか否かが注目されていた 2001 年 1 月の間，ジンジッチは，「国連機関の代表に会うのは政治家の義務であり，デル・ポンテ氏が望むのであれば自分は会

132　　第 5 章　政権の党派性

談する用意がある」と述べるにとどまっていた[4]。ジンジッチは，ICTY への協力は外交問題であり，そもそもユーゴ連邦の大統領や外務大臣がその主たる担当者であると考えたと思われる。また，ICTY への協力はセルビア国民に不人気な政策であるため，その実施はコシュトゥニツァ率いるユーゴ連邦政府に任せ，国内の政治経済の改革に専念するほうが得策だとジンジッチは考えたのであろう[5]。

しかし，ジンジッチは間もなく，ミロシェヴィッチ体制期の戦争犯罪の責任追及と，ICTY への協力の問題に，積極的に関与せざるをえなくなる。ユーゴ連邦政府を主導するコシュトゥニツァや彼の率いる DSS が，ICTY に対して積極的に協力しない立場を明らかにしたからである。コシュトゥニツァは，ミロシェヴィッチが ICTY にすでに訴追されていたにもかかわらず，体制崩壊の直後にミロシェヴィッチと会談を行い，ジンジッチや ICTY から不興を買ったり[6]，デル・ポンテ主任検察官がベオグラードを訪問する際には会談を拒否する姿勢を示したりと[7]，連邦大統領就任直後から ICTY の正統性を否定する態度や言動をとっていたのである。コシュトゥニツァの率いる DSS は，デル・ポンテのセルビア訪問に先立つ 1 月 17 日に，「ミロシェヴィッチ前大統領が ICTY に引き渡されることはない」という声明を発表している[8]。コシュトゥニツァは結局翻意してデル・ポンテと会談したが，その後も，「連邦政府は ICTY に協力する用意はあるが，それは ICTY の要求をすべて呑むことを意味するわけではない[9]」「セルビア南部で起きている〔アルバニア人による〕テロや国内のその他の問題のほうが，ICTY への協力よりも優先すべき課題である[10]」といった発言を行っており，ICTY への協力に消極的な姿勢を示していた。

コシュトゥニツァ率いるユーゴ連邦政府が一切動こうとしない中で，ジンジッチは，自らの改革に必要な欧米諸国の支援を確保するために，自らの統制下にあるセルビア政府を中心にして，欧米諸国の求める政策を実施することを選択した。ミロシェヴィッチ体制の崩壊直後の状況で，最も重要な案件となったのは，いうまでもなくミロシェヴィッチの逮捕であった[11]。ジンジッチが主導するセルビア政府は，2001 年 4 月 1 日，セルビア内務省の統制下にあった特殊部隊を派遣し，ミロシェヴィッチを逮捕した。武装した支持者が厳重に警護する邸宅に乗り込みミロシェヴィッチを逮捕する作戦の指揮に当たったのは，

1 DOS 政権　133

1990 年代はミロシェヴィッチ体制を支え，2000 年 10 月の民衆蜂起に際してミロシェヴィッチ体制を見限って離反した特殊部隊長のウレメク（通称レギヤ）であった（久保 2016）。ただし，このときも，逮捕の根拠となったのは職権濫用や汚職などの容疑であり，ICTY の起訴状で挙げられていた旧ユーゴ地域の紛争中の戦争犯罪容疑ではなかった。[12]この時点では，ジンジッチは依然として，セルビア政府が対処するのは過去の汚職やセルビア国民に対する人権侵害などの国内問題であり，他国の国民に対する戦争犯罪行為の責任追及や，そのためのICTY への協力といった国際的な問題は扱わないという姿勢を貫いていたのである。

　しかし，ひとたびミロシェヴィッチが逮捕されると，その身柄の ICTY への引き渡しを強く求める欧米諸国の圧力の前で，ジンジッチがそうした姿勢を貫くことは不可能であった。2001 年 6 月，ジンジッチは欧米諸国の求めに応じてミロシェヴィッチを ICTY に引き渡すことを決断する。同年 3 月のミロシェヴィッチの逮捕の際には，ジンジッチはコシュトゥニツァと事前に協議済みであったと語っており，コシュトゥニツァが逮捕の合法性を否定することもなかった。[13]しかし，ICTY への引き渡しは，コシュトゥニツァが前々から強く反対する姿勢を示していたこともあり，コシュトゥニツァとの事前の協議なしで，セルビア政府が夜間に一方的に実施したものであった。[14]しかもそれが行われたのは，セルビア政治史において最も重要な日の 1 つである 6 月 28 日（聖ヴィトゥスの日）[15]であった。民族主義者がこの決定に激怒したことは想像に難くないだろう。[16]その翌日，コシュトゥニツァは，「ミロシェヴィッチの ICTY への引き渡しは合法・合憲とは考えられない」という声明を発表している。[17]他方，ジンジッチ首相は，セルビア共和国憲法 90 条，135 条，ユーゴ連邦憲法 16 条を法的根拠として挙げ，これらの法律は，ユーゴ連邦機関が国益にとって重要な問題について機能しないときは共和国政府機関がその職務を代行することを認めていると主張した。[18]

　ジンジッチは引き渡しの翌日の声明において，「セルビアの利益を守るためにミロシェヴィッチ前ユーゴ大統領を ICTY に引き渡す決定をせざるをえなくなった」と述べ，「もし ICTY への協力を停止したり延期したりすれば，我が国の現状と将来に対して甚大な後遺症をもたらしてしまうだろう」とし，この

決定が「困難だが，唯一の正しい決定」であることを理解してほしいと呼びか
けている。[19]　ジンジッチはまた，12年前の聖ヴィトゥスの日に（コソヴォの戦い
の600周年記念式典において）「天上のセルビアの理念を実現する」[20]ことを呼びか
けたミロシェヴィッチがもたらしたのはセルビアの破局と衰退であったとして，
「我々やその親の世代のためというよりは，むしろ我々の子どもの世代のため
に，理想の地上のセルビアを実現することがセルビア政府の責務である」と述
べている。[21]　ジンジッチは同じ声明の中で，「ICTYへの協力については連邦法
を制定して実施するのが最善の法的手段であると考えていたが，連邦政府内の
我々の連立相手との対立から，連邦法制定については合意が得られなかった。
連邦機関はまだ改革されておらず，危機的状況において構成共和国の利益を守
ることのできる状態にはないようだ」と連邦政府を批判している。[22]　本来ICTY
への協力を推進すべき連邦政府が迅速に動こうとしないので，[23]セルビア共和国
憲法90条，135条の規定に基づいてICTYへの引き渡しの決定を正当化せざ
るをえなかったジンジッチのコシュトゥニツァに対する憤懣がにじみ出ている
声明であるといえるだろう。

(2) 改革の推進と戦争犯罪被告人の逮捕・引き渡し

　ICTYへの協力をセルビア政府主導で進めることを決めたジンジッチは，制
度改革を実施し，戦争犯罪被告人の逮捕・引き渡しを進めた。ジンジッチの決
断は，組織犯罪の摘発に向けた制度整備や，セルビア人勢力が関与したと見ら
れる戦争犯罪の証拠について政府自ら公表していく姿勢にも表れていた。ミロ
シェヴィッチのICTYへの引き渡しを決断した前月の2001年5月には，コソ
ヴォ紛争中の1999年4月に多数のアルバニア人の遺体が詰め込まれた冷蔵ト
ラックがドナウ河から引き上げられた事件が，ミロシェヴィッチ体制下で国家
機密指定され，秘密裏に処理されていたことが発表された。[24]　その翌月には，こ
の事件に関する調査の結果として，トラックに詰め込まれていた遺体の数が合
計で86体にのぼること，その中には6-7歳位の男女の子ども2人の遺体が含
まれていたこと，遺体はコソヴォから運ばれた可能性が高いことなどが発表さ
れている。[25]　2001年7月に，セルビア政府は内務省の組織改革を行い，組織犯
罪対策局を設置した。[26]　8月末には，セルビア内務省は，セルビア各地で集団墓

1　DOS政権　135

地が発見され，340 人以上の遺体が発見されていることを発表した（Živković & Bojović 2009: 19）。その翌月には，セルビアの特殊部隊の訓練場バタイニツァで アルバニア人の集団墓地が発見されたことが明らかになっている（Živković & Bojović 2009: 19）。こうした流れの中で，11 月 8 日には，ボスニアのケラテル ム収容所での戦争犯罪行為の責任を問われて ICTY から訴追されていたバノ ヴィッチ兄弟をセルビア当局が逮捕し，ICTY に移送した[27]。

　このようなジンジッチの方針転換は，セルビア人勢力側の戦争犯罪の責任追 及や ICTY への協力を快く思わない DOS 政権内部の民族主義派との対立を引 き起こした。2001 年 8 月には，コシュトゥニツァ率いる DSS が，セルビア政 府から同党の閣僚を引き揚げると発表した（Živković & Bojović 2009: 18）。11 月 には，ジンジッチ首相の訪米中に，セルビア政府の内務省の統制下にあった特 殊部隊が，バノヴィッチ兄弟の逮捕に抗議し，戦争犯罪被告人逮捕の命令に従 うことを拒否するとともに，戦闘態勢をとってベオグラードの道路の一部を封 鎖したうえ，マルコヴィッチの辞職後に国家保安局長に就任したペトロヴィッ チや副局長のミヤトヴィッチの解任を求める「反乱」を起こした。軍に対する 統制力を有していたコシュトゥニツァ連邦大統領は，こうした動きを特に批判 することなく静観の姿勢を示した。反乱を武力で鎮圧する手段をもたないジン ジッチは，特殊部隊の要求に応じてペトロヴィッチ局長やミヤトヴィッチ副局 長を解任せざるをえなくなった（久保 2016）。

　DS を中心とする DOS 内の自由主義派と DSS の対立は 2001 年後半から 02 年にかけて激化し，DOS 内部の自由主義派からの DSS に対する強い批判の声 を受けて，DOS から DSS を追放することが決定された[28]。それを受け，翌 2002 年 6 月には，00 年 12 月選挙時の DOS の得票に基づいて DSS に配分されてい た 21 議席を DSS から剝奪することをセルビア議会が決定していたが，連邦憲 法裁判所が 02 年 7 月に，この決定を無効として DSS に議席を返還する決定を 行った。これによって，セルビア議会において DSS が有力な野党として DS 主導の DOS 政権と対立する構図が生じた[29]。この連邦憲法裁判所の決定にあわ せて，DOS は 5 月に行った DSS 追放の決定を正式に発動することを決め， DSS は正式に DOS から離脱した[30]。

　このように，民族主義派は ICTY への戦争犯罪被告人の引き渡しを強く批判

136　第 5 章　政権の党派性

していた。そうした中で，ジンジッチ首相率いるセルビア政府が国内世論の強い反発を招かずに ICTY への協力を推進する方法として考案したのが，戦争犯罪被告人の ICTY への自首を勧める政策であった。2001 年 10 月 21 日に，セルビアのミハイロヴィッチ内務相は，ICTY に訴追されていた退役軍人のヨキッチ元中将が ICTY に自首する際には，政府はヨキッチに必要なあらゆる支持と支援を与えると発表している。[31] ミハイロヴィッチは翌月にもハーグで会見し，すべての戦争犯罪被告人に対して自首を呼びかけている。[32] その後，2002 年 4 月にはオイダニッチ元国防相が，5 月にはシャイノヴィッチ元連邦副首相が ICTY に自首した。さらに 2003 年に入ると，1 月に元セルビア大統領のミルティノヴィッチ，2 月にはセルビア急進党（SRS）党首のシェシェリが ICTY に自首している。

　ジンジッチは，特殊部隊の「反乱」への対応として，一時は改革の手を緩めざるをえなかったものの，2002 年に入ると再度改革の動きを強めた。その決意は，同年 3 月にヤゴディナで行った以下の発言に表れている。「我々か彼らか，どちらかが勝利を収めるしかない。共存はもはや不可能だからだ。この 1 年間，犯罪者と政府の共存が続いてきたが，今後の 1 年で，それは常態ではなくなるだろう」。[33] 7 月には，ジンジッチは会見で，セルビアのマフィアは崩壊し，政府との共生状態にはなく，そのために絶望とパニックの兆候を示していると語っている。[34] その後，同じ 7 月に，セルビア議会が安全保障情報局に関する法律を採択し，[35] 国家保安局を内務省から切り離して安全保障情報局に改組し，セルビア政府の直接の統制下に置いた（Popović et al 2011: 24）。それと同時に，組織犯罪撲滅のための国家機関に関する法律も採択され，[36] 組織犯罪に専門で取り組むための特別検察局や特別裁判所が設置されることになった（BCLjP 2008: 5）。2003 年 1 月には，改革に対して否定的であったとされる安全保障情報局のサヴィッチ局長やブラツァノヴィッチ副局長が解任された。[37] 同年 3 月には，組織犯罪撲滅担当の特別検察官が任命され，2002 年に整備された制度が実際に動き始めようとしていた。[38]

　2003 年 3 月 12 日に起きたセルビアの特殊部隊のメンバーによるジンジッチ暗殺事件は，こうした戦争犯罪行為の責任追及の動きに対する反発の結果として起きたものであった。一連の紛争で民間人に対する残虐行為に手を染めてい

1　DOS 政権　137

た特殊部隊は戦争犯罪の責任を追及される当事者であり，実際，暗殺事件が起きたまさにその日，ジンジッチはウレメクたちへの逮捕状に署名をすることになっていた。暗殺を計画・実行した勢力は，ジンジッチ暗殺の作戦を「ハーグ阻止」作戦と呼んでいた（Subotić 2009: 75-76; Gordy 2013: 73-74）。

セルビア政府はジンジッチ首相の暗殺後，非常事態を宣言し，ジンジッチの暗殺を計画・実行した組織犯罪の摘発を行う「サーベル作戦」を遂行した（Gordy 2013: 75-79）。非常事態宣言は 2003 年 4 月 22 日まで続き，1 万人以上が身柄を拘束されて取り調べを受け，組織犯罪に関与する多くの容疑者が摘発された（Gordy 2013: 83）。ジンジッチ政権下ではなかなか思うように進まなかった組織犯罪対策が，ジンジッチの暗殺という非常事態によって，かえって一挙に進んだのは，何とも皮肉なことである。

セルビアに関する先行研究では，ジンジッチが暗殺された後の DOS 政権は，ジンジッチ首相という指導者を失ってレームダック（死に体）と化した政権と描かれることもある。例えばセルビアのヘルシンキ人権委員会の代表を務めるかたわらで研究論文も多数発表しているビセルコは，ジンジッチの暗殺後，ICTY への協力は「事実上停止した」と評価している（Biserko 2006b: 247）。しかし，客観的に政策の成果を見れば，ジンジッチの暗殺以後の DOS 政権の成果は決して軽視すべきものではないように思われる。ジンジッチの暗殺後の時期，4 人の戦争犯罪被告人がセルビア当局によって逮捕され，その他にも 4 人の戦争犯罪被告人が自首した（巻末の資料 1 を参照）。さらに，2003 年 7 月には戦争犯罪の訴追と裁判を行うための国家機関に関する法律[39]がセルビア議会で可決され，クロアチア，ボスニア，コソヴォにおける戦争犯罪を捜査し訴追することを任務とする戦争犯罪検察局，戦争犯罪を専門に扱う戦争犯罪裁判部などが設置された（HLC 2014）。スボティッチは，「本気になって戦争犯罪裁判を進めていこうという政治的意思は，ジンジッチ首相の暗殺後になってようやく高まった」（Subotić 2009: 57）と述べている。ジンジッチ首相の暗殺後の危機感の中で設置された，これらの戦争犯罪裁判のための諸機構は，その後の国内裁判の土台となったのである。

138　第 5 章　政権の党派性

2　　　　　　　　　　　# DSS 政権

(1) DOS 政権期のコシュトゥニツァの立場

　DSS 政権の政策を検討する前に，DSS 政権を主導したコシュトゥニツァが，DOS 政権期にユーゴ連邦大統領として ICTY への協力に対してどのような立場をとっていたかを再確認しておこう。DOS 政権期，コシュトゥニツァはジンジッチの進める ICTY への協力，戦争犯罪の責任追及に対して批判的な姿勢をとっていた。特にミロシェヴィッチの ICTY への引き渡しについては，違法・違憲であるとし，これはクーデタであるとさえ語っていた（Biserko 2006b: 237）。DOS 政権と対立する野党勢力も，こうしたコシュトゥニツァや DSS の立場を支持していた。例えば，ミロシェヴィッチが率いるセルビア社会党（SPS）の幹部は，ICTY のデル・ポンテ主任検察官に会わないというコシュトゥニツァの姿勢や上記の DSS の声明に賛辞を送ったうえで，「こうした立場はセルビア市民の多数派が共有しているものだ。というのは，ICTY は政治的な機関であり，旧ユーゴ地域で起こったすべてのことの責任を〔セルビア人という〕1 つの民族に負わせようとする目的で作られたことがもはや明らかだからだ」と述べている[40]。コシュトゥニツァ率いる連邦政府や DSS が，民族主義派を代表する立場をとっていたことは明白であった。

　その後，コシュトゥニツァは，ミロシェヴィッチの ICTY への引き渡しを進めたジンジッチとの対立を深め，先に述べたように，結局，2002 年 7 月に DSS は正式に DOS から離脱した。その後，ユーゴ連邦はセルビアとモンテネグロの国家連合へと改組され，ユーゴ連邦大統領の座にあったコシュトゥニツァは 2003 年 3 月に失職する。コシュトゥニツァは，連邦大統領としての在任期間中は民族主義者としての立場を大きく変えることなく，その任期を終えたのであった。

(2) 首相就任後の政策変更

　このように民族主義的な考えをもち ICTY に対して否定的な態度をとっていたコシュトゥニツァであったが，2003 年末のセルビア議会選挙の結果を受け

2　DSS 政権　139

てセルビアの首相に就任すると，DOS 政権期のジンジッチと同様のジレンマ に直面することになった。DOS 政権期は，ICTY への協力はジンジッチが推進 し，それによって欧米諸国からの支援が得られていたので，コシュトゥニツァ は，いわば安心して民族主義派の立場を主張することができた。しかし，コ シュトゥニツァ自身がセルビア首相に就任している状況では，民族主義派の立 場を貫くことは大きなコストを伴うものとなる。それによって国際社会からの 支援が停止し，セルビア国民の生活が再び苦境に陥ると予測されるからである。 ここに至り，コシュトゥニツァは，ICTY への協力を推進すれば民族主義派の 世論の反発を招き，ICTY への協力を拒否すれば国際社会からの支援を失い， その結果として国民の支持を失ってしまうという，DOS 政権期のジンジッチ と同じジレンマに直面することになったのである。例えば，セルビアの主要日 刊紙『ポリティカ』の記者は 2004 年 7 月の記事において，「現在のコシュトゥ ニツァ首相は，〔戦争犯罪被告人の〕引き渡しか，さもなくば〔国際的な〕孤 立か，という選択を迫られていた 2001 年のジンジッチ首相と似た，デリケー トな状況に直面している」と指摘している[41]。

　コシュトゥニツァは，政権が発足する以前は，ICTY への協力に対して距離 を置いた発言を繰り返していた。例えば政権が発足する直前の 2 月 29 日には， 欧州連合（EU）の理事会が開催直前であるにもかかわらず，「ICTY への協力 は自分にとっては優先的な課題ではない」と発言している[42]。しかし，政権が発 足すると，コシュトゥニツァは，孤立を避けることを強調するようになった。 例えばコシュトゥニツァは就任直後の 2004 年 4 月に，「セルビアが孤立の道を 進んでいくことはありえない」と述べ，「合意と国家による保証にもとづき， 戦争犯罪被告人が自首するという形で，国家機関を不安定化させずに ICTY に 協力する」ことが必要だと述べている[43]。コシュトゥニツァはまた，「国際的な 義務を果たすことは避け難いことであり，ICTY やアメリカ，EU と協力し対 話することで，我々にその用意があることに疑問符がつくことのないようにし ていく」とも述べている[44]。

　上のコシュトゥニツァの発言からもわかるように，コシュトゥニツァが自ら の支持層である民族主義派の人々からの反発を招かずに ICTY への協力を進め るために積極的に推進したのは，ICTY で訴追された戦争犯罪被告人の自首で

あった。2004年3月3日に発足したコシュトゥニツァ政権は，その直後の同月30日に，ICTYから訴追された戦争犯罪被告人とその家族に対する支援に関する法律[45]を制定し，戦争犯罪被告人やその家族に対して国家が行う金銭的支援等の詳細を定めた。今やコシュトゥニツァは，政敵であったジンジッチがDOS政権期に苦肉の策として開始した戦争犯罪被告人の自首推進という政策を，いっそう積極的に実施する立場に転換したのである。

コシュトゥニツァがジンジッチと異なっていたのは，戦争犯罪被告人の自首に際し，それを愛国的な行為と称賛したことである。2005年1月にラザレヴィッチ将軍が自首を決意した際には，「自分も，セルビア政府も，セルビア国家も，ラザレヴィッチ将軍の愛国的で，道徳的で，名誉ある決断を高く評価し，敬意を表する」と述べている[46]。また，2005年4月にパヴコヴィッチ元参謀総長が自首を決断した際には，セルビア政府は「パヴコヴィッチ将軍の今回の決断を高く評価しており，この決定が，我が国の国益に最も合致し，将軍が国家と国民に対してもつ道徳・責任・愛国の関係を示していると確信する」という声明を発表している[47]。セルビアという国家・民族のために前線で戦った軍人は民族主義者にとっては英雄であり，それを犯罪者として扱えば民族主義者から裏切り者として反感を買ってしまう。欧米諸国から引き渡しを求められる戦争犯罪被告人のICTYへの引き渡しを進めつつも，民族主義者からの支持を失わないようにするためには，コシュトゥニツァとしては，そのような立場をとるのが唯一の選択肢であったのであろう。

この政策転換は，コシュトゥニツァ率いるDSS政権に大きな成果をもたらした。EUによるセルビアとの安定化・連合協定（SAA）締結交渉の開始に向けた前進である。すなわち，2005年4月に，欧州委員会がセルビアとのSAA締結交渉の開始に関するフィージビリティ調査の結果として，交渉開始を是とする報告書を提出し，閣僚理事会がそれを承認したのであった。これは，コシュトゥニツァ政権による戦争犯罪被告人の自首の促進をEUが肯定的に評価した結果であった。例えばEUのソラナ共通外交・安全保障政策担当上級代表は，閣僚理事会による承認に際して，パヴコヴィッチ元参謀総長の自首は「セルビア政府のICTYへの協力における好ましい転換を確証するものだ」と述べている[48]。コシュトゥニツァは同じ月，「セルビア政府が策定したICTYへの自

2　DSS政権　141

首モデルは具体的な成果につながっている」として，その成果を誇っている[49]。

　他方で，こうした政策転換は，ICTY への協力に反対の姿勢を示していた SPS からの閣外協力によってのみ権力の維持が可能な少数内閣であったコシュトゥニツァ政権の権力基盤を危うくするものでもあった。民族主義的な立場をとっていた野党の SRS は，2004 年末頃には DSS 政権を牽制（けんせい）する姿勢を明確化していた。例えば，SRS のニコリッチ副党首は，「コシュトゥニツァは自分に対し戦争犯罪被告人の引き渡しはしないと約束した」と語り，「もしコシュトゥニツァが ICTY で訴追されている 4 人の元ユーゴ人民軍（JNA）将校の 1 人でも引き渡せば，自分たちはコシュトゥニツァ内閣の倒閣に向けて動き出すだろう」と述べていた[50]。2005 年 4 月半ばには，戦争犯罪被告人の逮捕と引き渡しが行われれば SPS が閣外協力を停止して倒閣に動く可能性もあり，コシュトゥニツァはその場合に議会の解散・総選挙を選ぶか，DS と連立政権を組むかで揺れ動いていると報道された[51]。結局，SPS の閣外協力に依存しながら少数内閣として権力を維持していた第 1 次コシュトゥニツァ内閣の時期には，2005 年 4 月以降，新たな戦争犯罪被告人の自首や逮捕・引き渡しは行われなかった。

3　DSS・DS 連立政権

　2007 年 1 月の議会選挙において DSS の党勢が衰退し，同年 5 月 15 日に DS との連立政権が発足すると，05 年 4 月以降ほぼ 2 年間にわたって一切進展が見られなかった ICTY への協力に変化が生じた。変化の兆（きざ）しはまず制度面に現れた。5 月末に，国家安全保障会議や，国家 ICTY 協力会議といった会議体が新設されたのである[52]。国家安全保障会議は，大統領，首相，国防・内務・法務の 3 閣僚，セルビア軍の参謀総長，安全保障情報局長，国防相の諜報機関の幹部らによって構成され，大統領が主宰する。これらの会議体の設置によって，ICTY への協力の問題が前進することが期待されていた[53]。欧米諸国でも，こうした会議体の設置は，セルビアの新政権が ICTY への協力の問題に，より本腰を入れて取り組む姿勢をとっていることの証左であると評価されていた[54]。

　さらに，新政権発足後，セルビアのタディッチ大統領とコシュトゥニツァ首相は共同で，ICTY のデル・ポンテ主任検察官に対し，ベオグラードを公式訪

問するよう呼びかけていた。上記の会議体の設置が決まった際にはすでに，6月上旬にデル・ポンテ主任検察官がベオグラードを訪問することが決まっており，訪問にあわせてこの問題に対する新政権の取り組み姿勢をアピールするものと人々の目に映っても不思議ではなかっただろう。国家ICTY協力会議の議長を務めるリャイッチ労働社会政策担当大臣は，デル・ポンテ主任検察官に対して新政権の戦争犯罪被告人の発見と逮捕に向けた活動の全容を示すことで，デル・ポンテ主任検察官がICTYへの協力に関してセルビアを評価する報告書の内容が肯定的なものになることを期待していると語っている[55]。

　その直後，ムラディッチ・セルビア人共和国軍（VRS）参謀総長の「右腕」といわれた元将軍のトリミル被告が，ボスニアから違法に国境を越えてセルビアに入国しようとしたところを，セルビアの警察によって逮捕された。セルビアの警察庁長官は，逮捕後の記者会見で，トリミルに関する情報は諜報機関から得たものであり，ICTYから得たものではないと語っている[56]。また，リャイッチ国家ICTY協力会議議長は，今回の逮捕とデル・ポンテ主任検察官のセルビア訪問の間に何らかの関係があるという見方を否定している[57]。他方，極右政党SRSの幹部であるヴチッチは，今回の逮捕の背後にはコシュトゥニツァとタディッチがおり，トリミルの所在を把握していたからこそデル・ポンテにベオグラードを訪問するよう呼びかけたのだろうと非難している[58]。『ポリティカ』は，トリミルの逮捕とデル・ポンテ主任検察官の訪問が同時期になったことも，また逮捕が新政権の発足時に起こったのも，偶然であるという可能性もないわけではないが，いずれにしても，今回の逮捕が，ICTYへの協力においてEUがセルビアに求める「具体的な」行動に当てはまることは間違いないと報じている[59]。

　このように，DSS・DS連立政権は，その発足の直後にトリミルの逮捕・引き渡しという成果をあげ，欧米諸国は，この連立政権がICTYへの協力について前政権よりも積極的に取り組むものと期待した。しかし，そうした期待は残念ながら失望へと変わった。その後は，戦争犯罪被告人の逮捕・引き渡しは一切行われなかったのである。結局，トリミル逮捕の後は1年間，何の成果をあげることもなく，DSS・DS連立政権は早期解散と前倒し選挙の実施によって，終焉を迎えた。

3　DSS・DS連立政権　143

興味深いのは，2008年5月の議会選挙によってDSSの敗北とDSの勝利が明確となった後，DSとSPSとの連立交渉が進行している間に，残る4人の戦争犯罪被告人の1人であるジュプリャニンが逮捕されたことである。ジュプリャニンの逮捕は，時期区分でいえば，DSS・DS連立政権下での出来事である。しかし，政治的には，選挙結果によってDSが次期政権の主導権を握ることが明確となった後のことであり，事実上，DSの政策判断の帰結と見てよいと思われる。そこで次節では，組閣交渉中に起こったジュプリャニンの逮捕から，DS政権の政策について検討していくことにしたい。

4　DS政権

　DSを中心とする選挙連合は，「ヨーロッパのセルビアのために」という連合の名称が如実に示すように，セルビアのEUへの統合を推進することを前面に押し出した連合であった。したがって，DSがEUの求める戦争犯罪被告人の逮捕・引き渡しに前向きであったのは自然なことであろう。しかし，そのことがDS政権の政策に直結するとは限らない事情もあった。それが，SPSという連立相手の存在である。第4章で述べたように，2008年の議会選挙において DS主導の選挙連合は第1党となる勝利を収めたものの，単独過半数には届かず，連立相手を選択することを余儀なくされた。その結果，DSが連立相手として選択したのは，1990年代には自分たちの宿敵だったSPSであった。SPSは，かつてはICTYの正統性を真っ向から否定していた政党である。しかもSPSのダチッチ党首は連立政権が発足すると，警察を管轄する内務相のポスト（副首相と兼任）を得た。ミロシェヴィッチ体制期の支配政党であったSPSの指導者が内務相を務める内閣の下で，ICTYへの協力の問題について，どのような政策が進められていくかが注目された。

　このように，歴史的に深い確執を抱えたDSとSPSの間で非公式の組閣交渉が行われている最中のジュプリャニンの逮捕は，その政治的な意味をめぐりさまざまな憶測を喚起した。DSSのバカレツは，ジュプリャニンの所在は数カ月前からわかっていたとして，なぜこのタイミングで逮捕されたのか，不可解な点が多いと語っている。また，セルビア・キリスト教民主党（DHSS）の

144　第5章　政権の党派性

バティッチは，新政権が組閣に至っていない段階で警察や治安機関が誰の統制下にあるかは明らかだとしたうえで，引き渡しに反対していた政治家にとって，過去に発言した内容は，大臣の椅子やカネの前では何の意味ももたなくなると，暗にSPSを批判している[61]。これらの発言は，DSのタディッチ大統領の主導の下で逮捕が行われたこと，この逮捕がSPSに対してICTYへの協力を否定していた過去の立場の放棄を迫るものであることを示唆していると思われる。ジュプリャニンの逮捕がDSとSPSの連立交渉に悪影響を及ぼすことはないという点では政治的立場を問わず政治家・識者の見解は一致していた[62]。こうした発言を見ると，DSとSPSの組閣の交渉の最中に行われたジュプリャニンの逮捕と引き渡しは，DSが主導する政権が戦争犯罪被告人の逮捕・引き渡しを進めていくという姿勢を内外に示すとともに，連立相手となるSPSに対して踏絵を踏ませる効果があったように思われる。実際，DSの広報官であるトリヴァンは，ジュプリャニンが逮捕された際，今回の逮捕はセルビアがICTYに全力で協力していることを示しており，セルビアが今後，国際的な責務を果たし，年内にはEU加盟候補国の地位を獲得できるよう期待していると発表している[63]。

　こうしたDS政権の姿勢が，その1カ月後に証明されたかのように思われた。新政権が7月7日に正式に発足してからわずか2週間後の7月21日，ボスニア紛争中のセルビア人勢力の政治的な最高権力者であったカラジッチ元セルビア人共和国（RS）大統領が，ベオグラード市内で逮捕されたのである。カラジッチは，偽名を用いてベオグラード郊外に潜伏して生活していたが，バスの乗車中にセルビア当局に拘束されたのであった。この逮捕は，内務省の管理下にあった警察ではなく，諜報機関・治安機関が中心となって実行したようである。逮捕について発表したのは国家安全保障会議の議長であるタディッチ大統領の広報室であった[64]。この逮捕についてセルビア内務省は，自分たちの要員はカラジッチの所在の特定や逮捕に一切関与していないと発表している[65]。またダチッチ内務相も，今回の逮捕は前政府から引き継がれた業務の遂行として行われたものであり，SPSの入閣とは無関係であると強調している[66]。DSが進めようとするICTYへの協力について，その連立相手となったSPSは，それに対する妨害こそ行わないものの，自身はICTYへの協力とは距離を置き，入閣後も積極的にそれを推進する姿勢をとっていないことがわかるだろう。野党勢力の

4　DS政権　145

反応も自由主義派や親 EU の勢力と民族主義派とでは対照的なものになった。親 EU の立場をとる G17 プラス（G17）は，カラジッチの逮捕は「セルビアが自国の法を執行し国際的義務を果たす国家であることを示している[67]」という声明を発表して，逮捕を肯定的に評価した。これに対して民族主義派の SRS では，ニコリッチ副党首が「カラジッチは戦争犯罪人ではない」「自民族のために自分を犠牲にした」「神話と伝説になった[68]」と発言し，ヴチッチ事務局長も「セルビアとセルビア民族にとって悲しい日である[69]」と発言していた。

　カラジッチの逮捕によって，残る戦争犯罪被告人は元 VRS 参謀総長のムラディッチと，クロアチアのセルビア人勢力の政治指導者であったハジッチの 2 人となった。しかし，ICTY への協力に積極的な DS の主導する連合がその後も政権を担当したにもかかわらず，この 2 人はすぐには逮捕されなかった。カラジッチの逮捕後，実に約 3 年間にわたり，全く進展のない期間が続いたのである。

　事態が急速に進展したのが 2011 年の夏である。5 月にムラディッチ，7 月にはハジッチが逮捕され，ついにすべての戦争犯罪被告人の逮捕・引き渡しが完了したのである。ムラディッチの逮捕について，タディッチ大統領は，「ムラディッチの捜索と逮捕は我々自身，セルビア人，セルビア市民，我々の地域全体のために行ったものであり，道徳的価値のために行ったものである」「ムラディッチの逮捕はこの地域における真正で真摯な和解にとっての前提条件である[70]」と発言してその意義を強調している。ハジッチが逮捕された際にも，タディッチ大統領は緊急記者会見で，「セルビアは法的な義務と道徳的な責務を果たした」「今回の逮捕は我々の道徳的な義務であり，セルビア市民，他の民族の犠牲者，和解，そしてセルビア人のみならず南東欧のすべての社会の信頼の再建のために実施したものである[71]」と述べていた。2001 年にジンジッチが ICTY への協力に着手して以来，10 年間の歳月を経て，ジンジッチの結成した政党である DS が主導する政権が，この問題にようやく終止符を打ったのであった。

表 5-1　セルビアにおける戦争犯罪被告人の逮捕と自首の件数　　［単位：件］

	逮捕	自首
DOS 政権期	9	12
DSS 政権期	0	13
DSS・DS 連立政権期	2	0
DS 政権期	3	0

［注］　第4節冒頭で検討したジュブリャニンの逮捕は，第4章で示した時期区分に従い，DSS・DS 連立政権期の案件として計上した。

小　　括

　本章の検討を踏まえて，セルビアにおける政権の党派性と移行期正義の関連について考察し，本章の締め括りとしたい。

　表 5-1 は，各政権期に ICTY で訴追された戦争犯罪被告人の逮捕と自首の件数を示したものである。このうち，逮捕は，当局による積極的な行為であり，被告人による自首と比べて，政権の主体的な政策決定の表れとみなすことがより適切であることは間違いないだろう[72]。これに対し，被告人の自首は，本章でこれまでに見たように，当局による働きかけや政策決定の帰結として起こる場合もあったが，すべての事例がそうであるとは限らない。例えば，DOS 政権期に起こった極右政党 SRS の党首シェシェリの自首は，DOS 政権を主導していたジンジッチの意向や DOS 政権の政策の帰結として起こったものではなく，「こんなショーを見逃す手はない」（Gordy 2013: 157）と嘯いていたシェシェリの自主的な決定によるものであった[73]。

　戦争犯罪被告人の逮捕について見ると，本章での検討から明らかなように，民族主義派が主導する DSS 政権期には1件も行われておらず，自由主義派が主導していた DOS 政権期ならびに DS 政権期に，ほとんどすべての案件が行われていることがわかる。2件だけが DSS のコシュトゥニツァを首班とする内閣の下で行われているが，いずれも 2007 年の選挙によって党勢を衰退させ DS との連立を余儀なくされた第2次コシュトゥニツァ内閣での出来事であった（しかもそのうちの1件は，第4節で検討したように，DSS の選挙での敗北が決まり

小　括　147

DSとSPSが連立交渉を進めている間の出来事であった）。ミロシェヴィッチ，カラジッチ，ムラディッチといったいわゆる「大物戦犯」の逮捕は，いずれもDOS政権ならびにDS政権の下で行われている。こうした点を考慮すれば，政権の党派性は，移行期正義の追求に関する政策に対して，一定の影響を及ぼしていた可能性が高いように思われる。

　他方で，政権の党派性だけで，移行期正義の政策がすべて説明できるというわけではないことも指摘できる。本章が明らかにしたように，ジンジッチはDOS政権発足の当初から戦争犯罪被告人の逮捕や引き渡しを自ら積極的に進めようとしていたわけではなく，コシュトゥニツァ主導の連邦政府が一切動こうとしない中で，やむをえず戦争犯罪被告人の逮捕・引き渡しに乗り出した。DSS政権を主導していたコシュトゥニツァやDSSの幹部は，もともとはICTYの正統性を認めない姿勢をとっていたが，DSS政権が発足すると，戦争犯罪被告人の自首を積極的に促す立場に変化した。しかし，そのDSS政権期においても，2005年4月を境に，ICTYへの協力は一切進展しないという状況が生じた。DS政権は戦争犯罪被告人の逮捕や引き渡しに積極的であったといえるが，政権発足直後にすべての案件が解決したわけではなく，政権発足直後に1件の逮捕が行われた後，約3年間は何も行われない時期が続き，2011年5月から7月になって突然に2件の逮捕が連続して行われた。

　これらの変化は，なぜ起こったのだろうか。次章では，移行期正義を説明する政権の党派性以外の2つの変数の影響を中心に，この問題を検討していくことにしたい。

● 注

1) セルビア内務省の国家保安局は，ミロシェヴィッチ体制下で組織された通称レッド・ベレーと称する重装備の特殊部隊などを統制する重要部署であった。国家保安局の統制下にあった特殊部隊は，旧ユーゴ地域の紛争で数々の非人道的行為を働いたとされる（久保 2016）。

2) "Nove smene na čelu policije," *Politika*, 2001/1/31.

3) 同上。

4) "Đinđić: Sastaću se sa Karlom del Ponte ako to bude želena," *Politika*, 2001/1/17.

5) ジンジッチは，「国の将来についての責任という点で，最も大きな責任を有しているのは世界においてユーゴスラヴィアを代表しているコシュトゥニツァ連邦大統領であり，

次に大きな責任を有するのが連邦政府であって，共和国政府は3番目に過ぎない」と述べている（Biserko 2006b: 244）。

6) "Predsednik Koštunica primio Miloševića," *Politika*, 2001/1/14, "Đinđić: Nema o čemu da priča sa Milosevićem," *Politika*, 2001/1/15; "Artman: Za hapšenje a ne za susrete," *Politika*, 2001/1/15

7) "Koštunica neće primiti Karlu del Ponte," *Politika*, 2001/1/16.

8) "DSS: Milošević neće biti izručen," *Politika*, 2001/1/17. なお原文において ICTY に該当する単語は直訳すると「ハーグの法廷（Haški tribunal）」である。セルビアでは ICTY を指す略記表現として，その所在地である「ハーグ」がしばしば用いられる。本書では以下，記述の一貫性を保つために，原文で「ハーグ」「ハーグの法廷」などの用語が用いられている場合には，すべて ICTY と訳する。

9) "Saradnja ne znači prihvatanje svih zahteva Tribunala," *Politika*, 2001/1/19.

10) "Saradnja sa Hagom nije prioritet," *Politika*, 2001/1/30.〔 〕内の語は筆者が補足した。

11) ミロシェヴィッチが逮捕される約1週間前の2001年3月23日には，ボスニアのプリイェドル地域における戦争犯罪の責任を問われて ICTY で訴追されたスタキッチがセルビアで逮捕され，その身柄が ICTY に引き渡された。しかし，この逮捕はボスニアのセルビア人共和国（RS）政府の要請を受けたものであり，被告人はボスニア国籍だったため，その引き渡しは大きな争点とはならなかった。ICTY への協力について定める国内法が存在しない中で，ICTY への戦争犯罪被告人の引き渡しに反対する人々がその根拠として挙げていたのは，ユーゴ市民に対する市民権剥奪，国外追放や他国への引き渡しを禁止するユーゴ連邦憲法17条の規定だったのである（"MUP Srbije uhapsio Stakića i predao ga Hagu," *B92*, 2001/3/23; "Uredba zakonita i ustavna," *Politika*, 2001/6/29）。

12) "Krivična prijava protiv Slobodana Miloševića," *Politika*, 2001/4/1.

13) "Koštunica obavešten o hapšenju Miloševića," *Politika*, 2001/4/1.

14) ミロシェヴィッチはヘリコプターでボスニアのトゥズラに移送され，そこから英軍機でハーグに移送された。セルビア政府はこの移送に際して閣議決定を行っており，DSS のヨクシモヴィッチ厚生大臣は反対票を投じていた（"Izručenje po Statutu Haškog tribunala," *Politika*, 2001/6/29）。

15) 今日一般的に用いられているグレゴリオ暦上の6月28日は，ユリウス暦における6月15日にあたり，キリスト教における聖ヴィトゥス（セルビア語でヴィド）の日である。セルビアの歴史において，聖ヴィトゥスの日は，1389年にセルビアのラザル公がオスマン帝国軍と戦った「コソヴォの戦い」が行われた日であり，1914年にサラエヴォでハプスブルク帝位継承者夫妻が暗殺された日であり，21年にセルビア人・クロアチア人・スロヴェニア人王国の新憲法が制定された日であった。

16) 例えば，ミロシェヴィッチの引き渡しについて，民族主義者たちはジンジッチによるコソヴォの神話の冒瀆を許さなかったという指摘がある（Biserko 2006b: 235）。

17) "Jugoslavija i Srbija zaslužuju bolje," *Politika*, 2001/6/29.

18) "Izručenje po Statutu Haškog tribunala," *Politika*, 2001/6/29. なお，この主張に対応する最も重要な条項はセルビア共和国憲法135条だが，その文言は正確には，「連邦機関もしくは連邦を構成する他の共和国の機関の行動がセルビア共和国の権益を損ねる場

合には，共和国機関はセルビア共和国の権益を保護する措置をとる」というものであり，連邦機関が機能しない場合に，共和国機関がそれに代わって，その職務を遂行するといった文言は含まれていない。

19）"Sprovodimo idealne zemaljske, a ne nebeske Srbije," *Politika*, 2001/6/29.

20）「天上のセルビア」という言葉は，1389 年のコソヴォの戦いにおいて，ムラト 1 世率いるオスマン帝国軍に対し決戦を挑んだラザル公が，聖人に「地上の王国を求めるか，天上の王国を求めるか」と問われ，「天上の王国を求める」ことを選択し，ムラト一世軍に敗れたという神話に由来する。この神話は，「軍事的な敗北を道徳的な勝利に読み替える」機能を果たしてきたとされる（Anzulovic 1999: 12）。

21）"Sprovodimo idealne zemaljske, a ne nebeske Srbije," *Politika*, 2001/6/29.

22）同上。

23）ただし，連邦政府が完全に ICTY 推進に否定的だったわけではなく，連邦政府内にも ICTY 協力推進派が一定数存在した。ラブス連邦副首相を中心とする ICTY 協力推進派は，16 人の閣僚中 9 人のみが出席した 2001 年 6 月 23 日の連邦政府閣議で ICTY への協力に関する連邦政府令を採択し，それをもとにミロシェヴィッチの引き渡しを進めようとした。しかし，反対派はそれを批判し，6 月 26 日には，ジンジッチ首相が 29 日までにミロシェヴィッチを引き渡すことが可能と発言したのに対し，コシュトゥニツァ大統領は 48 時間以内のミロシェヴィッチ引き渡しは違法と発言し，両者の対立は鮮明になっていた。連邦政府令に対して連邦憲法裁判所が違憲審査を開始すると発表したので，ジンジッチは先手を打ってセルビア政府主導でミロシェヴィッチを引き渡したのであった。実際，連邦憲法裁判所はその直後に，憲法裁判所が連邦政府令に関する違憲審査を終えるまでは政府令を停止する決定を下しており，ジンジッチ首相はこれに対して，ミロシェヴィッチ体制の選挙結果の改竄^{かいざん}に手を貸した憲法裁判所には，連邦政府令の違憲審査を行う資格などないと批判している（"Svi optuženi moraju u Hag," *Politika*, 2001/6/24; "Nema izručenja Hagu pre donatorske konferencije," *Politika*, 2001/6/27; "Najkraći rok tri dana," *Politika*, 2001/6/27; "Izručenje po Statutu Haškog tribunala," *Politika*, 2001/6/29）。

24）この発表については英訳が人道法センター（HLC）のウェブサイトに公開されている。HLC のウェブサイト（http://www.hlc-rdc.org/　2018 年 9 月 5 日最終アクセス）の資料 05-09-EN を参照。

25）同上。

26）"Kidnaperi novac ulažu u drogu," *Blic*, 2001/8/6; "Atentat – hronologija," *Peščanik*, 2011/3/10.

27）"MUP uhapsio braću," *Blic*, 2001/11/10.

28）"DSS osniva vladu u senci," *Politika*, 2001/5/26.

29）"DSS-u vraćeni mandati," *Politika*, 2002/7/27.

30）"DSS isključen iz DOS-a," *Politika*, 2002/7/27.

31）"Admiral Jokić ide dobrovoljno u Hag," *Politika*, 2001/10/22.

32）"Poziv svim optuženima da se dobrovoljno predaju," *Politika*, 2001/11/13.

33）*Vreme*, 637, 2003/3/20, p. 17.

34）"Đinđić: Panika mafije," *Politika*, 2002/7/6.

35) Zakon o Bezbednosno-informativnoj agenciji, *Službeni glasnik Republike Srbije*, br. 42/2002.

36) Zakon o organizaciji i nadležnosti državnih organa u suzbijanju organizovanog kriminala, *Službeni glasnik Republike Srbije*, br. 42/2002.

37) "Atentat – hronologija," *Peščanik*, 2011/3/10.

38) 同上。

39) Zakon o organizaciji i nadležnosti državnih organa u postupku za ratne zločine, *Službeni glasnik Republike Srbije*, br. 67/2003.

40) "DSS: Milošević neće biti izručen," *Politika*, 2001/1/17.〔 〕内の語は筆者が補足した。

41) "Na Haškoj žeravici," *Politika*, 2004/7/4.〔 〕内の語は筆者が補足した。

42) "Izgubljena Bitka," *Politika*, 2004/2/29. その直後には，コシュトゥニツァが，戦争犯罪の被疑者はセルビア国内で裁く必要があると発言したことも報じられている（"Krhki savez kratkog veka," *Politika*, 2004/3/4)。

43) "Dvosmerna saradnja," *Politika*, 2004/4/13.

44) 同上。

45) Zakon o pravima optuženog u pritvoru Međunarodnog Krivičnog Tribunala i članova njegove porodice, *Službeni glasnik Republike Srbije*, br. 35/2004.; "Nedovoljna saradnja s Beogradom," *Politika*, 2004/4/1.

46) "Lazarević se predao," *Politika*, 2005/1/29.

47) "Rotterdam pa Hag," *Politika*, 2005/4/23.

48) "Prvi korak ka EU," *Politika*, 2005/4/26.

49) "Saglasje o Hagu i Dejtonu," *Politika*, 2005/4/12.

50) "Vlada ne odustaje od dobrovoljne predaje," *Politika*, 2004/12/28.

51) "Pet glasova do debate," *Politika*, 2005/4/16.

52) "Vlada osnovala Savet za nacionalnu bezbednost," *Mondo*, 2007/5/31.

53) 同上。

54) "Evropa pozdravila hapšenje," *Politika*, 2007/6/1.

55) "Vlada osnovala Savet za nacionalnu bezbednost," *Mondo*, 2007/5/31.

56) "Tolimir se u ponedeljak izjašnjava o krivici," *Danas*, 2007/6/2.

57) 同上。

58) "Vučić: Tolimira uhapsili Tadić i Koštunica," *Press*, 2007/6/2.

59) "Konkretna akcija Beograda," *Politika*, 2007/6/2.

60) "Župljanin ne odlaže vladu," *Kurir*, 2008/6/13. ただし，リャイッチ国家 ICTY 協力会議議長は，ジュプリャニンの所在を特定できたのは逮捕の3,4日前であると発表している（"Privedeni Župljanin negira identitet," *Danas*, 2008/6/12)。

61) "Župljanin ne odlaže vladu," *Kurir*, 2008/6/13.

62) 同上。

63) "Privedeni Župljanin negira identitet," *Danas*, 2008/6/12.

64) "Uhapšen Radovan Karadžić!" *Večernje novosti*, 2008/7/22.

65) 同上。

66) "Dačić: Demo primopredaje vlasti," *Dnevnik*, 2008/7/23.

67) "G17 Plus: Dokaz da smo ozbiljna država," *Dnevnik*, 2008/7/23.

68) "Nikolić: Karadžić nije zločinac," *Danas*, 2008/7/23.

69) "Uhapšen Radovan Karadžić!" *Večernje novosti*, 2008/7/22.

70) "Mladić nije ulog za trgovanju sa EU," *Press,* 2011/5/29.

71) "Tadić: Srbija završila sva najteža poglavlja sa Hagom," *Politika*, 2011/7/21.

72) ただ，仮に戦争犯罪被告人の逮捕が政権による ICTY への協力を推進させる政策決定の表れであるとしても，逮捕の欠如が即，ICTY への協力の意思の欠如を示すわけではないことに留意が必要である。政権は逮捕するために最善を尽くしていても容疑者がその捜査をかいくぐって逃亡しているのかもしれないし，そもそも容疑者は国内にいないかもしれないからである。例えばクロアチアは，2005 年 3 月にはゴトヴィナ将軍がいまだ逮捕に至っていないことを理由に，EU 加盟交渉の開始が延期された。しかし同年 10 月には，ゴトヴィナが逮捕されていないにもかかわらず，デル・ポンテ主任検察官が「逮捕実現のための努力は十分に行われている」と評価し，加盟交渉が開始された（東野 2007）。結局，ゴトヴィナはその後，同年 12 月にカナリア諸島でスペイン当局によって逮捕された。

73) ゴーディは，シェシェリが自発的に ICTY に自首したのは，その直後に起こったジンジッチ暗殺事件について訴追を免れるためであったという推測の存在を指摘している（Gordy 2013: 156）。

第6章

EU 加盟プロセスと選挙

はじめに

　前章で見たように，セルビアでは，2001 年から 11 年までの 10 年間に，歴代政権によって戦争犯罪被告人の逮捕や引き渡しが進められた。前章では，その中に，政権の党派性に起因すると思われる政権間の差異が見出せること，しかし同時に，1 つの政権の期間中にも逮捕や引き渡しに対する政権の姿勢は必ずしも一定ではなく，変化が生じていることを指摘した。本章では，この後者の変化がなぜ起こったのかを考察する。ここでは，2 つの要因に着目する。1 つは，セルビアに対して戦争犯罪被告人の引き渡しを強く求める欧米諸国の圧力である。もう 1 つは，一方では戦争犯罪被告人の逮捕・引き渡しに対して批判的な民族主義が優勢でありながら，他方ではセルビアの欧州連合（EU）加盟を支持する態度も優勢であるという，矛盾した態度を示すセルビアの世論である。この 2 つの要因が，前章で示した個々の政権において見られる姿勢の変化に大きな影響を与えているように思われるのである。

　本章は，以下の構成をとる。まず第 1 節では，欧米諸国がセルビアに対してどのように圧力をかけたのか，そのメカニズムを明らかにする。特に重要なの

153

は，EU 加盟プロセスが複数の段階を経て進むように制度化されており，その各段階で旧ユーゴ国際刑事裁判所（ICTY）の主任検察官，加盟各国の政府，欧州委員会がセルビアの EU 加盟プロセスの進展に対して拒否権を発動することが可能となっている制度設計である。これによって，セルビアは，もし EU 加盟プロセスの進展を望むのであれば，恒常的に加盟コンディショナリティ（条件）を課せられる国際的環境に置かれたのである。第 2 節では，政府に圧力をかけるセルビア国民の選好について検討する。セルビアが 2000 年に民主化した際の国民の選好は，一方では ICTY に戦争犯罪被告人を引き渡すことに対して大多数が反対の姿勢を示しながらも，他方で EU 加盟については圧倒的大多数が賛成するというものであった。これは，EU が加盟コンディショナリティとして ICTY への協力（すなわち，戦争犯罪被告人の逮捕・引き渡し）を求めるという政策を採用する限り，二律背反の選好である。このような矛盾する国民の選好に対応するために，セルビア政府を動かす主要政党・政治家は，国民とEU の圧力が最大化するタイミングに合わせた政策をとったという議論を提示する。第 3 節から第 6 節では，その議論の妥当性を検討するため，EU がセルビアに対して ICTY への協力を求めていた 2001 年から 11 年までの期間にセルビアに成立した 4 つの政権の対応を順次，検討する。最後に，本章の分析作業を踏まえて政治のサイクルと移行期正義の関連について考察し，本章を締め括る。

1　欧米諸国からの圧力

　2000 年にミロシェヴィッチ体制が崩壊すると，欧米諸国はセルビア（ユーゴ連邦）に対し，国際的な責務として ICTY への協力を強く求めた[1]。欧米諸国としては，国連安全保障理事会（安保理）を動かして戦争犯罪を裁くための国際法廷を設置した以上，そこで訴追された被告人を野放しにするわけにはいかない。国際社会の威信にかけて戦争犯罪被告人を裁判の場に立たせる必要があったのである。それに加えて，一部のヨーロッパ諸国には，旧ユーゴ地域の一連の紛争において自分たちがとった対応の誤りを正すためにも，戦争犯罪行為に対して裁きを下すことをとりわけ強く求める傾向があった。例えば，スレブレ

154　第 6 章　EU 加盟プロセスと選挙

ニッァの虐殺事件が発生した当時，国連保護軍（UNPPOFOR）としてスレブレ
ニッァ地域に軍を駐留させていたオランダでは，2002年にオランダ戦争記録
研究所が合計3875ページにも及ぶ詳細な報告書を刊行し，スレブレニッァの
虐殺事件の発生を防ぐために十分な措置を講じなかったオランダ政府を非難し
た（NIWD 2002）。その翌週には，オランダのコック内閣はスレブレニッァの
虐殺事件の発生における責任を認めて総辞職した。すでに翌月の総選挙実施が
決まっている中での総辞職であったとはいえ，一国の政府がその責任を認めて
総辞職したことは大きな意味をもつ。オランダがその後，セルビアに対して
ICTYへの協力を最も強く求める国の1つとなったことは，こうした事情を踏
まえれば当然のことであった。

　とはいえ，欧米諸国が強制力を行使し，セルビアに軍や警察を派遣して戦争
犯罪被告人を直接逮捕するわけにはいかない。欧米諸国には，協力を渋ったり，
戦争犯罪被告人を逮捕するために全力を尽くしているというジェスチャーをと
ることに終始したりするセルビア政府に対し，戦争犯罪被告人をICTYに引き
渡すよう動機づける手段が必要であった。そのために欧米諸国がとった対応が，
欧米諸国が提供する経済援助やユーゴ連邦の国際社会への復帰・統合を後押し
する外交的措置の条件として，ICTYへの協力を求めるコンディショナリティ
政策であった。これは，言い換えれば，ICTYへの協力（戦争犯罪被告人の逮捕・
引き渡し）の見返りとして，欧米諸国がセルビアにさまざまな便宜を供与する
ということである。

　欧米諸国がその「見返り」として何を提供したかは，時期によって異なって
いる。ミロシェヴィッチ体制崩壊の後に発足したセルビア民主野党連合
（DOS）政権期には，欧米諸国が提供したのは，経済的に破綻状態に陥ってい
たセルビアの苦境を救い，政治経済改革を遂行するために必要な経済援助と，
ミロシェヴィッチ体制期に国際的な孤立に陥っていたセルビアの国際社会への
復帰（国際機関への加盟など）であった。その後，セルビアのEU加盟プロセス
が始動すると，「EU加盟プロセスの進展」が，ヨーロッパ諸国が提供する主
要な「見返り」となった。

　EU加盟プロセスの進展を通して，なぜヨーロッパ諸国がセルビアに国際的
圧力をかけることができるのかを理解するためには，EU加盟プロセスがど

1　欧米諸国からの圧力　　155

ように進むかを理解しておく必要がある。そのため，ここでは，必要最低限の範囲内で，EU 加盟プロセスがどのように進められるかを概観しておこう。

　セルビアを含む「西バルカン諸国」の EU 加盟プロセスについて意思決定が行われたのは，2000 年 11 月にクロアチアの首都ザグレブで開催された EU・西バルカン諸国首脳会議である。ここで，西バルカン諸国の加盟準備を支援する措置として，(1)安定化・連合協定（SAA）の締結と履行，(2)EU と西バルカン諸国の間の貿易拡大・自由化の促進，(3)西バルカン諸国への財政援助，という 3 点が定められた（東野 2007）。この後，西バルカン諸国は，(1)SAA の調印と批准，(2)西バルカン諸国による EU 加盟申請と，それを受けた EU 側による加盟候補国認定，(3)EU 側による加盟交渉開始の決定，(4)西バルカン諸国と EU の間での加盟交渉，(5)加盟交渉の終了，それに伴う西バルカン諸国と EU の間での EU 加盟条約の調印およびその批准，という 5 つのステップを経て，EU 加盟の実現をめざしていくことになった。

　このように複数のステップによって構成される EU 加盟プロセスの重要な特徴は，その各ステップを進んでいくために，欧州委員会，EU 理事会，EU の現加盟国の政府や議会といった，数多くのアクターの同意を得なければならないということである。SAA は，まず欧州委員会が SAA 交渉を開始するに値する国内改革の進展が見られるかについて予備調査を実施する。欧州委員会から勧告があれば，理事会が交渉開始の是非を審議する。理事会が同意して初めて SAA 締結の交渉を開始できるが，理事会の決定は，外交・安全保障政策については全会一致原則がとられているので，理事会の構成員である現加盟国の大臣の全員が同意しなければならない。すなわち，現加盟国のうちどこか 1 カ国でも反対を表明すれば理事会の決定は得られず，SAA 締結交渉を開始することすらできないのである。交渉が始まっても，EU 側が何らかの理由で交渉を停止する可能性がある。首尾よく SAA 交渉が終了すると，調印・批准のプロセスが待っている。ここでも，現加盟国のすべてが調印を行う必要がある。そのため，どこか 1 カ国でも調印を拒否すれば，加盟を希望する国は先に進むことができない（ただし現加盟国の議会による SAA 批准のプロセスは，加盟候補国認定・加盟交渉開始後までずれ込むこともある）。

　同様に，加盟候補国認定も，欧州委員会の勧告，それを受けた EU 理事会の

決定が必要であり，欧州委員会，現加盟国の政府のいずれかから反対があれば，認定を受けることはできない。正式な加盟候補国の地位を獲得すると，まず欧州委員会が加盟希望国に対して調査を行う。この調査の結果が良ければ，欧州委員会は理事会に対して加盟交渉の開始を勧告し，これを受けて EU 理事会が開始を承認する。

　加盟交渉自体は技術的な性格が強く，さまざまな分野において加盟希望国の国内法が EU で確立された法体系（アキ・コミュノテール，通称「アキ」）と矛盾しないものとなるよう確認し，必要に応じて法改正を行っていくプロセスとなる。加盟希望国が対応を求められる分野はモノの自由移動から税制，科学・研究や教育・文化など，合計で 35 にのぼり，アキの全体は，本文だけで 750 万語，数万ページにも及ぶ膨大なものである。そのため，加盟交渉はしばしば長期にわたる。加盟交渉が完了すると，最後に，欧州委員会の勧告，欧州議会の承認を経て，加盟希望国と EU の現加盟国との間での EU 加盟条約調印，その各国議会での批准を経て条約発効，正式加盟へと至る。この最後のステップにおいても，各国議会がさまざまな理由で，それを停止・凍結することがある。

　ICTY で訴追された戦争犯罪被告人が拘束されずに逃亡を続けている間，クロアチアやセルビアといった国々には，ICTY への協力が EU 加盟プロセスを進展させるための条件として求められた。すなわち，EU 側は，上記の各ステップにおいて，ICTY への協力が不十分であるという理由で，加盟プロセスを一時停止することができたのである。とはいえ，戦争犯罪被告人の逮捕や引き渡しが実現していれば，「十分に協力している」という判断の根拠は容易に観察可能だが，それが実現していないとき，加盟希望国政府の努力が十分でないからそれが実現していないのか，努力は十分に行われているが逮捕に至っていないだけなのかを判断することはきわめて難しい。捜査にかかわる機密情報を公開させて協力の度合いを精査するわけにはいかないからである。そこで EU・ヨーロッパ諸国は，加盟希望国が ICTY に十分に協力しているか否かの判断の根拠を，ICTY の主任検察官の評価に求めた。すなわち，ICTY への協力を求められた国々にとっては，「ICTY からの『お墨付き』が……新たな加盟基準と化している」（東野 2007: 106）状況が生じたのである。特にクロアチアやセルビアの EU 加盟プロセスが進展する時期に ICTY の主任検察官を務め

1　欧米諸国からの圧力　　157

ていたデル・ポンテは，これらの国々の政府に対して「十分に協力していない」という評価をたびたび下し，加盟プロセスの進展を妨げる存在となり，これらの国々の国民から最も疎まれる人物の1人となった。

いずれにせよ，EU加盟プロセスが開始したことで，EU・ヨーロッパ諸国とセルビアの間には，長期にわたって繰り返し交渉を行う必要性が生じた。この交渉の過程において，EU側の交渉力が特に高まるのは，セルビアのEU加盟プロセスを一歩先に進めるような重要な意思決定を行うときである。そこでEU側は，そのような重要な意思決定を行うときには，しばしばその数カ月前からシグナルを発し，EU側が設定した意思決定の期日までにEU側が求める条件を満たすよう圧力をかけた。そのようなシグナルはセルビア国内のマスメディアにも報じられ，EUの諸機関の意思決定の結果に国民やマスメディアの関心が集まった。そのため，セルビア政府には，EUから好ましい意思決定を得られるよう努力する誘因が働いたのである。

2 世論からの圧力

このようにセルビア政府は，ICTYで訴追された戦争犯罪被告人の逮捕や引き渡しを進めるよう，常に欧米諸国からの圧力に晒されていた。他方で，セルビア政府にとって，戦争犯罪被告人の逮捕や引き渡しは，世論からの圧力を考えると必ずしも実行しやすいものではなかった。セルビア国民の多くは，ICTYに戦争犯罪被告人を引き渡すべきではないと考えていたからである。

表6-1は，2000年11月にセルビアの社会科学研究所が実施した世論調査における，「戦争犯罪で起訴されている市民の引き渡しを求める国際社会の要求に対して，何をするのが最善だと思いますか」という質問への回答の分布を示している。[3]「裁くことには反対しないが自国の裁判所で裁くべきだ」と考える回答者が45.8%でほとんど半数近くを占め，「ICTYに訴追されている戦争犯罪被告人は愛国者であるから裁くべきではない」とする回答者（全体の10.1%）と合わせると過半数を超えている。さらに，引き渡しに対してより理解を示す回答者を見ても，全体の26.2%は，「セルビアでまず捜査を行い，戦争犯罪行為の証拠が得られた被告人だけを引き渡すべきだ」と考えており，

表 6-1　戦争犯罪被告人の ICTY の引き渡しに関するセルビア国民の態度

回答者の選択	回答者数（人）	比率（%）
国際社会の要求を満たす	168	11.2
まずセルビア国内で捜査を行った後，戦争犯罪を行った証拠がある者だけを引き渡す	394	26.2
ユーゴスラヴィアの司法制度の下で戦争犯罪人を裁く	689	45.8
戦争犯罪被告人は愛国者であり，裁かれるべきではない	152	10.1
その他の回答	11	0.7
わからない	89	5.9
欠損	1	0.1
合　　　計	1,504	100.0

［出典］　2000 年 11 月に社会科学研究所が実施した世論調査のデータをもとに作成。

ICTY や欧米諸国がセルビアに対して求めたような無条件の引き渡しを支持するものでは決してない。ICTY や欧米諸国の要求に従って戦争犯罪被告人を引き渡すことを支持する市民は，全体の 1 割強に過ぎなかったのである。

　単純に世論が ICTY への引き渡しに圧倒的に反対であるだけなら，世論の支持を得ようと考える政党・政治家は，ICTY への引き渡しを拒否して欧米諸国からの圧力を突っぱねればよい話である。ところが，選挙において勝利するには民族主義的な立場をとって ICTY への協力を断固拒否すればよいという単純な話ではない点が，セルビアの諸政党にとって判断の難しい状況を作り出していた。セルビア国民の多数派は，EU 加盟自体には賛成の姿勢を示していたからである。

　図 6-1 は，セルビア政府が実施してきた EU 加盟に関する一連の世論調査の結果をもとに，2002 年 2 月から 15 年 10 月までの EU 加盟への支持と反対の比率の推移を示したものである。EU 加盟への支持は若干下落傾向にあり，反対は若干上昇傾向にあるが，全体としては，EU 加盟への支持が反対を常に上回っていることがわかる。先に述べた 2000 年 11 月の世論調査においても EU 加盟についての質問項目が含まれているが，賛成と答えた回答者は全体の 86.2％に及んでおり，反対はわずか 4.9％に過ぎなかった（**表 6-2** を参照）。一般にセルビアの市民にとって EU は豊かさ・繁栄と結び付けられており，EU

図 6-1 セルビア国民の EU 加盟に関する態度 (2002-15 年)

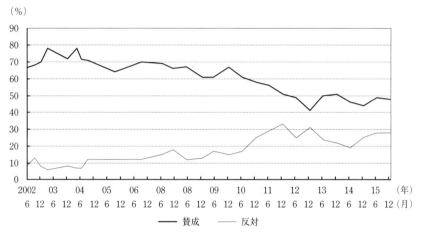

[出典] セルビア政府による一連の世論調査結果をもとに作成。

表 6-2 各政党の支持者別の EU 加盟への態度 (2000 年 11 月)

9月24日の連邦下院選挙における投票の有無	投票した場合,その投票先の政党もしくは連合	EU加盟について 賛成	反対	わからない	合計 (人)
投票した	DOS	873 95.1%	8 0.9%	37 4.0%	918
	SPS-YUL	142 64.5%	36 16.4%	42 19.1%	220
	SRS	51 67.1%	11 14.5%	14 18.4%	76
	SPO	33 89.2%	2 5.4%	2 5.4%	37
	その他	17 94.4%	1 5.6%	0 0.0%	18
	わからない,答えたくない	66 75.0%	7 8.0%	15 17.0%	88
投票していない,答えたくない		114 78.1%	9 6.2%	23 15.8%	146
合計		1296 86.2%	74 4.9%	133 8.8%	1503

[出典] 2000 年 11 月に社会科学研究所が実施した世論調査のデータをもとに作成。

加盟への支持は，豊かな生活を送りたいという人々の希望を表したものであった。そのため，2000 年 9 月の連邦下院選挙において欧米諸国から敵視されたミロシェヴィッチの主導していたセルビア社会党（SPS）を支持していた人々や，極右政党であったセルビア急進党（SRS）を支持していた人々の間でさえ，その過半数は EU 加盟を支持していたのである（**表 6-2** を参照）。

　こうした世論の選好は，欧米諸国が ICTY への協力を EU 加盟プロセスの進展の条件として求めてくる状況において，セルビア政府をジレンマに陥らせることになる。欧米諸国の求めに応じて ICTY に協力することは国民の過半数が反対する政策であるが，かといって，ICTY への協力を拒否して EU 加盟への道を進まないという選択をすれば，それもまた国民の過半数が反対する政策となってしまうからである。

　このジレンマの状況において，歴代のセルビア政権が選択したのは，選挙とEU 加盟プロセスという 2 つの政治的アジェンダのサイクルに応じて，その時々で最適の対応をとるということであったように思われる。民族主義が選挙における動員・支持調達の戦略として有効に作用する国においては，選挙が近くなると民族意識が高揚しやすいことは数々の研究が指摘している（Eifert et al. 2010; Higashijima & Nakai 2016）。セルビア人勢力側の戦争犯罪被告人の ICTY への引き渡しが民族主義者を刺激する政策であるならば，それを選挙の近づいている時期や選挙期間中に行うことは政権に対して最も大きなダメージを与えることになるだろう。逆に，選挙の直後や選挙と選挙の間の時期であれば，ICTY に戦争犯罪被告人を引き渡した直後には政権への民族主義的な批判が高まったとしても，選挙が実施される頃にはその批判も沈静化していることが見込まれ，選挙における自政党・自候補への悪影響を最小化することができる。

　他方，EU 加盟プロセスを前進させるというセルビア政府の目的を実現するために，ICTY に被告人を引き渡そうとするなら，EU 側が設定した意思決定の期日に近いタイミングで行うのが理想的であろう。EU の意思決定からあまり離れた時期に ICTY に被告人を引き渡すと，そのときにはセルビア政府の行動が評価されても，EU の意思決定が行われる時期には別の案件へと注目が移り，セルビア政府にとって好ましい意思決定を引き出す決定的な材料とはならないかもしれないからである。

2　世論からの圧力　　161

以上の議論を踏まえ，次節以降では，セルビアの歴代政権が上記の2つの圧力にどのように対応し，それによって歴代政権にどのような態度や行動の変化が生じたのかを検討してみたい。

3　DOS政権期の政治サイクルと政権の対応

⑴　欧米諸国の圧力と移行期正義の推進

　まずDOS政権期のジンジッチの対応から見てみよう。すでに前章で明らかにしたように，欧米諸国は，ミロシェヴィッチが退陣してDOS政権が成立すると，ICTYが訴追した中で最も重要な戦争犯罪被告人であったミロシェヴィッチを，ICTYへと引き渡すよう強い圧力をかけた。この時期，援助の条件としてICTYへの協力を最も強く要求したのはアメリカであった。アメリカは，DOSによる新政権が発足した直後から，ミロシェヴィッチの逮捕や引き渡しがユーゴ連邦への経済援助の条件であるという立場をたびたび表明したのである。アメリカ政府は，2001年3月には，ユーゴ連邦に対して1億ドルの支援を提供する用意はあるが，ICTYへの協力について満足のいく成果がなければ，支援を停止するという立場を明らかにしていた。[4]アメリカは，同年6月のユーゴ連邦に対する支援国会合に際しても同様の立場をとり，ミロシェヴィッチのICTYへの引き渡しを要求していた。

　ヨーロッパ諸国も同様の立場をとってユーゴ連邦・セルビアに圧力をかけた。例えば欧州評議会は2001年1月，ユーゴ連邦が同評議会に加盟するための条件の1つは，ICTYへの協力であると表明している。[5]ただし，DOS政権の発足直後の時期におけるEUの立場は，アメリカほど明確なものではなかったことに留意が必要である。例えばEUは，DOS政権の成立直後にはミロシェヴィッチのICTYへの引き渡しを要求していた[6]にもかかわらず，ミロシェヴィッチが逮捕された後には，その身柄の引き渡しはユーゴ連邦に対する経済支援の継続の条件というわけでは必ずしもないという立場をたびたび示している。[7]シャイノヴィッチ元首相が自首してICTYに移送された際にも，EUがこれを朗報として歓迎していることが報じられる一方で，EUはアメリカとは異なり，関係正常化やユーゴ連邦が欧州諸機関に加盟するための鍵となる条件としてICTY

162　第6章　EU加盟プロセスと選挙

への協力を厳密に求めているわけではないと報じられている。[8] そうした姿勢の背後には，DOS政権期のEUの対ユーゴ政策の主要な関心が，ICTYへの協力を促進することよりも，ユーゴ連邦からの完全な独立を志向していたモンテネグロの動きを抑制し，コソヴォ問題が解決していない状況でのユーゴ連邦の解体を阻止することにあったという事情も存在するように思われる。

　いずれにせよ，全体としては，ICTYへの協力を推進することなくして，欧米諸国からの経済支援を獲得することは不可能であった。そのことが，ジンジッチに政策転換を決断させる決定的な要因となった。ジンジッチは，就任直後は，セルビアのヨーロッパへの回帰とICTYの問題を完全に分離することについて国際機関との間で妥協点を見出せると期待していた（Biserko 2006b: 230）。そうした分離が不可能であり，かつ前章で述べたように本来この問題に対応すべきユーゴ連邦政府が積極的に動こうとしない状況で，ICTYへの協力を進めて欧米諸国からの経済支援を獲得するか，世論の反発に配慮してICTYへの協力は控えることで欧米諸国からの経済支援も断念するか，という二者択一の選択を迫られることが明らかになると，ジンジッチは，迷わず前者を選択したのであった。ジンジッチは首相に就任した直後，「ヨーロッパは我々の家であり，（そこに戻るためであれば）いかなる対価も高すぎるということはない」「我々が独自路線を歩むのか，ヨーロッパへの道を歩むのかと問われれば，自分はヨーロッパへの道を選ぶ」と語っている（Biserko 2006b: 229）。前章で言及した4月1日のミロシェヴィッチの逮捕と，6月28日のICTYへの引き渡しは，いずれも欧米諸国が設定した対セルビア支援決定の期限に辛うじて間に合うというタイミングで行われたものだったのである。

　こうしたジンジッチの選択について，政治学者のスボティッチは，移行期正義を経済支援の対価と位置づけることで移行期正義を陳腐化させることになり，「正義のハイジャック」の状況をもたらしたと批判している（Subotić 2009）。しかし，ジンジッチがICTYへの協力の推進と引き換えに実現しようとしていたのは，欧米諸国からの経済援助の獲得という物質的な目的だけではなかった点には留意が必要であろう。DOS政権が発足した直後の時期のユーゴ連邦は，ミロシェヴィッチが推進した一連の政策の帰結として国際社会から孤立している状況下に置かれていたのであり，ジンジッチがめざしていたのは国際社会へ

3　DOS政権期の政治サイクルと政権の対応　　163

の復帰であり，ヨーロッパの一員となることであった。ユーゴ連邦は，旧ユーゴが有していた国連加盟国としての地位を自動的に引き継ぐことを認められず，ミロシェヴィッチ体制が崩壊した後の 2000 年 11 月に国連への加盟を果たしたばかりであった。欧米諸国が求める ICTY への協力をセルビアが実行することは，経済制裁の解除や欧州評議会への加盟を通じて国際社会への復帰を進めるために必要であり，セルビアへの信頼を回復するために必要であるとジンジッチは考えていたのである。ジンジッチは，ミロシェヴィッチの ICTY への引き渡しの直後のインタビューで，ミロシェヴィッチの引き渡しでセルビアが何らかの褒賞を得たわけではなく，制裁を防ぐことができたに過ぎないと強調し，ミロシェヴィッチの身柄は「カネと引き換え」なのではなく，「信頼と引き換え」なのだと主張していた。[9] さらにジンジッチは，「国連加盟によって，我が国は国際法を国内法に優先させ ICTY と協力する義務を引き受けたのだ」とも強調している（Biserko 2006b: 236）。

　このように，ミロシェヴィッチを逮捕したうえで ICTY に引き渡すことで旗幟を鮮明にしたジンジッチは，その後，次々と引き渡しを進めていった。前章で述べたように，同年 11 月 8 日にはバノヴィッチ兄弟を逮捕して ICTY に引き渡し，その 4 日後の 12 日にはヨキッチ元中将が自首した。その直後，セルビア内務省の統制下にあった特殊部隊が「反乱」を起こしたことによって ICTY への協力は一時停滞する。しかし，翌 2002 年の 4 月にはその動きは再開し，4 月から 5 月にかけて，オイダニッチ元国防相，シャイノヴィッチ元連邦副首相など，重要な戦争犯罪被告人の自首と ICTY への引き渡しが 5 件立て続けに行われている。

(2) セルビア大統領選挙と移行期正義の停滞

　2002 年の夏頃になると，セルビア国内が選挙に向けて動き始めた。1997 年に行われた大統領選挙で選出されたセルビア大統領の任期満了に伴う大統領選挙が予定されていたからである。この時点で，2000 年の一連の選挙の結果，ユーゴ連邦大統領，ユーゴ連邦政府・連邦議会，セルビアの議会と内閣については DOS が主導権を掌握していたが，セルビア大統領だけはミロシェヴィッチ体制期の 1997 年に選出された SPS 出身のミルティノヴィッチが依然として

164　第 6 章　EU 加盟プロセスと選挙

その座にとどまっていた。ミルティノヴィッチはオイダニッチ元国防相らとともにコソヴォにおける戦争犯罪の責任を問われて ICTY で起訴されていた。デル・ポンテ主任検察官は，オイダニッチ元国防相やシャイノヴィッチ元連邦副首相が自首したのを受け，ミルティノヴィッチも ICTY に引き渡すよう強く要求していた。[10] そのため，本来なら 2003 年 1 月の任期満了にあわせて年末に実施するセルビア大統領選挙を，予定を繰り上げて 9 月に実施することになったのである。[11] 2002 年夏の時点では，すでに ICTY への協力をめぐり DOS 内部で民主党（DS）とセルビア民主党（DSS）の対立が顕在化し，DSS が DOS から離脱していた。そのため，どの政党がセルビア大統領の座を獲得するかが注目されていた。

本章の視点から興味深いのは，この選挙の準備期間に入ると，戦争犯罪被告人の逮捕や引き渡しが止んだことである。2002 年 9 月に行われた選挙は，10月の決選投票の投票率が 50％を超えなかったので，選挙不成立となって再選挙の実施が決まり，12 月に再選挙が実施された。[12] その再選挙が終了するまでの間，戦争犯罪被告人の逮捕や自首，引き渡しは結局 1 件も行われなかったのである。再選挙が終了し，ミルティノヴィッチが任期満了を迎えて退任すると，ミルティノヴィッチは ICTY に自首した。

(3) 首相暗殺後の移行期正義の推進と前倒し選挙の実施──DOS 執行部の誤算

その後，ジンジッチ首相の暗殺を受けてセルビア政府が非常事態宣言を発し，犯罪組織の摘発作戦が発動されると，それに伴って ICTY で訴追されていた戦争犯罪被告人も逮捕された。ミロシェヴィッチ体制期にセルビア内務省の特殊部隊を統制していたスタニシッチ，特殊部隊を率いていた隊長のシマトヴィッチ（通称「フランキー」）は暗殺の翌日には逮捕されている。さらに，非常事態宣言が解除される前日の 2003 年 4 月 21 日には，クロアチア紛争中にヴコヴァル周辺で発生したオヴチャラの虐殺事件に関連して訴追された元ユーゴ人民軍（JNA）大尉のラディッチが自首した。非常事態宣言が解除された後も戦争犯罪被告人の自首や逮捕が進み，6 月には，同じくオヴチャラの虐殺事件に関連して訴追された元 JNA 大佐のシュリィヴァンチャニンが逮捕されて ICTY に引き渡された。また，7-8 月にかけて，メヤキッチ，ラシェヴィッチが自首して

3　DOS 政権期の政治サイクルと政権の対応　　165

いる。

　2003年9月に入り，大統領代行のミチッチは11月16日にセルビア大統領
選挙をあらためて実施することを告示した。告示後には，9月25日にコヴァ
チェヴィッチが逮捕されているが，その後は大統領選挙の実施日まで何も起こ
らなかった。ミチッチはさらに，11月13日に議会を解散して前倒しの議会選
挙を12月28日に実施することを決定した。この決定は，ミロシェヴィッチ体
制崩壊後に開始された改革を継続するには，さまざまな新法の制定を可能にす
る議会多数派を形成し直すことが必要であると考えたDOS執行部の判断によ
るものであった。議会選挙の告示から投票日の間の期間に，クロアチアにおい
てクライナ・セルビア人共和国（RSK）を主導した政治家のバビッチが自首し
たが，その他は目立った動きは起こらなかった。

　政権与党が自ら前倒し選挙の実施を決めたからには，与党側には勝算があっ
たはずである。第7章で述べるように，暗殺事件によってジンジッチ前首相へ
の肯定的評価は急上昇し，その後DOS政権が行った非常事態宣言と犯罪者の
摘発は国民の圧倒的支持を得ていた。前倒し選挙実施の決定は，こうした世論
の支持を恃みとして行われたものであったように思われる。しかし，結果的に
はそれはDOS執行部の誤算であった。選挙結果はDOS執行部の目論見通り
のものとはならず，極右政党のセルビア急進党（SRS）が勢力を3倍以上に拡
大させ，DOSから離脱したDSSも議席をほとんど倍に増加させる結果となっ
た。議会選挙の結果を受けた組閣交渉の末，2004年3月3日，DSSのコシュ
トゥニツァ党首を首班とする内閣がSPSの閣外協力を受けて成立することに
なり，DOS政権は幕を閉じたのであった。

4　DSS政権期の政治サイクルと政権の対応

(1) 選挙中の移行期正義の停滞から，EU加盟プロセスの開始と移行期正義の推進へ

　次に，DSS政権期の政治サイクルと政権の対応を見ていこう。DSS政権期は，
政権発足直後から選挙が実施された。2003年11月の大統領選挙で投票率が
50%に達しなかったため3度目の選挙不成立という事態となった。その結果，
投票率が50%を超えることが選挙成立のための条件であると規定する選挙法

166　第6章　EU加盟プロセスと選挙

を修正したうえで，2004年6月に大統領選挙があらためて実施されることが決まったのである。DSS政権が発足して以降，6月に大統領選挙が実施されるまでの間，戦争犯罪被告人の逮捕や自首は1件もなかった。コシュトゥニツァは，選挙期間がICTYへの協力を進めるうえで適切な時期ではないことを公言していた。コシュトゥニツァは，ICTY，ブリュッセル（EU），ワシントン（アメリカ）との協力と，これら機関・国との協議を真剣に行うことが必要だとする一方で，「選挙の最中がそれを行ううえで適切な時期でないのは，誰もがわかっていることだ」と述べていたのである[14]。

　セルビア政府の対応が変化したのは，EUの理事会がセルビアとのSAAプロセスの開始を検討し始め，そのシグナルをセルビアに伝え始めた2004年6月以降のことである。この決定には，セルビアの選挙に影響を与える意図が込められていたように思われる。6月13日に行われた大統領選挙の第1回投票の結果，SRSのニコリッチ候補が30.6％の票を獲得して第1位となり，DSのタディッチ候補が27.4％の得票を獲得し，ニコリッチを僅差で追う展開となったからである。決選投票は6月27日に予定されていた。この第1回投票の翌日，EUの理事会がSAA締結交渉の開始に関するフィージビリティ調査の内容の案である，「セルビア・モンテネグロの欧州パートナーシップに関する原則，プライオリティ，条件に関する閣僚理事会決定」を採択した[15]。同じ日，ソラナ共通外交・安全保障政策担当上級代表は，決選投票においてセルビア市民が孤立を否定し，ヨーロッパの将来に対して投票してほしいという希望を表明していた[16]。セルビア・モンテネグロ国家連合のドラシュコヴィッチ外務大臣は，決選投票でタディッチが勝利すればヨーロッパに向けた扉が開くが，ニコリッチが勝てば，EU加盟プロセスは遅れてしまうだろうと警告している[17]。同じくセルビア・モンテネグロ国家連合のマロヴィッチ大統領は，セルビア市民に対し，過去が将来を決定するに任せてしまうのではなく，民主主義とヨーロッパに投票すべきだと呼びかけていた[18]。実際にタディッチが決選投票において勝利すると，欧米諸国はこの勝利を，セルビア国民がヨーロッパを選択したことの証左と歓迎する姿勢を示していた[19]。

　同時に，欧米諸国は，ICTYへの協力がEU加盟プロセスや北大西洋条約機構（NATO）の平和のためのパートナーシップ（PfP）への参加などの条件であ

ることを強調し，セルビアに圧力をかけるようになった。2004年6月30日には，NATO首脳会議が開催され，セルビア・モンテネグロをPfPに早く受け入れることが可能になることを期待するが，そのための条件はICTYへの協力であると強調する発表がなされている[20]。同年8月にはオランダの大使が，セルビア・モンテネグロがEUに加盟するためには，ICTYへの協力は当然のことであり，それ以外にも多様な分野における改革が必要であると強調している[21]。

　2004年10月が近づくと，同月に予定されているEUの理事会でセルビア・モンテネグロとのSAAプロセスについて行われる決定の行方が注目された。10月6日には，ソラナ上級代表やパッテン欧州委員会委員とセルビア・モンテネグロの首脳陣（セルビア・モンテネグロ国家連合のマロヴィッチ大統領，セルビアのタディッチ大統領，コシュトゥニツァ首相およびラブス副首相）との会談が行われ，ラブス副首相は2012年にもセルビアのEU加盟が実現しているだろうとの見通しをもっているという楽観的な報道が行われている[22]。

　このような文脈において，EU理事会が決定を行う直前に，DSS政権下で最初の戦争犯罪被告人の自首があった。10月9日，スレブレニツァの虐殺事件に関連してICTYから訴追されていたベアラ元セルビア人共和国軍（VRS）大佐が自首したのである。ベアラはその際，国益と自分の家族を守るために自首したと語り，ICTYの裁判での弁護における支援などがセルビア政府から提供されることを期待していると述べている[23]。

　この直後，EU理事会は，セルビア・モンテネグロについて，SAAのうち，貿易に関連する部分についてはセルビアとモンテネグロが個別にEUと交渉し，政治的な部分についてはセルビア・モンテネグロが単一の主体としてEUと交渉するという「ツイン・トラック・アプローチ」の採択を決定し，SAAプロセスが正式に動き出すこととなった[24]。その際，EUは，ベアラ大佐の自首を歓迎しつつも，ICTYのデル・ポンテ主任検察官が西バルカン諸国のICTYへの協力の改善を求める報告書を発表していることに言及し，ICTYへの協力を含む国際的な義務を尊重することが欧州統合プロセスの進展にとって決定的に重要であると釘を刺すことを忘れていない[25]。これを受けて，セルビアの側では，議会において，セルビアのEU加盟とPfP参加が国家にとっての戦略的・国家的目標であるとする決議を採択した[26]。そして，この決定の後は，欧州委員会が

168　第6章　EU加盟プロセスと選挙

実施するフィージビリティ調査の結果が人々の注目の的となっていった。[27]

　コシュトゥニツァが明確に自首を促す政策に転換したのは，この後のことである。この後，2004年12月から05年4月にかけて，合計10人の戦争犯罪被告人が続々と自首し，ICTYに引き渡された。その中には，2003年にICTYから訴追されたユーゴ軍（VJ）のラザレヴィッチ将軍やルキッチ元中将など，将校クラスの軍人も含まれている。この間，欧米諸国は，セルビア政府に対して，ICTYに協力するよう圧力をかけ続けていた。例えば，2004年12月には，アメリカの戦争犯罪問題大使のプロスパーは，セルビアがICTYに協力していないと語り，協力が欠如しているのでICTYの閉廷予定時期は延期せざるをえないだろうと述べている。[28]セルビア政府，とりわけ与党であったDSSは，当然，その圧力を強く意識していた。DSSのムラデノヴィッチ広報官は2004年末に，フィービリティ調査に関連して自分たちが望まない帰結を避けられるよう，ICTYへの協力のために，あらゆる手段を用いると述べている。[29]

　すでに前章で述べたように，こうした自首促進の政策は，コシュトゥニツァ政権に大きな外交的成果をもたらした。2005年4月の欧州委員会によるフィージビリティ調査の結果報告（SAA締結交渉開始を提案する報告書）と，EU理事会によるその承認である。4月12日に欧州委員会によるフィージビリティ調査の結果が明らかにされると，その直後にポポヴィッチ元RS軍中佐が，また約2週間後には，パヴコヴィッチ元VJ参謀総長が自首した。それは，EU理事会によるフィージビリティ調査報告の承認と時期を同じくするものであった。

(2) 移行期正義の停滞とEUの譲歩

　パヴコヴィッチ元参謀総長が自首したことによって，残る戦争犯罪被告人は6人を残すのみとなった段階で，戦争犯罪被告人の自首・ICTYへの引き渡しは見られなくなった。しかしこれは，欧米諸国からの圧力が低下したからでは必ずしもなかった。この間，セルビアに対する欧米諸国の要求の焦点となったのは，ムラディッチ将軍の身柄である。ムラディッチは，国際的にはユーゴ連邦とは別の国であるボスニアの元VRS参謀総長でありながらも，2001年6月にユーゴ連邦の最高国防会議によって退役を命じられるまでVJに所属する軍人でもあり続けた（Gordy 2013: 160）。そのため欧米諸国は，ムラディッチがセ

ルビアに潜伏していると考え，セルビア政府に対しムラディッチを逮捕して
ICTY に引き渡すことを強く求めたのである。例えば，NATO のデ・ホープ・
スヘッフェル事務総長は，ムラディッチは，セルビア・モンテネグロの PfP 加
盟にとって唯一の障害であり，「セルビアにかかる暗雲」であると語っていた
し，アメリカのバーンズ国務次官も，ムラディッチの引き渡しに至っていない
状況を，セルビア・モンテネグロの PfP 加盟や EU との交渉，コソヴォの将来
に関する協議にとって，「乗り越え難い障害」であると語っていた。[30]

　ICTY 検察局は，2005 年 10 月 5 日までにムラディッチを逮捕して身柄を引
き渡すよう要求していた。ICTY 検察局のアートマン広報官は，「セルビア政
府はムラディッチをスレブレニツァの虐殺事件の 10 周年である 7 月 11 日まで
に引き渡すよう圧力をかけられていたが，その期日には間に合わないものの
10 月 5 日までには逮捕したいと表明していた。そのことがセルビアのヨーロッ
パへの統合という将来にとって重要であると認識しているはずだ」と述べてい
る。[31]

　しかし，ムラディッチの逮捕と引き渡しが実現しないまま 10 月 5 日の期限
が近づいてくると，EU は，今後の逮捕に期待して SAA 締結交渉開始を決定す
るか，ムラディッチ逮捕という条件を満たしていないので交渉開始を拒否する
か，という二者択一を迫られた。交渉開始を決定すれば，EU の加盟コンディ
ショナリティに呼応して ICTY への協力を進めようとする政権に対して肯定的
なシグナルを与え，協力の継続を促すことができる。しかし，フィージビリ
ティ調査報告の承認後は戦争犯罪被告人の逮捕や自首が一切起こっていない状
況で EU 加盟プロセスをさらに進めると，ICTY への協力という条件を満たさ
なければ EU 加盟プロセスは進展しないという脅しの信憑性を失わせてしま
うかもしれない。他方，SAA 締結交渉開始を拒否すれば，脅しの信憑性は堅
持できるが，これだけの努力をしても EU 加盟プロセスは進展しないという帰
結がセルビア政府や国民を失望させ，ICTY への協力はさらに停滞してしまう
かもしれない。EU は，自らの脅しの信憑性の維持と，セルビア政府の親欧米
路線や ICTY への協力路線を後押しするという政治的目的の間で，ジレンマの
状況に陥った。

　このとき EU が選択したのは，自らの脅しの信憑性を下げても，親欧米路線

やICTYへの協力路線を後押しするという道であった。EUのレーン欧州委員会拡大担当委員やソラナ外交・安全保障政策担当上級代表は，ムラディッチの逮捕はSAA締結交渉開始の条件ではないと語り，ムラディッチの逮捕なしでも交渉開始に踏み切る可能性を示唆し始めた。[32] ICTYのデルポンテ主任検察官は，EUの理事会がセルビアとのSAA締結交渉を開始するかどうかを決定する2005年10月10日の直前，9月30日にベオグラードを訪問し，一連の戦争犯罪被告人の自首を評価し，「セルビア政府のICTYへの協力に満足している」と語った。[33] これを受け，コシュトゥニツァ首相は，「EUとセルビア・モンテネグロとの間のSAA締結交渉は来月には始まるはずだ」と期待を込めて語っている。[34] ICTYへの協力に関するデル・ポンテ主任検察官の肯定的な評価を受けて，EUの理事会は，2005年10月10日，セルビアとのSAA締結交渉の開始を正式に決定した。

(3) コソヴォ地位協議・新憲法制定と移行期正義の停滞

　このようにフィージビリティ調査の承認決定以降は，セルビアによるICTYへの協力において目立った進展がない中で，SAA締結交渉が開始されたが，その後の展開は，EUの期待通りにはならなかった。2005年10月以降，DSS政権の対応はICTYに対して非協力的なものに転換したのである。それに影響を与えていたと考えられるのが，2005年11月にアハティサーリが国連特使に任命されたことによって開始されたコソヴォの最終的地位をめぐる協議である。[35] 欧米諸国主導で開始されたセルビアとコソヴォの政府間の地位協議において，コシュトゥニツァ率いるセルビア政府は，ユーゴの主権と領土を尊重するという国連安保理決議1244号の文言を根拠に，コソヴォの独立を拒否し続けた。コソヴォ地位協議にセルビア国民の関心が集まる中で，民族主義的な層を支持基盤とするDSSにとって，コソヴォの独立に含みをもたせた地位協議を進めようとする欧米諸国が求めるICTYへの協力は，自分たちの中核的な支持層から批判を招きかねず，実行するのは困難だったであろう。

　それどころか，コシュトゥニツァ率いるDSSは逆に，コソヴォ問題を利用することでセルビアの世論を右傾化させ，自分たちへの支持を拡大することを試みていたように思われる。そのために政権が着目したのが，新憲法制定問題

である。セルビアでは，1990年にミロシェヴィッチ体制の下で制定された憲法が，体制崩壊後も存続しており，新憲法を制定する必要性は以前から叫ばれていた。それが，コソヴォ問題に関する地位協議の開始と結び付くことで，コソヴォがまだ国連安保理決議1244号の下にあるうちに新憲法を制定し，コソヴォはセルビアの主権下にあると新憲法で明確に定義するべきだという議論が現れたのである。例えば，コソヴォ地位協議が正式に開始する半年以上前の2005年1月には，DSSの議員団長のアリグルディッチが，「コソヴォは我々のものだ！」と語り，新憲法によって，コソヴォの現状を認定してしまうべきだと主張している[36]。同じ記事で，タディッチ大統領の憲法問題担当顧問を務めるルトヴァツが，「コソヴォの地位に重大な変化が生じた場合には憲法修正は不可欠だろう」とコソヴォ独立という帰結も視野に入れた発言をしているのとは対照的である[37]。地位協議が開始された後の2005年末には，翌06年には新憲法が制定され，それに伴って選挙も実施されるだろうという見方を示すロンチャル総務・地方自治担当相の発言が報道されていた[38]。2006年9月に新憲法が採択される際には，コソヴォ問題による民族感情の高まりによって，コシュトゥニツァは選挙に勝利するだろうという観測が示されている[39]。

　新憲法案を制定する過程において，コシュトゥニツァとDSSは「コソヴォを防衛する」という目的をたびたび強調しており[40]，セルビア国民の民族主義を高揚させようとしていることは明白であった。これに対し，欧米諸国はセルビアの政権の右傾化を防ぐために圧力をかけた。2006年5月に，EUは，約束通りにムラディッチの逮捕・引き渡しを実行しないセルビア政府に対して，より厳しい立場をとることを求めたデル・ポンテICTY主任検察官の要求を受けて，SAA締結交渉を凍結すると発表したのである[41]。しかし，こうした圧力も，選挙モードに入ったと思われるDSS政権を動かすことはできなかった。

　セルビア政府は2006年7月にはムラディッチ逮捕のための行動計画を発表したが[42]，具体的な成果をもたらすかどうかが不透明な口約束では，EUの態度を軟化させることは不可能であった。コシュトゥニツァ首相は，極右政党SRSのニコリッチ党首代行と会談し，新憲法の速やかな制定によって，「コソヴォ問題に関して何らかの〔セルビアにとって好ましくない〕解決の強制が試みられる場合に，それに対してセルビアが迅速に法的に対処することが可能にな

172　第6章　EU加盟プロセスと選挙

る」という点で，両者の見解が一致したと発表した[43]。この与野党指導者間の合意によって，圧倒的多数で憲法案が成立する可能性が濃厚となった。こうした動きを警戒し，DSS の連立相手であった G17 は，10 月 1 日までにムラディッチが引き渡され SAA 締結交渉が再開されなければ財務相を務めるディンキッチ党首は閣僚を辞任するとし，連立離脱もほのめかしていたが[44]，右傾化を強めるコシュトゥニツァを止めることはできなかった。その後，EU の SAA 締結交渉は再開できなかったので，実際にディンキッチを含む G17 の閣僚 4 人が辞表を提出した[45]。

　結局，2006 年 9 月 30 日にセルビア議会は全会一致（定数 250 人中 242 人の議員が投票）でセルビアの新憲法案を採択した[46]。その憲法の前文には，下記のような文言が使われている。

　　　セルビア民族の国家の伝統と，セルビアにおけるすべての市民と民族集団の平等を想起し，また，コソヴォ・メトヒヤ州がセルビア固有の領土の一部をなしており，セルビア主権国家の枠組みの中で実質的な自治権をもつ主体としての地位を有しており，こうしたコソヴォ・メトヒヤ州の地位の帰結として，すべての国家機関は，内外の政治的な関係においてコソヴォ・メトヒヤにおけるセルビアの国益を支持・保護する憲法上の義務があることを想起して

コシュトゥニツァ首相が意図した通り，この新憲法案は，コソヴォがセルビアの一部であることを前文で明言したものだったのである。この憲法案の可否について 10 月 28, 29 日に国民投票が実施され，総有権者の 54.9％が投票し，そのうち 96.6％という圧倒的大多数が賛成票を投じたことによって，新憲法の成立が決定した[47]。国民投票において，自由民主党（LDP）などの親欧米・自由主義派の小政党は，この新憲法は ICTY に協力するための行動計画の失敗や SAA 締結交渉凍結といった現政権の失点を隠し，コソヴォの地位問題から目を逸らすものだと批判して，国民投票へのボイコットを呼びかけたが[48]，国民投票を不成立に追い込むには至らなかった[49]。

(4) 議会選挙の実施と移行期正義の停滞——コシュトゥニツァの誤算

　新憲法が制定されると，それに伴い，新たな国家体制を主導する政府を選出

するために，前倒しで議会選挙が実施されることになり，議会選挙は 2007 年
1 月末に実施された。セルビア国内が選挙モードに入った中で，政権を主導す
る DSS はコソヴォ問題を前面に押し出し，民族主義を高揚させることによっ
て有権者からの支持を得ることをめざしていたと思われる。コシュトゥニツァ
率いる DSS の党執行部は，新憲法を制定した後，コソヴォ問題を来るべき議
会選挙における同党の選挙運動の中心的な争点とすることを決定していたので
ある。[50]

　この時期，コソヴォ問題が憲法制定後に実施される選挙の結果に影響を与え
る可能性については，欧米諸国も懸念を有していたようである。アハティサー
リは，米英独仏伊露の 6 カ国によって構成されるコンタクト・グループの同意
を得て，2006 年 11 月に予定していたコソヴォの最終的地位に関する解決案の
提示をセルビア議会選挙の実施後まで延期することを決定した。[51] のちに判明す
るように，このときアハティサーリが準備していたのは条件付きでコソヴォの
独立を認める内容であった。したがって，それに対してセルビア国民からの民
族主義的な反発が強まることは当然予測されていたはずである。選挙実施前に
それを公表すれば，国民の反発が民族主義勢力の躍進，親欧米派・自由主義派
の衰退につながり，EU のセルビアに対する影響力が低下する危険性があると
考えたのであろう。このアハティサーリの決定に対し，コシュトゥニツァが選
挙のことを考えるのはアハティサーリの任務ではないと批判した一方，自由主
義派のタディッチ大統領は有益なものと歓迎している。[52]

　このようにコソヴォ問題の影響が注目された新憲法制定後の議会選挙であっ
たが，結局は，DSS は得票率と獲得議席のどちらにおいても支持を若干減少
させ，獲得議席を大幅に伸ばした DS が議会第 2 党の座に躍り出た（第 4 章参
照）。結果としては，EU 加盟プロセスの進展を犠牲にしてでも ICTY への協力
を事実上停止してセルビア市民の民族主義的な感情を害さないことを優先し，
コソヴォ問題を前面に押し出して選挙に臨んだ DSS の戦略は失敗に終わり，
若干ではあるが，支持を失うことにつながったのであった。ここに，DSS の
誤算を観察することができるだろう。

　DSS 政権期は，2005 年 4 月から 07 年 1 月の議会選挙実施までの間，ICTY
に訴追された戦争犯罪被告人の逮捕・引き渡しはおろか，自首すらも一切起こ

らない状況が続いた（第5章参照）。本節で見たように，その間に起こっていたのは，コソヴォの地位に関する協議の開始，セルビア新憲法の制定，そして議会選挙の実施という政治過程であった。それらの過程で，政権を主導するDSSはとりわけコソヴォ問題を前面に押し出し，民族主義によって有権者からの支持を得ようとしていた。そのような支持調達戦略をもつ場合，民族主義者からの反発を買いかねない戦争犯罪被告人の逮捕・引き渡しや自首の推進は，政権にとって不要であるばかりか，むしろ基本的な支持調達戦略と矛盾する有害なものとなる。この期間にICTYへの協力が全く進まなかったのは，コソヴォの地位に関する協議が進展していく中で，新憲法制定とその後の選挙を見据えたDSS側の目論見が大きく影響していたのではないかと思われる。

5 DSS・DS連立政権期の政治サイクルと政権の対応

(1) EUの圧力と移行期正義の推進

　2007年の議会選挙後は，コシュトゥニツァは首相の地位にとどまることができたものの，DSがDSSとの連立を形成し，政権の一角を占める政党となった（第4章参照）。EUは，選挙後の組閣交渉が長期化している時期から，新政権が発足してICTYへの協力の姿勢が確認できれば，SAA締結交渉を再開する用意があるというシグナルをたびたび発していた[53]。

　そうしたシグナルを受けて，DSS・DS連立政権が発足し，新政権のICTYへの協力姿勢を確認するために，ICTYのデルポンテ主任検察官がベオグラードを訪問するというタイミングで，2007年5月末にトリミルが逮捕され，ICTYに引き渡された（第5章参照）。これを受けてEUは実際に態度を軟化させ，凍結していたSAA締結交渉を再開することを決定した。2007年6月に，初めてセルビア政府からの招聘を受けてベオグラードを訪問したICTYのデルポンテ主任検察官は，「過去8年間の中で最高の訪問」であったと評価した（Orentlicher 2008: 34）。その後，逃走中の戦争犯罪被告人の1人で，2003年に訴追された元VJの将校4人組のうちの最後の1人であるジョルジェヴィッチがモンテネグロで逮捕されICTYに引き渡された。この逮捕は，ICTY側が提供した機密情報に基づくもので，セルビア当局も重要な役割を果たしていたと

される（Orentlicher 2008: 34）。こうした進展を受け，2007年11月にはEUとセルビアがSAAの仮調印を行うに至った。

⑵ セルビア大統領選挙の実施と移行期正義の停滞

しかし，2007年末になると，今度は新憲法施行に伴う大統領選挙の実施が決定され，セルビアは再度選挙モードに入った。ここで，オランダとベルギーが，興味深い行動に出た。大統領選挙の第1回投票のわずか4日前というタイミングで，セルビアに対してICTYへの完全な協力を求め，SAA調印の凍結を決定したのである。これにより，1月28日に予定されていたSAAの調印に暗雲が立ち込めた。このオランダとベルギーの行動は，選挙期間中はセルビア市民の民族主義的な感情を刺激することを避けるという，これまでのEUの行動とは異なるものであった。

本章の冒頭で述べたように，EUはセルビアに対して加盟の条件としてICTYへの「完全な」もしくは「十分な」協力を求めていたが，どこまでいけば「完全」もしくは「十分」なのかという客観的な指標は存在していない。そのため，その判断は曖昧なものにならざるをえない。オランダやベルギーは，カラジッチやムラディッチといったボスニア紛争における戦争犯罪の最重要被告人が逮捕されていない状況で，なし崩し的にセルビアが「完全」もしくは「十分」に協力しているという評価が定着してしまいかねないことに危機感を覚えたのではないかと思われる。オランダとベルギーは，セルビア国内で選挙を戦う親欧米派に配慮するという政治的判断よりも，ICTYへの協力がなければEU加盟プロセスの進展はありえないという脅しの信憑性を高めることを優先させる決断を行ったのであった。

しかし，2008年1月20日に実施された第1回投票において極右政党SRSのニコリッチ候補が最多の得票を得て決選投票に進むと（**表4-4**を参照），EUの立場に再度揺らぎが生じた。本来ならSAAを調印するはずだった1月28日に，イギリスの提案によって，SAAの調印を支持するイタリアやフランスと，SAA調印に断固反対しているオランダやベルギーとの間の妥協案として，EUとセルビアが「協力に関する政治的合意」を締結することが承認され，第2回投票後の2月7日に，その文書に調印するようセルビアに招請したのである。

このような合意の調印は，本来の EU 加盟プロセスには存在しないステップ
であり，セルビア以外のどの加盟国・潜在的加盟候補国も締結したことのない
合意であった。[56] すなわち，オランダやベルギーが強い反対を示す中での SAA
正式調印は不可能だが，何もしなければ（EU 側から何の「アメ」もなければ）極
右政党の候補者がそのまま決選投票で勝利してしまうかもしれない状況で，セ
ルビア国民に将来の EU 加盟プロセス進展を期待させるような折衷案が急遽考
え出されたのである。この EU の決定を受けて，タディッチ陣営は，第 2 回投
票では「〔選挙後に予定されている〕EU との合意調印を行う任務を新政権に与え
るべきだ」と国民に訴えている。[57] こうした EU の決定がセルビアの有権者に対
してどの程度の影響を与えたのかを評価することは難しいが，第 2 回投票でタ
ディッチ候補は逆転勝利を収め，再度（ただし，新憲法体制になってからは 1 期目
として）大統領に就任した（**表 4-4** を参照）。

(3) コソヴォ問題と議会選挙の実施——コシュトゥニツァの誤算

セルビアの大統領選挙後は，コソヴォの地位問題が再びセルビア国民の関心
の的となった。EU 理事会は，大統領選挙の第 2 回投票の日の翌日には，独立
後のコソヴォで国連コソヴォ暫定行政ミッション（UNMIK）にかわりコソヴォ
の司法機関の監督と支援の業務に当たることが想定されていた「EU 法の支配
ミッション（EULEX）」の派遣を決定した。[58] そして，その 2 週間後の 2008 年 2
月 17 日に，コソヴォの議会が一方的に（すなわち，セルビアの同意を得ずに）独
立を宣言したのである。その翌日には，セルビアの内務省がコソヴォのセイ
ディウ大統領，サチ首相，クラスニチ国会議長に対し，「セルビアの領土内で
偽りの国家に関する宣言を行った」ことが「セルビアの安全保障の憲法体制に
対する深刻な違反行為」に当たるとして逮捕状を請求した。[59] 当然のことながら，
セルビアとコソヴォの間の関係は，独立宣言を機に悪化した。しかし，新憲法
体制下で最初の議会選挙と大統領選挙が実施され，しばらくは選挙が行われな
いと目されていたので，セルビア政界における民族主義派と自由主義派の勢力
バランスへの影響は限定的であると考えられていた。逆にいえば，EU による
コソヴォへの EULEX の派遣の決定やコソヴォによる独立宣言は，そのような
タイミングを見計らって実行に移されたのであり，「慎重にセルビアの選挙サ

5　DSS・DS 連立政権期の政治サイクルと政権の対応　　177

イクルに連動させたもの」（Noutcheva 2012: 181）なのであった。

　コシュトゥニツァはここで，欧米諸国の裏をかく行動に出た。首相に与えられた議会の解散権を行使し，前倒しの総選挙を実施するという戦術を採用したのである。おそらくコソヴォの独立宣言によって有権者の民族主義が高揚したと予想し，民族主義派の党勢を拡大する好機と考えたのであろう。コシュトゥニツァは，2008年3月8日にコソヴォ問題に関する政権内の分断を理由に議会を解散し，前倒しの議会選挙を5月11日に実施することを決定した[60]。選挙戦開始の直前には，コシュトゥニツァは，EUが現在の（コソヴォを領内に含む）国境線でセルビアを承認するか否かという問題について態度を明確にするまでは，SAAに調印すべきではないと語っている[61]。DSSを中心とする選挙連合が選挙戦を開始した際に前面に押し出したスローガンは，「コソヴォはセルビアだ」であった[62]。

　これに対し，EUの側も，おそらくコシュトゥニツァが予想していなかったであろう行動に出た。2008年1月時点ではオランダとベルギーがICTYへの協力が完全でないことを理由にSAAの調印を凍結していたが，突如その凍結が解除されたのである。5月11日の投票日から数えて，約20日前のことであった。これを受け，2008年4月29日に，EUとセルビアはSAAならびに暫定貿易協定に調印[63]。SAA調印の凍結が決定されてから2008年4月までの間に，ICTYへの協力という点で特に目立った進展があったわけではなく，オランダやベルギーが凍結を決定した際とは異なる基準で政治的判断が行われたことは明らかであった。コシュトゥニツァの選挙戦術を見て，オランダやベルギーは，脅しの信憑性を維持することよりも，親欧米派への支持が拡大することを助ける材料を提供することを優先させるという決定を行ったのであろう。

　これを受けてDSの副党首を務めるシュタノヴァツ国防相は，SAA調印は「良いニュース」と歓迎し，「EU側から，コソヴォの国家承認をEU加盟の条件として我々に提示した者は誰もいない」「EUに入ってこそコソヴォを維持できる」と述べて，EU加盟プロセスの前進がコソヴォの喪失にはつながらないことを強調している[64]。他方，コシュトゥニツァは，「SAAに調印したEU加盟国のうち18カ国はコソヴォを承認しており，SAA調印はセルビアの国益に反する」と批判している[65]。

178　第6章　EU加盟プロセスと選挙

結果的には，コソヴォ問題を利用して党勢を拡大しようとしたコシュトゥニツァの戦術は完全に裏目に出た。DSS は議席を大幅に減らして影響力を失い，逆に DS 主導の連合は，2003 年，07 年と過去 2 回の議会選挙で第 1 党の座を確保してきた SRS を抜いて，102 議席を確保し，第 1 党に躍り出たのである（**表 4-3** を参照）。単独過半数には届かなかったものの，新政権において，DSが主導権を握ることは明白であった。

　この選挙結果は，ミロシェヴィッチ体制の崩壊から 8 年を経て，セルビア国民の親欧米的傾向が強まったことの帰結だったのだろうか。世論調査の結果を見る限り，到底そうとはいえない。本章の第 2 節で紹介した 2000 年 11 月の世論調査では，EU 加盟を支持する回答者は全体の 86.2％に達し，NATO 加盟については 23.8％が賛成，58.1％が反対という結果であった。[66] しかし，**図 6-1**が示すように，セルビア国民の EU 加盟への支持は，その後，ゆるやかに減少していたのである。また，2008 年の時点でセルビア国民がコソヴォ独立を容認する姿勢をとっていたわけでもなかった。例えば，独立宣言後に行われたある世論調査では，回答者の過半数が，「コソヴォを国家承認した国から大使を召還するという対応では不十分で，より厳しい対応をすべきだ」と回答していた。[67] 2010 年 11 月の社会科学研究所の世論調査においても，コソヴォ問題について「深刻な懸念を抱いている」と答えた回答者が全体の 42％，「やや懸念を抱いている」と答えた回答者が全体の 27.7％に達し，「あまり懸念を抱いていない」と答えた回答者は全体の 24.4％に過ぎなかった。[68]

　コシュトゥニツァが世論を読み間違えたのだとすれば，それはコソヴォ問題に関するセルビア国民の態度そのものではなく，コソヴォ問題と EU 加盟のどちらを国民が重視しているかという点であったように思われる。コシュトゥニツァは，コソヴォが一方的に独立宣言を出した直後という文脈において，コソヴォの独立承認の是非という争点の重要性が高まっていると判断していたのであろう。しかしセルビア国民の多くにとっては，コソヴォはもはや自分たちの生活に直結する問題ではなく，雇用や貧困といった問題と比べれば，相対的にその重要度は低かったと思われる。2010 年 11 月の世論調査において，回答者が個人的に最も重視する問題を問う質問への回答としてコソヴォ問題を挙げた回答者は，全体のわずか 2.1％に過ぎず，最も多くの回答者が重要と答えたの

は，生活水準の低下・貧困（27.5%）や，失業（23.2%），経済危機・経済の低迷（15.3%）だったのである。[69]

DSS・DS 連立政権期は，政権発足直後のトリミル被告の逮捕・引き渡しが行われた後，ICTY への協力は一切進展しなかった（第5章参照）。その背後で起きていたのは，新憲法施行に伴う大統領選挙の実施と，コソヴォ問題をめぐる与党内の不一致を理由にしたコシュトゥニツァ首相の決定に基づく前倒しの議会選挙の実施であった。民族主義派のコシュトゥニツァが首相を務める政権下で，選挙が立て続けに行われる中で，ICTY への協力は有権者の支持を得るためには得策ではないという政権の判断があったのではないかと考えられるのである。

6　DS 政権期の政治サイクルと政権の対応

(1) 政権発足直後の移行期正義の推進と EU 加盟プロセスの停滞

最後に，DS 政権期の政治サイクルと政権の対応を見ていこう。すでに見たように，セルビア政府は DS 政権の発足と前後してジュプリャニン，カラジッチという2人の戦争犯罪被告人を逮捕して ICTY に引き渡し，政権が再度 ICTY への協力に本腰を入れて取り組むことへの期待を高めた。カラジッチが逮捕された時点で，次のステップとしてセルビアの EU 加盟候補国認定がすでに言及されており，そのための条件としてムラディッチの逮捕と引き渡しが求められるだろうという報道も行われていた。[70] 新憲法制定後，議会選挙と大統領選挙が立て続けに実施され，当面の間，セルビア国内が選挙モードに入らないことが予測される状況は，DS 政権が残る戦争犯罪被告人の逮捕・引き渡しを進めるには好機であるように思われた。しかし実際には，残る2人の戦争犯罪被告人の逮捕や引き渡しは，2011年まで，約3年間にわたり，全く進展しなかった。それは，なぜだったのであろうか。

ここで重要だと思われるのが，EU 側のセルビアに対する態度の硬化，セルビアへの対応の先送りである。セルビア側は，カラジッチの逮捕後，2008年9月9日には議会で SAA を批准し，EU 加盟プロセスを前進させるために着々と準備を進めた。[71] 他方，EU の側では，オランダがセルビアに対して強硬な態度

180　第6章　EU 加盟プロセスと選挙

を維持した。オランダは，ムラディッチがICTYに引き渡されるまではセルビアとのSAAの批准は絶対に行わないという態度を表明し，EUはセルビアとの暫定貿易協定の履行凍結を維持することを決定したのである。[72] これを受けてセルビア政府は10月に，SAAを一方的に履行することを決定したが，オランダの態度が軟化する兆候は見られなかった。2009年1月にはセルビア政府による一方的なSAA規定の履行が開始されたが，EU，とりわけオランダの態度は変わらないままであった。

このようにセルビアはEU加盟プロセスの進展の停滞という形でEUからの圧力を受けたが，2009年中に，ムラディッチが逮捕されることはなかった。DS政権の発足直後にカラジッチの逮捕・引き渡しという大きな成果を上げたにもかかわらず，EUの側ではセルビアのEU加盟プロセスを進める動きは見せていない。折しもヨーロッパ諸国は，アメリカ発の金融危機，さらに2009年のギリシャの政権交代後に顕在化した債務危機によって大きく動揺していた。ここでムラディッチの逮捕・引き渡しを行ったところで，セルビアのEU加盟プロセスを進める意思が本当にEUにあるのかとセルビア政府が警戒していたとしても不思議ではない。こうして，2009年のEUとセルビアの関係は膠着状態に陥った。

(2) EU の譲歩による加盟プロセスの進展と移行期正義の推進

この状況を受けて，2009年末になると，EUが譲歩の姿勢を見せた。2009年11月30日には，EU理事会がセルビア，モンテネグロ，マケドニアの国民のシェンゲン協定加盟国への入国時の査証の免除を決定し，12月19日以降，セルビア国民が査証なしでシェンゲン協定加盟国を訪問できるようになった。[73] 12月7日には，EUがセルビアとの暫定貿易協定の履行凍結の解除を決定した。この決定に際しては，セルビアに対して最も強硬な態度をとっていたオランダも，ICTYへの協力において好ましい傾向が継続することを条件に，解除に同意していた。[74] 待っていましたといわんばかりに，そのわずか2週間後の12月22日に，セルビア政府はEUに対して正式な加盟申請を行った。

この後，再度膠着状態が継続する。EUはセルビアの加盟申請に反応せずにセルビアの様子をうかがうが，セルビアはムラディッチを逮捕して引き渡す気

配を示さない。結局，EU の理事会は，2010 年 10 月に入ってセルビアの加盟申請を欧州委員会に回付し，欧州委員会はその翌月，セルビアに対して立法調査を送付した。[75] 2000 項目以上の質問項目をもつこの調査に，セルビアは 2 カ月間で回答を用意し，2011 年 1 月末に欧州委員会に対し回答した。[76] これを受けて，欧州委員会がセルビアの加盟候補国認定について肯定的な勧告を行うかどうか，理事会がそれを受けて加盟候補国認定を行うかどうかが注目された。セルビアの EU 加盟プロセスが前進するか否かを EU 側が決定する重要な意思決定の時期となったのである。

　残る戦争犯罪被告人 2 人の逮捕は，この EU 側が重要な意思決定を迫られる時期に行われた。前章で見たように，2011 年 5 月，ムラディッチ元 VRS 参謀総長がついに逮捕され，ICTY に引き渡されたのである。さらに 7 月にはハジッチも逮捕され，ついに ICTY で訴追された戦争犯罪被告人が逃亡を続ける状態に終止符が打たれた。これを受け，欧州委員会は 2011 年 10 月に，EU 理事会に対してセルビアの加盟候補国認定を勧める勧告を行った。EU 理事会がセルビアの加盟候補国認定を正式に決定したのは，2012 年 3 月のことであった。

(3) EU 加盟候補国認定後の選挙実施──タディッチの誤算

　タディッチは，このセルビアにとっての外交的成果を党勢を拡大するために最大限に利用する戦術に出た。セルビアでは，2008 年 5 月に行われた議会選挙から 4 年が過ぎようとしており，任期満了に伴う議会選挙が視野に入ってきていた。大統領は，新憲法採択に伴って任期が 5 年に変更されており，大統領選挙を実施する必要はなかった。しかし，タディッチ大統領は 2012 年 4 月に，任期満了を待たずに辞職したうえで，自らも再選をめざして大統領選挙に出馬することを決定したのである。[77] タディッチ大統領の辞表提出を受けて，2012 年 5 月 6 日に議会選挙と大統領選挙の第 1 回投票が実施されることが国会議長によって決定された。[78] タディッチは，セルビアの EU 加盟候補国認定という大きな外交的成果をあげた DS 政権に，よもや国民が信任を与えないとは想定していなかったのであろう。タディッチは辞職と出馬を表明した会見において，セルビアには幅広い改革が必要であり，改革のためにはすべての国家機関に新たな正統性と任務の強化が必要であると辞職の理由を説明したうえで，「我が

182　第 6 章　EU 加盟プロセスと選挙

表6-3　2012年議会選挙における支持政党とEU加盟に関する態度の関係 ［単位：人］

2012年の議会選挙における投票先	EU加盟に関する態度*					
	支持	反対	棄権	わからない	回答なし	合計
SNS主導の連合	216 （46.6%）	172 （37.1%）	44 （9.5%）	31 （6.7%）	1 （0.2%）	464 （100%）
DS主導の連合	153 （76.1%）	27 （13.4%）	11 （5.5%）	10 （5.0%）	0 （0%）	201 （100%）
SPS主導の連合	62 （54.9%）	35 （31.0%）	7 （6.2%）	8 （7.1%）	1 （0.9%）	113 （100%）
DSS	14 （40.0%）	16 （45.7%）	4 （11.4%）	1 （2.9%）	0 （0%）	35 （100%）
LDP主導の連合	13 （59.1%）	4 （18.2%）	5 （22.7%）	0 （0%）	0 （0%）	22 （100%）
URS	15 （65.2%）	5 （21.7%）	2 （8.7%）	1 （4.4%）	0 （0%）	23 （100%）
SRS	3 （21.4%）	10 （71.4%）	0 （0%）	1 （7.1%）	0 （0%）	14 （100%）
その他の政党（6つの政党・選挙連合の合計）	9 （45%）	10 （50%）	1 （5%）	0 （0%）	0 （0%）	20 （100%）
その他（わからない，回答拒否，回答なしの合計）	281 （41.6%）	205 （30.3%）	128 （18.9%）	43 （6.4%）	19 （2.8%）	676 （100%）
合計	766 （48.9%）	484 （30.9%）	202 （12.9%）	95 （6.1%）	21 （1.3%）	1,568 （100%）

［注］　＊「もしEU加盟に関する国民投票が来週行われるとしたら，どのように投票しますか」という質問への回答。
［出典］　社会科学研究所が実施した2012年の世論調査のデータをもとに作成。

国における肯定的な傾向を考えれば，選挙結果については楽観的に考えている」と勝利への自信を見せている[79]。

　結論からいえば，この戦術は，かつてのコシュトゥニツァと同じように，完全に裏目に出た。大統領選挙では第1回投票こそ僅差でSNSのニコリッチを上回って第1位となったものの，決選投票では逆に僅差でニコリッチに敗れてしまったのである（**表4-4**を参照）。さらに議会選挙でも，DSの主導する連合は，159万票を獲得した前回選挙から獲得票をほとんど半減させ，35議席を失い，第1党の座をSNS主導の連合に奪われる結果となった。この選挙を受けて，DSは政権与党の座をSNSに奪われ，野党に陥落してしまった。

6　DS政権期の政治サイクルと政権の対応　183

この選挙結果は，セルビア国民が EU 加盟を否定したことを意味していたのであろうか。筆者は，必ずしもそうではないと考える。SNS は SRS の大半の議員が離党して結成した右派政党であるが，SRS が反 EU の立場を明確化していたのに対し，SNS は EU 加盟を肯定していたからである。そもそもニコリッチやヴチッチがシェシェリと袂を分かち新党を結成した理由は，SAA 批准に関する態度の違いにあった。シェシェリ率いる極右勢力がそれに反対していたのに対し，ニコリッチやヴチッチは SAA 批准を肯定する姿勢を示し，その見解の相違が党の分裂をもたらしたのであった。**表 6-3** は，セルビアの社会科学研究所が 2012 年議会選挙の際に実施した世論調査のデータをもとに，EU 加盟に関する態度と選挙における支持政党の関連を示したものである。[80] この調査における SNS の支持層について見てみると，EU 加盟に反対する回答者の比率は全体の平均よりもやや高いが，それでも同党の支持者のほぼ半分は EU 加盟を支持する回答者によって構成されていたことがわかる。

　2012 年の総選挙前は，セルビアにおいて DS 出身の政府首脳・閣僚の汚職疑惑がたびたび報じられ，汚職に対する批判が強まっている時期であった（久保 2012）。親欧米的な市民の間でも，DS 政権に対する批判や失望が相当に広がっていたと考えられる。[81] ここで，もしも DS に対抗する主要な野党勢力が EU 加盟を全否定していたならば，EU 加盟を支持する市民は，汚職には目をつぶってでも DS に投票していたかもしれない。しかし，野党勢力も EU 加盟を肯定するならば，仮に政権交代が起こったとしても，EU 加盟の展望が失われることにはならない。そのことが，EU 加盟は支持するが汚職にまみれた DS はもはや支持しないという層の DS 離れにつながったと思われるのである。

　社会科学研究所の 2012 年の世論調査では，2008 年の議会選挙における投票行動も質問しており，回答者が過去 2 回の選挙で支持政党をどのように変更したのか（もしくは変更しなかったのか）がわかる。2012 年に SNS 主導連合に投票したと答えた 464 人の回答者のうち，177 人は 2008 年の議会選挙で別の政党に投票したと答えているが，そのうち 62％ に当たる 110 人は，2008 年の議会選挙では DS 主導の連合に投票したと答えていたのである。[82] このような投票行動の変化は，強硬な民族主義的な姿勢をとり，EU 加盟プロセスを進めることに反対していた SRS が DS に代わる主要な選択肢であったならば，おそらく

184　第 6 章　EU 加盟プロセスと選挙

ありえなかったと思われる。

小　括

　本章では，欧米諸国からの圧力と国民からの圧力という，2つの要因に着目
した。そして，セルビアにおける歴代政権の対応が，EUが加盟プロセスを進
展させる重要な意思決定を行う時期や選挙の時期に，その圧力がとりわけ強く
なるという政治サイクルと，どのように関連し合っていたかを検討した。全体
を通して，戦争犯罪被告人の逮捕や引き渡しといったICTYへの協力は，選挙
前の時期を避け，EU側が重要な意思決定を行う前の時期に集中して実施され
る傾向が強いことが指摘できる。

　方法論的に厳密な検証に耐えられるほどの観察数ではないが，2001年1月
から11年末までの11年間に起こった戦争犯罪被告人の逮捕もしくは自首につ
いて，各国政選挙の前の3カ月間（もしくは，任期満了前に前倒しで選挙の実施が
決まった場合には，選挙の告示から投票日までの期間）の時期に起こった逮捕・自
首の数と，それ以外の時期に起こった逮捕・自首の数を比較すると，前者がわ
ずか2人（5.1%）であるのに対し，後者は37人（94.8%）である。もちろん，
「選挙前の期間」の合計が全期間に占める割合はそれほど大きくない。しかし，
2001年1月から11年末までの11年間に行われた選挙は大統領選挙の決選投
票を別個に数えると，合計で11回，それらの「選挙前」の期間の合計は655
日であり，全期間の16.3%を占める。この比率と比較して，「選挙前」の期間
に起こった戦争犯罪被告人の逮捕や自首の発生件数が全体に占める比率は，顕
著に少ないといえるだろう。[83]

　EU加盟プロセスと戦争犯罪被告人の逮捕・自首の間にも，時間的な近接関
係が観察できる。セルビアのEU加盟プロセスが始動した2004年から11年末
までの8年間において，EUがセルビアのEU加盟プロセスについて重要な意
思決定を行うことについて事前にシグナルが示されていた合計8回の会合の前
の3カ月間の時期に起こった逮捕・自首の数と，そうでない時期に起こった逮
捕・自首の数を比較すると，前者が全18人中14人（77.8%）にのぼるのに対し，
後者はわずか4人（22.2%）である。これらの意思決定前の期間は合計で643

日であり，全体の22％を占めるに過ぎないが，その期間に全体の4分の3以上の逮捕・自首が集中していることがわかる。

逃走中の戦争犯罪被告人の逮捕については，建前上，セルビアの警察・諜報機関は逮捕に向けて常に全力を尽くしており，いつ逮捕できるかは被告人の所在の特定に向けた情報が入るか否かといった，その時々の政権が統制できない偶発的要素によって規定されるということになっている[84]。それが正しいとすれば，こうした時期の偏りは，全くの偶然の産物ということになる。しかし，EUの意思決定のタイミングと選挙のタイミングという2つの政治サイクルに見事に合致する形で進められてきた逮捕や引き渡しを，偶然の一致と片づけるのは，あまりにナイーブであるように思われる。

● 注

1) ICTYの設置を決定した国連安保理決議827号は，第4項において，すべての国家はICTYに完全に協力しなければならず，ICTYが行った決定に従う義務があると定めている（S/RES/827〈1993〉, 25 May 1993）。

2) "Dutch Cabinet Resigns Over Failure to Halt Bosnian Massacre," *New York Times*, 2002/4/17. コックはスレブレニツァの虐殺事件が発生した際もオランダの首相であった。

3) 2000年11月の世論調査のデータは，2006年に筆者が実施した現地調査において，社会科学研究所のパヴロヴィッチ研究員（当時）から提供を受けたものである。記して謝意を表したい。

4) "Kongres izričit: Saradnja sa Hagom, ili nema pomoći," *Politika*, 2001/3/30.

5) "Savet Evrope: Saradnja sa Hagom uslov za priključenje," *Politika*, 2001/1/25.

6) "EU ponovo traži da se Milošević izruči Hagu," *Politika*, 2001/1/31.

7) "Pomoć SRJ bez roka za izručenje Miloševića," *Politika*, 2001/4/10; "Izručenje Miloševića nije uslov za donatorsku konferenciju," *Politika*, 2001/6/23.

8) "Evropska Unija o Saradnji sa Hagom: Dobre vesti iz Beograda," *Politika*, 2002/5/2.

9) "Intervju: Zoran Đinđić, Srpski Premijer, Nisam najmoćniji čovek u Srbiji," *Vreme*, 2001/7/26, p. 12.

10) "Uoči izbora za Predsednika Srbije: Datum diktira Hag," *Politika*, 2002/7/10.

11) なおこの時点でのセルビア大統領選挙法では，選挙は任期満了の30日前までには告示しなければならないという規定があるのみで，若干前倒しで選挙を実施することを妨げる規定はなかった。その場合でも現職大統領の任期満了日に変更が生じるわけではない。しかし，現職大統領が辞職すれば前倒しの選挙で選ばれた次期大統領がそれにあわせて本来の任期開始日よりも前に就任することがありうるとされていた（"Uoči izbora za Predsednika Srbije: Datum diktira Hag," *Politika*, 2002/7/10）。

12) この再選挙自体も投票率が50％に達せず，2002年12月30日にミルティノヴィッチ

の任期満了に伴って国会議長を務めていた DOS の中の一政党，セルビア市民同盟の
ミチッチが大統領代行に就任した。ミチッチが大統領選挙を告示する前にジンジッチ
首相が暗殺されて非常事態宣言が出されたことによって，大統領選挙の実施は大幅に
遅れ，2003 年 11 月にようやく再選挙が実施された。

13) "Danas o datumu," *Politika*, 2003/11/13.

14) "Hag oko vrata," *Politika*, 2004/6/7.

15) "Kandidatura za EU tek 2008." *Nedeljni Telegraf*, 2004/8/4.

16) "Solana: Glas za Evropsku budućnost Srbije," *Politika*, 2008/6/15.

17) "Tadić i Hag su aduti za Evropu," *Blic*, 2004/6/15.

18) "Drugi krug – za Evropu," *Večernje novosti*, 2004/6/17.

19) "Jasna želja Srbije za Evropom," *Politika*, 2004/6/29.

20) "Beograd dobrodošao u Partnerstvo za Mir," *Danas*, 2004/6/30.

21) "Haški sud nije jedina prepreka," *Danas*, 2004/8/2.

22) "Za osam godina u Evropi," *Glas javnosti*, 2004/10/6.

23) "Prevao se pukovnik Ljubiša Beara," *Večernje novosti*, 2004/10/10.

24) "Saradnja s Hagom ključ napretka ka Evropi," *Glas javnosti*, 2004/10/12.

25) 同上。

26) "Poslanici usvojili rezoluciju o pridruženju Evropskoj Uniji," *Glas javnosti*, 2004/10/14.

27) "Studija o izvodljivosti početkom 2005," *Blic*, 2004/10/12.

28) "Odsustvo saradnje: Prosper o Hagu," *Politika*, 2004/12/7.

29) "Vlada ne odustaje od dobrovoljne predaje," *Politika*, 2004/12/28.

30) "Hag i Brisel," *Politika*, 2005/9/23.

31) "Artman: Rok 5. Oktobar," *Politika*, 2005/9/22.

32) "Presudna saradnja," *Politika*, 2005/9/22; "Hag i Brisel," *Politika*, 2005/9/23.

33) "Del Ponte zadovoljna," *Politika*, 2005/9/30.

34) 同上。

35) コソヴォが紛争後，UNMIK の管理下に置かれた状態から独立宣言に至るまでの過程，
その後の政治情勢については，久保（2008a），小山（2017）を参照。

36) "Kosovo je Srbija," *Kurir*, 2005/1/11.

37) 同上。

38) "Lončar: Sledeće godine novi ustav a zatim i izbori," *Danas*, 2005/12/29; "Ustav pa
izbori," *Blic*, 2005/12/29; "Prvo ustav, pa izbori u 2006." *Kurir*, 2005/12/29.

39) "Trka s vremenom i međunarodnom zajednicom," *Danas*, 2006/9/30.

40) "Odluka ograničenog dometa," *Danas*, 2006/9/16; "Ustav brani Kosovo," *Press*,
2006/9/20; "Kosovo se brani novim ustavom," *Kurir*, 2006/9/22.

41) "Del Ponte: Čvrst stav prema Srbiji," *Politika*, 2006/5/3; "Vlada Srbije na poslednjem
ispitu," *Danas*, 2006/5/4.

42) "Nema rokova: Vlada Srbije usvojila akcioni plan za saradnju sa Hagom," *Politika*,
2006/7/21.

43) "Ustav što pre," *Politika*, 2006/9/20.〔 〕内の語句は筆者が補足した。

44) "Ostavke uz ostanke," *Politika*, 2006/9/20.

45) ただしディンキッチは，閣僚辞任が議会で承認されるまでは職務遂行を続けるとし，憲法の制定とその後の速やかな選挙実施に向けて議会審議に協力するという姿勢をとった（"Mlađan Dinkić: Podnosimo ostavke i ostajemo na dužnosti," *Danas*, 2006/10/2）。

46) "Kosmet sastavni deo Srbije," *Politika*, 2006/10/1.

47) "Ustav usvojen," *Politika,* 2006/11/3.

48) "Poziv na bojkot referenduma," *Politika*, 2006/10/9.

49) 1990 年のセルビア共和国憲法では，133 条の規定によって，憲法改正は国民投票において総有権者の過半数以上が賛成票を投じなければ成立しないとされていた。

50) "Koštunica: Kosovo glavno pitanje u kampanji," *Danas*, 2006/11/11.

51) "O Kosovu posle izbora," *Danas*, 2006/11/11.

52) "O Kosovu posle izbora," *Danas*, 2006/11/11.

53) "Ren: Nema sporazuma bez pune saradnje sa Hagom," *Danas*, 2007/3/1; "Pregovori posle formiranja vlade," *Glas javnosti*, 2007/3/17; "Vlada uslov za integracije," *Glas javnosti*, 2007/5/3.

54) "Čeka se poziv Brisela," *Večernje novosti,* 2008/1/18.

55) "Invitation of the European Union to Sign a Political Agreement on Co-operation with Serbia," Ministry of European Integration, Government of the Republic of Serbia（http://www.mei.gov.rs/eng/news/151/197/10067/details/invitation-of-the-european-union-to-sign-a-political-agreement-on-co-operation-with-serbia/　2019 年 4 月 6 日最終アクセス）.

56) "I Evropa na listiću," *Večernje novosti*, 2008/1/30.

57) 同上。〔　〕内の語句は筆者が補足した。

58) COUNCIL JOINT ACTION 2008/124/CFSP of 4 February 2008 on the European Union Rule of Law Mission in Kosovo, EULEX KOSOVO（https://www.eulex-kosovo.eu/eul/repository/docs/WEJointActionEULEX_EN.pdf　2019 年 4 月 6 日最終アクセス）.

59) "Krivične prijave protiv Tačija, Sejdiua i Krasničija," *Danas*, 2008/2/19.

60) "Poglašen kraj vlade," *Press*, 2008/3/9.

61) "Koštunica: Srbija će ući u EU za mnogo godina," *Danas*, 2008/3/25.

62) "Koštunica: Za nacionalno odgovornu vladu," *Politika*, 20083/26.

63) ただし，この調印は，SAA とあわせて調印された暫定貿易協定の履行は当面凍結するという決定を伴うものであった（*Chronology of relations between the Republic of Serbia and the European Union*, Ministry of Foreign Affairs of the Republic of Serbia〈http://www.mfa.gov.rs/en/foreign-policy/eu/political-relations-between-the-republic-of-serbia-and-the-european-union/12452-chronology-of-relations-between-the-republic-of-serbia-and-the-european-union　2019 年 4 月 7 日最終アクセス〉）。

64) "Dogovor DSS i SRS se neće ostvariti," *Blic*, 2008/4/30.

65) "Sporazum sa EU je pokušaj prevare," *Politika,* 2008/5/3.

66) 2000 年 11 月に社会科学研究所が実施した世論調査のデータによる。

67) "Država treba još odlučnije da reaguje," *Glas javnosti*, 2008/2/28.

68) 2010 年 11 月に社会科学研究所が実施した世論調査のデータによる。なお社会科学研究所による世論調査は 2008 年選挙の前後には実施されておらず，2008 年議会選挙の投票行動を質問項目に含めた同研究所の世論調査としては，この 2010 年 11 月の調

査が選挙に最も近い時点のものである。この世論調査のデータは，2016 年 9 月 16 日に筆者が社会科学研究所を訪問した際，リスティッチ研究員より提供を受けた。記して謝意を表したい。

69)　2000 年 11 月に社会科学研究所が実施した世論調査のデータによる。

70)　"Nova vlada – Stari problemi," *Blic*, 2008/7/25.

71)　"Skupština Srbije usvojila SSP," *Danas*, 2008/9/10.

72)　この決定を受けてセルビア議会では SRS を中心とする野党から政権批判が起こり，SAA と暫定貿易協定への調印を行ったジェリッチ副首相の更迭を求める声が上がっていた（"Opozicija traži raspravu o odluci Evropske Unije," *Danas,* 2008/9/17）。

73)　"Pao poslednji zid sankcija," *Danas*, 2009/12/1.

74)　"Odmrznut prelazni sporazum," *Večernje novosti*, 2009/12/8.

75)　この質問票の原文はセルビア政府欧州統合省のウェブサイト（http://www.mei.gov.rs/upload/documents/upitnik/srb_questionnnaire_engl.pdf　2019 年 4 月 7 日最終アクセス）からダウンロードできる。

76)　セルビア政府が用意した回答はセルビア政府欧州統合省のウェブサイト（http://www.mei.gov.rs/eng/serbia-and-eu/history/　2019 年 4 月 7 日最終アクセス）に掲載されている。

77)　"I Tadić na izborima," *Politika*, 2012/4/5.

78)　"I predsednički izbori 6. Maja," *Press,* 2012/4/6.

79)　"I Tadić na izborima," *Politika,* 2012/4/5.

80)　社会科学研究所が 2012 年に実施した世論調査は，選挙制度，選挙結果，投票行動に関する大規模な国際比較プロジェクトである「比較選挙調査プロジェクト（CSES）」のモジュール 4 の一部として実施されたものであり，そのデータのほとんどは CSES のウェブサイトにて公開されている（CSES 2018）。ただし，EU 加盟に関する質問は CSES には存在しない社会科学研究所独自の調査項目であり，CSES のデータセットには含まれていない。この質問への回答のデータは，社会科学研究所のトドシイェヴィッチ研究員から提供を受けた。記して謝意を表したい。なお，このデータの詳細については Todosijevic et al.（2013）を参照。

81)　ベオグラード大学政治学部のヴラディサヴリェヴィッチ博士へのインタビュー（ベオグラード，2011 年 2 月 3 日）。残念ながら社会科学研究所の 2012 年の世論調査には汚職に関する質問項目がなく，この点を世論調査データによって実証的に検証することは困難である。

82)　社会科学研究所が実施した 2012 年の世論調査のデータによる。

83)　ただし，選挙の実施（それによって政権にかかる国民からの圧力）という変数は，戦争犯罪被告人の逮捕や自首という変数に対して完全に外生的ではない点には留意が必要である。任期満了に伴って実施される選挙の場合には，その時期を戦争犯罪被告人の逮捕や自首が起こったからといって先延ばしにすることは（憲法や関連法を改正しない限り）できない。その点では，選挙の実施は外生的な変数であるといえる。しかし，前倒し選挙の実施の場合には，戦争犯罪被告人の逮捕や自首が起こった（起こらなかった）ことを踏まえて政治家が実施の判断を行うことも理論上は可能である。本章の議論に沿っていえば，戦争犯罪被告人の逮捕や自首がない時期だからこそ前倒

189

し選挙の実施に踏み切れるという関係が存在しうるということである。とはいえ，戦争犯罪被告人の逮捕や自首のタイミングも政権側が一定程度統制できるとするならば，前倒しの選挙の必要性（有用性）が認識された段階で，それを見据えて戦争犯罪被告人の逮捕や自首を控えるという決定を行う可能性がある。その場合には，結局のところ選挙の実施（の見込み）が逮捕や自首のタイミングを規定しているといえる。政権を主導する政治家の頭の中で何が先に決まったのかを直接観察することはできないので，この点を検証することは困難である。しかし，今後の研究の中で仮説検証のためのよりよい方法を模索していきたい。

84) セルビアの当局者は，ICTY の戦争犯罪被告人の逮捕を発表する際，それが EU 加盟プロセスの意思決定のタイミングと関係するものではないかという憶測や，セルビア当局が戦争犯罪被告人の所在を把握していたのではないかという憶測をたびたび否定している（"Konkretna akcija Beograda," *Politika*, 2007/6/2; "Tadić: Srbija završila sva najteža poglavlja sa Hagom," *Politika*, 2011/7/21）。

第7章

マスメディアと世論

はじめに

　本章では，旧ユーゴ国際刑事裁判所（ICTY）での裁判を中心とする移行期正
義の取り組み，そこでの真相究明の試みが，セルビア国内のマスメディアや世
論にどのような影響を与えたかを検討する。**序章**で指摘したように，この点に
関しては先行研究でも見解の対立が見られ，議論の決着はついていない。先行
研究では主として事例の叙述を中心とした定性的な分析が進められてきており，
研究者によって取り上げる事例が異なることが，そうした見解の対立の背景に
あると思われる。そこで本章では，計量テキスト分析という先行研究では用い
られてこなかった分析手法を用いることで，その問いに筆者なりの視点から答
えることを試みたい。

　本章は，以下のような構成をとる。まず，第1節では，先行研究に依拠しつ
つ，セルビア国内のマスメディアや世論に影響を与えたとされる一連の事象に
ついて紹介する。第2節では，筆者が実施した計量テキスト分析をもとに，先
行研究において展開されてきた一連の主張の妥当性について検討する。第3節
では，筆者が現地で入手した2010年の世論調査データを検討し，ICTYへの

引き渡しが開始されてから10年が経過した段階での戦争犯罪の問題に関する
セルビア国民の意識や態度について考察する。最後に、移行期正義の追求がマ
スメディアや世論に与える影響について、本章での検討が示唆する点をまとめ、
本章の締め括りとしたい。

1 戦争犯罪被告人の引き渡しとICTY裁判の影響

　本節では、先行研究においてセルビア国内のマスメディアや世論に大きな影
響を与えたとされる一連の事象について、特に重要と思われるものを取り上げ、
先行研究における一般的な評価を紹介していこう。

(1) ミロシェヴィッチの引き渡しと裁判

　まず、民主化後のセルビアにおいて政界と世論を二分する重大な争点となっ
たミロシェヴィッチの引き渡しと裁判の影響について見ていこう。ミロシェ
ヴィッチ体制が崩壊した直後のセルビアにおける国内世論は、ミロシェヴィッ
チという政治家に対しては批判的であったが、ミロシェヴィッチのICTYへの
引き渡しは支持していなかった。ミロシェヴィッチの逮捕については、有力日
刊紙の1つ『ヴェチェルニェ・ノヴォスティ』が実施した調査によれば、それ
が正当化されると思うと答えた回答者が66％にのぼり、正当化されないと答
えたのは34％に過ぎなかった（Gordy 2013: 23）。他方、ミロシェヴィッチの
ICTYへの引き渡しについては、セルビア政府によって身柄の移送が行われる
約2週間前に実施された日刊紙『ポリティカ』の世論調査において、「ミロ
シェヴィッチはICTYに引き渡されるべきだと思うか」という質問に対し、否
定した回答者が67％にのぼり、肯定した回答者は25％程度にとどまっていた
のである。ただし、否定する理由としては「ミロシェヴィッチは国内で裁くべ
きだから」と考える回答者が最も多く、全回答者のうちの40％がそうした理
由を選択していた。同じ調査によれば、回答者の66.5％がICTYは違法で不必
要なものと回答していたのに対し、ICTYは合法的であり必要なものと回答し
ていたのはわずか5.4％であった。セルビアの国民の過半数は、ミロシェ
ヴィッチを国内裁判で裁くことは強く支持していたが、戦争犯罪の責任追及の

ために ICTY に引き渡すことには反対していたのである。

　こうした世論が，むしろミロシェヴィッチを ICTY に引き渡した後に，変化の兆しを見せていることは興味深い。その契機の1つとして指摘されているのが，スレブレニツァの虐殺事件を扱った BBC（英国放送協会）のドキュメンタリー『墓地からの叫び（A Cry from the Grave）』の放映である（Gordy 2013: 47）。このドキュメンタリーは，まず独立系の B92 テレビで放映され，2001 年 7 月にはセルビア国営放送で放映された。政治学者のゴーディは，セルビア議会において，このドキュメンタリーの放映を批判したセルビア社会党（SPS）の議員でさえ，ドキュメンタリーを見た後には「犯罪が起きていた」ことを認めざるをえなかったという逸話を紹介している（Gordy 2013: 47）。2001 年 7 月に週刊誌『ニン』が実施した調査によれば，ミロシェヴィッチを ICTY に引き渡すという決定を支持した回答者は全体の 36.5% に過ぎなかったものの，57.5% の回答者が，ミロシェヴィッチは戦争犯罪について責任を有すると回答していた（Gordy 2013: 47）。

　しかし，セルビアの世論は，2001 年の後半以降，ジンジッチ首相の政策に対して批判的なものに変わっていった。特に，ICTY におけるミロシェヴィッチの裁判が 2002 年 1 月に開始されると，ミロシェヴィッチが検察官や裁判官の前で弁護士を立てずに自ら弁護する様子がセルビア国内のマスメディアで放映され，それが「我々と世界が対決している」という構図を作り出し，ミロシェヴィッチに同情的な世論を作り出したと指摘されている（Biserko 2006b: 244）。2001 年 7 月以降，ジンジッチを「マフィア」と結び付ける記事やセルビア政府の汚職を報じる記事，ジンジッチを犯罪者のように報じる記事が増加し，とりわけ民族主義系のメディアにおけるジンジッチへの攻撃は増していった[4]。セルビアのマスメディアの電子アーカイブを作成・管理しているエバルト社が，2001 年 1 月から 03 年 3 月 12 日（ジンジッチが暗殺された日）までのセルビアの主要な活字（新聞・雑誌）メディア 11 紙（誌）のジンジッチに関する記事を分析した結果によれば，ジンジッチについて否定的に言及する記事は 2001 年後半から増加し始め，02 年 12 月にピークに達している（Ebart 2006）。それと軌を一にして，セルビアの世論におけるジンジッチに対する否定的評価が増加していき，ミロシェヴィッチの ICTY への引き渡し前には肯定的評価が

1　戦争犯罪被告人の引き渡しと ICTY 裁判の影響　　193

42％で否定的評価を上回っていたのに対して，2003 年 1 月には否定的評価が
53％に達した（Ćurgus Kazimir 2006）。

(2) ジンジッチ暗殺とコシュトゥニツァの首相就任

　こうしたジンジッチ首相に対する批判的な世論は，2003 年 3 月に起きたジ
ンジッチ暗殺事件によって一変した。暗殺の直前，2003 年 2 月には 28％に過
ぎなかったジンジッチに対する肯定的評価は，暗殺後の同年 3 月に行われた世
論調査では 69％にまで急上昇し，逆に否定的評価は 03 年 2 月の 44％から同年
3 月には 8％にまで低下した（Ćurgus Kazimir 2006）。国内のマスメディアでも
ジンジッチの暗殺者に対する非難の声が高まり，それまでジンジッチの政策へ
の支持を表明していなかったマスメディアや文化人からもジンジッチの暗殺者
に対する強い対応を政府に求める声が相次いだ（Gordy 2013: 75-79）。ジンジッ
チに対する同情的な世論，ジンジッチの暗殺を実行した特殊部隊やそれとつな
がりのある組織犯罪グループに対する批判的な世論の高まりの中で，セルビア
政府は非常事態を宣言し，組織犯罪の摘発作戦を実施した。その中で，セルビ
ア政府は戦争犯罪被告人 4 人の逮捕と引き渡しを行った（**第 5 章**参照）。2003
年 3 月に実施された別の世論調査では，非常事態宣言に対する世論の支持は
73％に達していた（Gordy 2013: 79）。この時期には当然，戦争犯罪被告人の
ICTY への引き渡しに対する強い批判は起こらなかった。

　しかし，こうした世論は，ジンジッチ暗殺直後の一種のパニックや激昂が落
ち着いていく中で減衰していき，民族主義的な世論が再度支配的なものになっ
たとされている。ゴーディは，「ジンジッチ暗殺の後に見られた怒りは，明ら
かに退潮した」と述べている（Gordy 2013: 86）。2003 年 10 月には，ICTY がコ
ソヴォ紛争における戦争犯罪でパヴコヴィッチ元ユーゴ軍（VJ）参謀総長をは
じめ 4 人の軍人を訴追したことを明らかにし，セルビア政府に逮捕・引き渡し
を求めたが，ジヴコヴィッチ首相は改革を阻害すると ICTY を批判し，ICTY
に協力する姿勢を示さなかった（Gordy 2013: 86）。これに対して ICTY のアー
トマン広報官は，セルビア政府が公然と ICTY に協力しない姿勢を見せたのは
初めてのことだと非難している[5]。この時期にはすでにセルビア大統領選挙が告
示され，さらに前倒しの議会選挙も視野に入っていたことから，与党が選挙

モードに入っていたことがセルビア政府の上記の対応の背景にあると考えられる（**第6章参照**）。このような中で，セルビア国内のマスメディアにおいても，戦争犯罪被告人に対する批判的な論調が後退していったと考えられる。

2003年12月の議会選挙でセルビア民主党（DSS）が党勢を拡大させた結果，04年3月にコシュトゥニツァが首相に就任すると，ICTYや戦争犯罪被告人に関する政府の立場やマスメディアの報道に変化が生じた。コシュトゥニツァはこの問題について就任直後から，戦争犯罪被告人の自首を促す政策を採用し，実際に自首した戦争犯罪被告人を「愛国者」と賞賛する姿勢を示した（**第5章参照**）。これに伴い，国内のマスメディアの論調も，戦争犯罪被告人をむしろ愛国者として賞賛するものに変化した。例えば，パヴコヴィッチ元VJ参謀総長がICTYに自首した翌日の『ヴェチェルニェ・ノヴォスティ』の報道は，「自分は国民（民族）のために行く！」と題され，ICTYに自首するために家族や友人との別れを惜しむ様子が描写され，パヴコヴィッチ元参謀総長は家族や友人たちに「自分は国家のため，コシュトゥニツァ首相のため，軍のため，友人たちのために，ICTYに行く」「自分はコソヴォで自分の民族を守った，ICTYでも自分の民族を守るつもりだ」と語ったと報じられている。[6] コシュトゥニツァ政権による戦争犯罪被告人の自首推進の政策は，2005年4月まで続いたため，国内メディアもその時期までは戦争犯罪被告人を愛国者と賞賛する民族主義的な論調が支配的であったと考えられる。

⑶「さそり」部隊の映像

2005年6月になると，04年3月のコシュトゥニツァ首相就任に伴って支配的となったセルビア国内のマスメディアの民族主義的な論調を一変させる事態が生じた。ICTYにおけるミロシェヴィッチの裁判において，被告側の証人として法廷に立ったステヴァノヴィッチ元セルビア内務次官が，セルビアの民兵部隊が国境を越えてボスニアのセルビア人共和国（RS）に侵入して犯罪行為に及んだことなどには一切関知していないと証言すると，検察側が，スレブレニツァの虐殺事件の文脈の中で，セルビアの内務省の統制下にあった民兵部隊「さそり」のメンバーが6人の囚人（10代の青年たち）を移送し虐殺した映像を証拠として放映したのである。[7] この映像はICTYで戦争犯罪の証拠としては採

1　戦争犯罪被告人の引き渡しとICTY裁判の影響　195

用されなかったが，この映像がセルビア国内のマスメディアでも放映されたことによって，セルビアの世論や国内政治に大きな衝撃を与えた。『ポリティカ』は，「スレブレニツァでセルビア人部隊が6人のムスリム人を殺害した映像は，セルビアの公衆を震憾させ，スレブレニツァでは虐殺など起こっていない，セルビア人部隊がそうした行為に関与してはいない，というかなり広く見られた信念を変えた」と報じている[8]。

　この映像の放映を受け，タディッチ大統領は，「セルビアは深い衝撃を受けている……これらの映像は異なる宗派の人々に対する極悪非道な犯罪行為の証拠である」という声明を発し，コシュトゥニツァ首相も「この衝撃的で恐ろしい映像に基づいて，この犯罪行為に関与した複数の人間をすでに逮捕しており，そうした人々には裁きが下されるであろう」と述べている[9]。さらに，民族主義的な立場をとる野党のSPSやセルビア急進党（SRS）の広報官も，犯罪行為を非難する声明を発表していた（Gordy 2013: 132）。セルビア・モンテネグロの国家連合の政府も，6月15日に虐殺を非難する声明を発表した[10]。同月に行われた世論調査では，ICTYに協力するべきだと考える国民の数は全体の3分の2に達したという（Gordy 2013: 132, fn. 56.）。セルビア議会の P. マルコヴィッチ議長は，「セルビア人によって行われた犯罪行為について，そして犯罪者の一部がセルビアで匿（かくま）われていることについて，恥じている」と述べている（Gordy 2013: 132）。この映像は捏造（ねつぞう）されたものであると主張する者もいたが，そうした主張がセルビア国内でそれほど受け入れられたわけではなかったようである（Gordy 2013: 133）。映像が放映される直前の2005年5月に行われた世論調査では，スレブレニツァの虐殺事件についてさえ，そのような事件は起きていないと考えるセルビア国民が過半数を超えていた[11]。それが翌月には政治家がこぞって虐殺を非難する状況へと変化したことを考えると，「さそり」部隊の映像がセルビア社会に与えた影響は相当に大きかったように思われる。**序章**でも述べたように，ICTYの影響を肯定的に評価する研究者は，ICTYの裁判において映像が用いられたことを，その理由として挙げているのである（Gow & Michalski 2014）。

　こうした映像の影響に対抗するため，セルビア人が受けた犯罪行為のほうを強調する企画も行われた。例えば，2005年7月には，SRSが主催するかたちで，

セルビア人が受けた残虐行為の映像を集めた映画『真実』の上映会が行われ，民族主義派の政治家に並んで，右派の知識人やパヴレ総主教などのセルビア正教会の指導者も上映会に参加した（Gordy 2013: 134）。そこで読み上げられたシェシェリの書簡は，「さそり」部隊の映像がセルビア人全体を虐殺の行為者であるかのように描き，セルビア人の犠牲者はあたかも存在しないかのように扱われていることを非難していた（Gordy 2013: 134）。こうした企画は，ICTYによって明るみに出された紛争中の犯罪行為に関する事実が，それほど簡単に党派を超えて受容されたわけではないことを示している。他方，こうした動きは，民族主義派がこのような対抗企画を実施しなければならなかったほど，ICTYで上映された映像が一般のセルビア国民に対して大きな影響を与えていたことの証左でもあるといえるだろう。

　「さそり」部隊の映像の放映によって，ボスニア紛争中にセルビア人勢力によって非人道的な戦争犯罪行為が行われたという点は否定しようのない事実であるということが広く認識されるようになった。それに伴って，スレブレニツァをめぐる論争の位相が変化した。戦争犯罪行為が行われたか否かという事実をめぐる論争から，スレブレニツァで行われた犯罪行為はジェノサイドに該当するか否かという，解釈ないし概念適用をめぐる論争へと移行したのである。このことは，ICTYの裁判のみならず，ジェノサイド条約違反でユーゴ連邦をボスニア政府が提訴したことによって始まった国際司法裁判所（ICJ）における裁判にもかかわる問題であり，セルビア人にとっては重要であった。例えば，ICJでユーゴ連邦を弁護していた弁護士のストヤノヴィッチは，「さそり」部隊の映像に関連して，犯罪行為を非難するのはセルビアの諸機構の義務であるが，それがジェノサイドなのか，別の犯罪なのかという問題に関して法的な答えを示すのはセルビア諸機構のすべきことではない，と発言している（Gordy 2013: 141）。

　ICTYにおける「さそり」部隊の映像の放映は，セルビア国内における移行期正義の推進にもつながった。この映像が放映された後，司令官メディッチを含む民兵部隊「さそり」のメンバーが逮捕され，セルビアの国内裁判にかけられることになったのである（Gordy 2013: 138）。この裁判の判決は2007年に下され，司令官のメディッチに懲役20年の判決が下されたほか，ほとんどの被

1　戦争犯罪被告人の引き渡しとICTY裁判の影響　197

告に有罪判決が下された（OSCE 2015）。

2005 年 7 月 11 日に行われたスレブレニツァの虐殺事件に関する追悼式典には，セルビアからタディッチ大統領が参列し，注目を集めた。タディッチ大統領は，「さそり」部隊の映像が放映された直後から，「セルビアとセルビア人の大統領として，スレブレニツァで行われた戦争犯罪の犠牲者に弔意を示したい」と語り，スレブレニツァの虐殺事件から 10 年の節目となる重要な追悼式典への参加の意思を示していた。[12] ICTY における裁判の過程で明らかになった動かし難い事実が，民族間の和解に向けた重要な動きにつながったことは間違いないであろう。

他方で，この映像の影響がセルビアの政界を動かす力となることには限界もあった。セルビア議会では，スレブレニツァで行われた犯罪行為に関する非難決議の草案が自由主義派の政治家によって提出されていたが，議会はそれを否決していたのである。[13] 否決に際し，当時の議会で多数派を構成していた DSS のある議員は，「すべての犯罪行為に言及しないのでは無責任な行為になるであろう。犯罪行為は等しく重大で憎むべきものだからだ」と述べていた。[14] 同様の虐殺行為はセルビア人に対しても紛争中に行われていたのに，セルビア人による虐殺行為だけが否定的に扱われることに対する抵抗の意識が，ここにも表れている。

最終的に「さそり」部隊の映像がセルビア社会をどこまで変えたのかについては，懐疑的な研究者も少なくない。例えば，この問題に関する最も重要な研究者の 1 人であるゴーディは，「『さそり』部隊映像は，事実を認めることに基づいて議論する最大の機会であったかもしれない……短期的に，窓は開いた。しかしそれが開いている間に，論争はすり替わっていった。メディアと政党が長く関与した後，その窓は閉じてしまった」と述べている（Gordy 2013: 144）。

⑷ ミロシェヴィッチの獄中死

先に述べたように，ICTY の裁判における「さそり」部隊の映像の放映が，それまでスレブレニツァで行われた虐殺の事実すら否定する傾向の強かったセルビアの世論に対して，過去と向き合うことを促したように思われる。しかし，その直後に ICTY で起こった事象は，セルビア人に対して紛争における戦争犯

罪の責任から目を背けさせる方向に作用した。2006年3月，ミロシェヴィッチが獄中で予期せぬ死を遂げたのである。死因は，心臓発作であったとされている。

　ミロシェヴィッチの裁判は2002年に開始されていたが，検察側が論告を終えるまでに2年を要していた。ミロシェヴィッチの弁護側の弁論は同年8月末に開始されていたが，ミロシェヴィッチは弁護士を立てず，自分の弁護を自ら行った。ミロシェヴィッチが持病と戦いつつも長期化する裁判において孤軍奮闘し，その果てに獄中で死を遂げたことは，セルビア国内においてICTYに対する批判的な世論を喚起することにつながった。検察側に不利な証拠を提示する証人の尋問が控えていたので，ミロシェヴィッチはICTYによって殺されたのだとする陰謀論が，マスメディアで報じられることもしばしばであった（Gordy 2013: 146）。タブロイド紙や民族主義系のマスメディアでは，「ICTYがミロシェヴィッチを殺した」「ICTYが一番の犯罪者」「ICTYは裁判所ではなく葬儀場」といった見出しが紙面に踊った（Gordy 2013: 146-147）。

　その後，民族主義派の人々からはミロシェヴィッチの埋葬や追悼をめぐってさまざまな動きが起こった。首都のベオグラードでは，最終的にはベオグラード市長が拒否したため実現はしなかったが，市立墓地の名誉市民区画にミロシェヴィッチを埋葬したいという動きが起こった（Gordy 2013: 150）。ミロシェヴィッチの追悼式典には少なくとも5万人，多い見積もりでは10万人が参加し（主催者は参加者が50万人に達したと主張），多くの政治家や知識人，要人が追悼演説を行った（Gordy 2013: 150-151）。

　もちろん，セルビアがミロシェヴィッチへの哀悼ムード一色に染まったわけではない。ミロシェヴィッチの統治がセルビア国民・社会に残した遺産に対して批判的な人々は，それを国民に想起させるような活動を展開した。例えば，ミロシェヴィッチの支持者が議会前で集会を開催したのと同じ日，反ミロシェヴィッチ派の人々は，ジンジッチ元セルビア首相，ジャーナリストのチュルヴィヤ，共産主義体制時代の指導者スタンボリッチといった，反ミロシェヴィッチの立場をとって暗殺された人々の墓参を行った（Gordy 2013: 152）。新聞に投じられた一般国民の声の中には，「ヴコヴァルを忘れない」「スレブレニツァを忘れない」といった内容のものも多かった（Gordy 2013: 148）。

1　戦争犯罪被告人の引き渡しとICTY裁判の影響　199

いずれにせよ，ミロシェヴィッチはICTYの判決を受けることなく死去し，旧ユーゴ地域の一連の紛争において発生した数々の戦争犯罪に関するミロシェヴィッチの責任の有無について法廷の場で判断を下す機会は永久に失われた。ミロシェヴィッチの死によって，セルビア国民の関心やセルビアの論壇における論争の焦点は，ICTYにおいて明らかにされる戦争犯罪の実態やそこにおけるミロシェヴィッチをはじめとするユーゴ連邦・セルビアの指導部の責任から，ミロシェヴィッチの統治やその遺産についての評価へと移行した。ゴーディは，ミロシェヴィッチの獄中死を，セルビア社会の中に以前から存在していた対立構図を再度浮き彫りにしただけで，それを乗り越えるような対話を生み出すことにはつながらなかった「ノン・モーメント」（契機とならなかったもの）と呼んでいる（Gordy 2013: 145）。

(5) カラジッチとムラディッチの逮捕

　ミロシェヴィッチが獄中死を遂げた後，ICTYに関連してセルビアのメディアと国民の注目を集めたのは，2008年7月のカラジッチの逮捕と，11年のムラディッチの逮捕であった。カラジッチの逮捕劇において最も注目されたのは，カラジッチのベオグラード潜伏中の生活であった。バスに乗車中に逮捕されたカラジッチは，ドラガン゠ダビッチという偽名を用い，白い髭と眼鏡で変装していた。もともとボスニア紛争が勃発する前は精神科医であったカラジッチは，ベオグラード郊外のクリニックでヒーリングや不妊・性機能障害についてのカウンセリングを行っていたことが明らかとなった。逮捕後の報道はカラジッチのベオグラード潜伏中の活動や生活に集中し，そのあやしげな姿や活動は，人々の好奇心や嘲笑の的となった（Gordy 2013: 154）。そのため，カラジッチの逮捕とICTYへの移送は，国民からの大きな抗議活動を喚起することなく進んだ。ゴーディによれば，カラジッチの支持者が逮捕に対して行った抗議デモは，ますます周辺的な存在になっている政党のパフォーマンスに過ぎないものとみなされた（Gordy 2013: 155）。それは，ICTYへの移送の是非をめぐって国民を二分する議論が巻き起こったミロシェヴィッチの事例とは対照的であった。他方で，このような報道は，カラジッチが好んで訪れた隠れ家近くのバー（その名はLuda kuća, 翻訳すると「狂った家」であった）や，彼が行ったカウンセリン

グや講演の内容といった，彼の逮捕・裁判の本来の目的である戦争犯罪とは全く関係のない些末（さまつ）な問題へと人々の関心をそらしてしまったとゴーディは指摘している（Gordy 2013: 155）。

　同様に，最後の「大物戦犯」であるムラディッチが2011年5月に逮捕された際にも，直後の報道は逮捕される前のムラディッチの逃亡生活の様子や収監されたムラディッチの態度に関心が集中した（Gordy 2013: 161）。ムラディッチの逮捕・引き渡しもセルビアの国論を二分するようなことはなく，SRSが主催した抗議デモに参加したのは7000人程度であり，大きな盛り上がりを見せることなく終了した（Gordy 2013: 162）。

2　セルビアのマスメディアの報道傾向
──計量テキスト分析に基づく考察──

　前節では，先行研究に依拠しつつ，セルビア国内のマスメディアや世論に大きな影響を与えたとされる一連の事象について論じた。しかし，**序章**や本章冒頭で述べたように，これらの先行研究の評価は主として定性的な分析に基づくものであり，定量的なデータの体系的な分析に基づくものではない。「さそり」部隊の映像の影響のように，研究者の間で評価が分かれている点も存在する。本節では，前節で示した一連の論点の妥当性を確認するために，筆者が実施した計量テキスト分析の結果を紹介したい（Kubo 2019）。

　分析に用いたデータは，先に述べたエバルト社がインターネット上で有料で提供しているセルビアの新聞記事データベースから取得した，セルビアの有力日刊紙『ポリティカ』『ダナス』『ヴェチェルニェ・ノヴォスティ』の3紙の2003年1月1日から16年12月31日までのICTYに関する新聞記事，合計1万3145件の記事の本文である。『ポリティカ』はセルビアで最も伝統ある日刊紙であり，発行母体の株式の半分はセルビア政府が最大の株主となっている「ポリティカ合本会社」が所有しており（残りの半分はドイツのメディア企業が所有），政府の影響が最も強いマスメディアである。『ダナス』は自由主義系，『ヴェチェルニェ・ノヴォスティ』は民族主義系の日刊紙であり，政治的立場が異なっている。これら3紙の新聞記事を分析することによって，新聞社によ

る報道傾向の違いを明らかにすることも可能になる（この点に関するより詳細な仮説の検証については，Kubo〈2019〉を参照）。

　分析手法としては，近年計量テキスト分析の分野で開発された潜在意味測定（Latent Semantic Scaling, LSS）の手法を用いた。この手法は，計量テキスト分析の手法の中でも「半教師あり（semi-supervised）」と呼ばれる手法で，比較的少ない労力で，各文書（本章の分析では，各記事）を研究者が定義する一次元上の座標軸に位置づけることを可能にするものである（手法の詳細についてはWatanabe〈2017a, 2017b〉を参照されたい）。

　LSSにおいては，文書を位置づける座標軸を定義するために「種語（seeds words）」を用いる。一言でいえば，分析対象となる文書のテキストの総体（「コーパス」という）において，分析者が定義した種語とそれ以外の語の関連性を指標化し，各文書に含まれる語をもとに，各文書が座標軸のどのあたりに位置するかを測定する。ここで紹介する分析では，種語として，片方の極に「英雄（heroj＊）」と「愛国（patriot＊）」（＊は任意の文字列を意味しており，格変化によって語尾が変化したものや派生語などがすべて含まれる），もう片方の極に「犯罪（zločin＊, kriminal＊）」（同じく，格変化によって語尾が変化したものや派生語などを含む）を用いた。前者の極は，ICTYにおいて訴追されたセルビア人勢力の被告人を擁護・賞賛する際に民族主義者が使用するものである。これらの語が多く含まれている文書は一般的に民族主義的な論調が強いということができる。後者の極は，ICTYにおいて訴追された被告人が犯した行為を犯罪行為として叙述する際に用いられる語である。これらの語が多く含まれている文書は，一般的に，民族主義的な論調が弱く，自由主義的な論調が強いということができる。

　これらの種語を用いて前述の1万3145件の文書を一次元上の座標軸に位置づけ，日ごとの記事の座標の平均値の推移（移動平均）を新聞社ごとに示したのが**図7-1**である。この図において，横軸は時間軸を示し，縦軸は文書を位置づけた座標軸を示しており，縦軸において0より上にいけばいくほど民族主義的であり，下にいけばいくほど自由主義的であることを示す。

　この図において，(a)〜(f)の縦の破線は，前節で紹介したICTY関連の報道について重要な事件が起きた日時を示している。(a)は，ジンジッチが暗殺

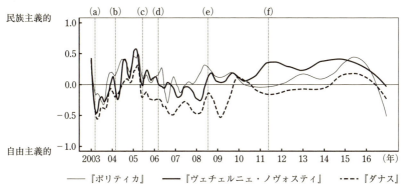

図 7-1　セルビアの主要 3 紙の ICTY に関する報道傾向（2003-16 年）

[出典] Kubo（2019）をもとに筆者作成。

された 2003 年 3 月 12 日である。データの観察開始が 2003 年 1 月 1 日であるため，暗殺前の時期とはあまり比較できないが，暗殺事件を機に，セルビア各紙の報道が相当程度，自由主義的な方向に急激にふれていることが見て取れる。次に，(b) は，コシュトゥニツァが首相に就任した 2004 年 3 月 3 日を示している。コシュトゥニツァが首相に就任して以降，セルビア各紙の報道が，民族主義的な論調を強めていることが見て取れる。これらの 2 つの点は，先行研究において従来指摘されてきたことが妥当であることを示している。

(c) は，「さそり」部隊の映像が報道されたのを受けて，セルビア・モンテネグロ国家連合の政府が虐殺を非難する声明を発した 2005 年 6 月 15 日を示している。それまで民族主義的な論調を強めていたセルビアの各紙が，この時期を境に犯罪行為を非難する自由主義的な論調に急激に転換していることが見て取れる。その後の推移を見ると，3 紙のいずれも，この時期に開始した民族主義的な論調の減衰と自由主義的な論調の高揚の傾向は，2008 年頃まで続いている。その後は徐々に民族主義的な論調が高まっていく傾向が見られるが，2016 年末の時点で，05 年前半の民族主義的な論調の最高値を超える水準には達していないことがわかる。これらの知見を踏まえると，「さそり」部隊の映像の影響は決して小さいものではなく，セルビアにおけるマスメディアの報道傾向に対して長期にわたり大きな影響を与えたと評価できる。

（d）は，ミロシェヴィッチが獄中死を遂げた 2006 年 3 月 11 日を示している。この時期を境に，政府の影響下にあった『ポリティカ』は民族主義的な論調を一時的に強めていることが見て取れるが，その他の 2 紙ではそうした傾向が見られない。特に，民族主義的な立場をとるとされる『ヴェチェルニェ・ノヴォスティ』で民族主義的な論調の高まりが見られないのは興味深いことである。『ポリティカ』でも，ミロシェヴィッチの死去後に若干強まった民族主義的な論調は，すぐにまた減少に転じている。ミロシェヴィッチの獄中死がセルビアのマスメディアの報道傾向に与えた影響は大きくなかったと評価できるだろう。

　最後に，（e）はカラジッチが逮捕された 2008 年 7 月 21 日，（f）はムラディッチが逮捕された 2011 年 5 月 26 日を示している。カラジッチの逮捕時には 3 紙のいずれも民族主義的な論調が一時的に強まったが，すぐに減少に転じている。ムラディッチの逮捕時には『ヴェチェルニェ・ノヴォスティ』において民族主義的な論調が一時的に強まっているが，その後はむしろ減少しており，それ以外の 2 紙の報道傾向には（f）の前後でほとんど変化がない。これらのデータを踏まえると，カラジッチやムラディッチの逮捕がそれほど民族主義的な反発を招かなかったとする先行研究の評価が，概ね妥当であることが示唆されているといえるだろう。

　最後に，ICTY の裁判に関連する一連の出来事がセルビアのマスメディアの報道姿勢に与えた影響という問題関心からはそれるが，本節で取り上げた主要 3 紙の政治的立場が報道姿勢に対して与える影響についても述べておきたい。**図 7-1** から明らかなように，分析対象となっている 2003 年から 16 年までの 14 年間において，自由主義派の新聞とみなされている『ダナス』はほぼ一貫して他の 2 紙よりも自由主義的な論調の記事を掲載している。政府の影響力が強い『ポリティカ』と，民族主義系と評価されている『ヴェチェルニェ・ノヴォスティ』は，かなり類似した論調となっているが，『ポリティカ』のほうが『ヴェチェルニェ・ノヴォスティ』よりも民族主義的な論調が強い期間も相当長く見られることが興味深い。これらの傾向が ICTY とは異なるテーマに関する報道でも確認できるのか，そうした変化がなぜ起きるのかについては，今後計量テキスト分析をさらに進めていく中で明らかにしていきたい。

204　第 7 章　マスメディアと世論

3 戦争犯罪問題に関するセルビア国民の態度
──2010年世論調査データに基づく考察──

　本節では，2010年にセルビアで行われた世論調査のデータを検討する。この世論調査は，セルビア社会科学研究所が実施したもので，主要な関心は移民や人の移動に関する国民の態度であるが，調査の一部に，戦争犯罪に関する人々の態度を問う質問が含まれていた。そうした一連の質問に関する回答を検討することで，2010年時点でセルビアの国民が，この問題をどのように考えていたのかを考察することができる[15]。

　戦争犯罪問題に関する質問はいずれも，戦争犯罪に関連してセルビアでしばしば聞かれる典型的な主張を表している言明について，強く同意，やや同意，やや反対，強く反対，わからない，の5つの選択肢から1つを選ぶよう回答者に求めるものである。**表7-1**は，戦争犯罪に関する質問とそれに対する回答を示している。最初の質問では，セルビア人に対して行われた戦争犯罪行為について世界の人々が有する知識に関する認識を問うている。この質問への回答を見ると，合計で81.5%の回答者は，世界がセルビア人に対して行われた犯罪行為について十分に知っていないと考えていることがわかる（**表7-1**の言明1の「強く同意」と「やや同意」の欄を参照）。セルビアでは，ICTYにおける戦争犯罪の訴追がセルビア人容疑者に偏っており，他の民族と公平に扱われていないという主張がしばしば聞かれる（**第3章**参照）。この調査結果は，そうした主張が2010年時点でも，なお国民の大多数に支持されていることを示している。このようなセルビア国民の抱く不公平感は，もう1つの質問への回答においても観察できる。すべての側（すなわち，セルビア人以外の諸民族の側）が犯罪行為を行ったのに，セルビア人の罪（だけ）が誇張されているという言明に対して，84.5%もの回答者が同意する立場を示していたのである（**表7-1**の言明2の欄を参照）。

　こうしたセルビア国民の抱く不公平感は，セルビア国民が旧ユーゴ地域の一連の紛争における戦争犯罪の責任に関する国際社会からの追及の主たる対象となり，長年にわたって戦争犯罪被告人の逮捕や引き渡しを強く求められてきた

3　戦争犯罪問題に関するセルビア国民の態度　　205

表7-1　戦争犯罪問題に関するセルビア国民の態度（2010年）　　　　［単位：人］

言明	回答					欠損値	合計
	強く同意	やや同意	やや反対	強く反対	わからない		
1　「世界は，スロヴェニア，クロアチア，ボスニア，コソヴォ・メトヒヤにおいてセルビア人に対して行われた犯罪行為について十分に知っていない」	636 (58.3%)	253 (23.2%)	79 (7.2%)	43 (3.9%)	76 (7.0%)	3 (0.3%)	1090 (100%)
2　「セルビア人の罪は誇張されている，すべての側が犯罪行為を行った」	657 (60.3%)	264 (24.2%)	61 (5.6%)	28 (2.6%)	77 (7.1%)	3 (0.3%)	1090 (100%)
3　「犯罪行為について議論し，犯人を見つけようとするのはもうたくさんだ，我々はなるべく早くそれを忘れるべきであり，未来に目を向け，生活に関する現実的問題に対処すべきだ」	442 (40.6%)	267 (24.5%)	144 (13.2%)	135 (12.4%)	97 (8.9%)	5 (0.5%)	1090 (100%)
4　「セルビア人は犯罪行為を行っていない」	45 (4.1%)	92 (8.4%)	341 (31.3%)	469 (43.0%)	140 (12.8%)	3 (0.3%)	1090 (100%)
5　「多くのセルビア人は，自分たちの同胞が犯罪行為を行ったとは信じられないので，セルビア人が行った犯罪行為に関する真実を直視するのを拒んでいる」	293 (26.9%)	318 (29.2%)	191 (17.5%)	139 (12.8%)	143 (13.1%)	6 (0.6%)	1090 (100%)

［注］　言明の前に付されている番号は質問票にはないもので，本文の叙述をわかりやすくするために筆者が補足したものである。
［出典］　2010年11月に社会科学研究所が実施した世論調査のデータをもとに作成。

状況に対するセルビア国民の倦厭感にもつながっているように思われる。「犯罪行為について議論し，犯人を見つけようとするのはもうたくさんだ，我々はなるべく早くそれを忘れるべきであり，未来に目を向け，生活に関する現実的問題に対処すべきだ」という言明に対しては，世論調査の回答者の65％以上が同意していたのである（表7-1の言明3の欄を参照）。

　他方で，こうした不公平感や戦争犯罪の責任追及に対する倦厭感は，自分たちの側が行った犯罪行為そのものを否定する態度をセルビアの人々がとっていることを意味するわけでは必ずしもない点に留意が必要であろう。すでに述べてきたたように，ミロシェヴィッチ体制崩壊から間もない時期は，セルビア人が行ったとされる犯罪行為について，でっち上げだ，誇張だと否定する傾向が強く，スレブレニツァの虐殺事件についてさえ虐殺行為などなかったと考える人々が多数派を構成していたのであり，研究者の間でもセルビア人の「拒絶症候群」が問題視されていた（Ramet 2007）。しかし，セルビアにおける2010年

206　第7章　マスメディアと世論

の世論調査によれば，「セルビア人は犯罪行為を行っていない」という言明に対し，同意する態度を示したのは全回答者のうちの 12.5%に過ぎず，74.3%はそれに対して反対の姿勢を示していたのである（**表 7-1** の言明 4 の欄を参照）。2010 年の時点では，セルビア人が自分たちの側の戦争犯罪の責任を全否定するような態度は，ほぼ消滅していたと考えてよいであろう。

　セルビア人が自分たちの側の戦争犯罪行為について，その責任を少なくとも一部は認めていることは，本節で紹介する最後の言明に対する回答からもわかる。「多くのセルビア人は，自分たちの同胞が犯罪行為を行ったとは信じられないので，セルビア人が行った犯罪行為に関する真実を直視するのを拒んでいる」という言明に対し，回答者の過半数は，同意する態度を示していたのである（**表 7-1** の言明 5 の欄を参照）。この言明に同意するということは，他の人々が信じているか否かにかかわらず，「セルビア人が行った犯罪行為に関する真実」が存在することを認めていることを意味する。回答者の過半数がこの言明に同意しているという世論調査の結果から，セルビア人の過半数は自分たちの側も戦争犯罪行為を行ったことを認めていることがわかる。

　この世論調査は，2010 年という一時点の調査に過ぎず，時系列の変化をとらえることはできない。そのため，この世論調査のデータだけでは，人々の間で，セルビア人の側が行った戦争犯罪行為の責任を少なくとも一部は認める態度がいつ生じたのか，それがなぜ生じたのかを実証的に明らかにすることはできない。しかし，ICTY の裁判においてセルビア人勢力が犯罪行為を行った映像が放映され，それがセルビア国内でも放映されたことで，セルビア人側による犯罪行為の動かぬ証拠が人々に示され，セルビア国内で大きな反響があったことは，すでに述べた通りである。前節で行った計量テキスト分析の結果は，この「さそり」部隊の映像の影響が比較的長期にわたって残っていたことを示唆している。このような点を考えれば，セルビア人の回答者の大半が自分たちの側の戦争犯罪の責任に関する認識をもつに至った 1 つの要因として，セルビア人による犯罪行為の証拠を検討した ICTY の裁判がセルビア国内のメディアによって放映されたことが重要な役割を果たしていたと考えるのは，それほど不自然ではないように思われる。

3　戦争犯罪問題に関するセルビア国民の態度　　207

小　括

　本章では，移行期正義の追求，より具体的にはICTYへの戦争犯罪被告人の引き渡し，ICTYにおける裁判の実施やそこでの真相究明が，セルビア国内のマスメディアや世論にどのような影響を与えたのかを検討した。

　第1節では，主として先行研究に依拠しつつ，最も注目されたICTY関連の事象と，それがセルビアのマスメディアや世論に与えた影響の大きさに関する先行研究の議論を紹介した。第2節では，そうした先行研究の議論の妥当性をより体系的なデータによって検討するために，筆者が実施した計量テキスト分析の結果を紹介した。計量テキスト分析では，先行研究において民族主義的な反応を喚起したといわれてきた事象の影響について，概ね先行研究の議論の妥当性を支持する結果が得られたが，ミロシェヴィッチの獄中死についてはマスメディアの論調に大きな影響を与えていないことを指摘した。また，先行研究で評価が分れていた「さそり」部隊の映像については，その影響が決して小さなものではなかったことを示唆する分析結果が得られた。

　第3節では，セルビアの社会科学研究所から提供を受けた世論調査データを用いて，セルビア国民の個人の意識や態度について検討した。確かに，セルビア国民の間には，ICTYの裁判，セルビアへの国際社会の対応において，セルビアが他国・他民族と比べて戦争犯罪の責任が過度に厳しく追及されているという不公平感はいまだに強く残っている。しかし他方で，セルビア側も犯罪行為を働いたという点については，過半数がそれを受け入れる態度を示しており，先行研究において強調されてきた「拒絶症候群」は，もはや過去のものになったことを指摘した。これがICTYの裁判，そこで行われた真相究明の帰結であるという因果推論を行うことは，この世論調査データだけでは不可能である。しかし第2節で行った計量テキスト分析の結果も踏まえて考えれば，その可能性が高いのではないかと，筆者は考えている。この結論の妥当性を方法論的により適切な方法で確認するためには，データと分析手法に更なる工夫が必要である。この点については今後の研究課題としたい。

● 注

1) "Miloševiću treba sami da sudimo – smatra 40 odsto anketiranih," *Politika*, 2001/6/11.

2) 同上。

3) 同上。

4) ジンジッチの任期中のセルビアのマスメディアによるジンジッチに関する報道については，Kisić and Lazović（2006）が詳細な定性的分析を行っている。

5) "Artman: Srbija prvi put otvoreno ne sarađuje," *Kurir*, 2003/10/24.

6) "Odlazim zbog naroda!" *Večernje novosti*, 2005/4/26.

7) この点については Gordy（2013: chapter 7）が詳しく論じている。

8) "Kalra Del Ponte u Vašingtonu: Poziv Beogradu da ispuni i preostale obaveze prema Tribunalu," *Politika*, 2005/6/15.

9) "Serbia: Belgrade's Ambiguous Response to Srebrenica," *RFE/RL*, 2005/6/27.

10) ただし，その際セルビア・モンテネグロ国家連合の政府は，「犯罪行為を行い，虐殺を組織した者は，セルビアやモンテネグロを代表していたわけではなく，セルビアとモンテネグロの国民の過半数が反対していた恐怖と死の非民主的体制を代表していた」という但し書きを付けている（"Serbia: Belgrade's Ambiguous Response to Srebrenica," *RFE/RL*, 2005/6/27）。

11) *Balkan Watch*, 2005/5/16.

12) "Serbia: Belgrade's Ambiguous Response to Srebrenica," *RFE/RL*, 2005/6/27.

13) "Potočari, deset godina kasnije," *Danas*, 2005/7/9.

14) "Serbia: Belgrade's Ambiguous Response to Srebrenica," *RFE/RL*, 2005/6/27.

15) この世論調査のデータセットは，筆者が 2016 年 9 月にベオグラードを訪問した際に社会科学研究所のリスティッチ博士から提供を受けた。記して謝意を示したい。

第8章

謝罪と和解

はじめに

　本章では，旧ユーゴ諸国の政府首脳や政治家が過去の戦争犯罪や紛争中の非人道的行為に関する公的謝罪をどの程度まで行ってきたのかを概観したうえで，それが現地の人々によってどのように評価されているのかを検討する。旧ユーゴ地域における移行期正義の追求は，紛争中に行われた非人道的行為の真相究明，その責任者の処罰を通じて，民族間の和解に資するものとみなされてきた。旧ユーゴ地域において，その究極的な目的は，どの程度まで達成されているのか。本章の目的は，現時点で利用可能なデータを用いて，その問いに対する答えを見出すことである。

　戦争犯罪の責任者の訴追と裁判，その過程で進められる真相究明の試みと，民族間の和解という現象（変数）を別個のものであると考えるとき（この考え方については**第1章**を参照），両者をつなぐと想定されているのが，過去の非人道的行為に関する公的な謝罪である。非人道的行為が行われたことが事実として認定されたとき，それを行った責任者やその責任者が属する集団の指導者が被害者やその属する集団に対して謝罪することなしに，被害者の側と加害者の側

の関係を修復することは困難であると思われるからである。そこで，本来であれば，「移行期正義の追求は民族間の和解につながっているのか」という問いに答えるのであれば，まず移行期正義の追求が公的謝罪をもたらしたのか否か，そして次に公的謝罪が民族間の和解をもたらしたのか否かという，2つの因果関係を別個に考察するのが望ましいだろう。

　しかし，旧ユーゴ諸国の政府首脳・主要政治家による公的謝罪の件数は少数にとどまっており，体系的な考察を行うことはきわめて難しい。一連の事例を見ていくと，旧ユーゴ国際刑事裁判所（ICTY）における裁判とそこでの真相究明が公的謝罪を促したと思われる事例も散見される。しかし，政治家や政権政党の党派性，国内での選挙の実施の有無など，その他にも重要と思われる変数が存在し，どの変数が重要であったのかを体系的に考察するには，事例の数が少なすぎる。そこで本章では，公的謝罪がどのような要因によって説明できるのかという点についての考察は個別の事例の叙述において可能な範囲内にとどめ，公的謝罪がいつどのように行われたのかを整理する。そのうえで，その公的謝罪が現地の人々にどのように評価されているのかを検討していくことにしたい。

1　セルビアの歴代政権による公的謝罪

　まず，ミロシェヴィッチ体制崩壊後のセルビアの歴代政権による公的謝罪について見ていこう。**第5章**と**第6章**では，分析の対象がICTYへの被告人の引き渡しの問題であり，2011年にすべての被告人の引き渡しが完了したため，それ以降に成立した政権は分析対象に含まれていなかった。しかし本章で扱う問題については，分析の対象を2011年までに限る理由はない。そこで，民主化後に最初に成立したセルビア民主野党連合（DOS）政権から，2018年末時点でセルビアに成立していたセルビア前進党（SNS）政権まで，すべての政権による公的謝罪について概観していくことにしたい。

(1) DOS 政権期

　DOS 政権を率いたジンジッチは，ミロシェヴィッチの一連の戦争政策に対

212　第8章　謝罪と和解

して批判的であったが，ミロシェヴィッチ体制崩壊後，近隣の諸国・諸民族に対する公的謝罪は行わなかった。ジンジッチは2002年夏のインタビューにおいて，自分の言動や政策の根底にある考え方を，「民族紛争の脱感情化」と呼んでいる（Đinđić 2013: 352）。それは，より具体的には，「人々が怒ったり興奮したりすることのないよう，こうした問題について，淡々と，技術的に語るように心がける」（Đinđić 2013: 352）ということである。例えばモンテネグロの独立問題であれば，「セルビアの支配下で暮らしたくないとか，分離主義者が分離するのを許容すべきでないとかという話をするのではなく，分離にはどのくらいのコストがかかり，どのような影響があり，誰にとって損や得があるかを問うということだ」とジンジッチは述べている（Đinđić 2013: 352）。コソヴォ問題についても，コソヴォの人々（コソヴォ域内のセルビア人）が選挙に参加したのはこのようなアプローチの成果だとしている（Đinđić 2013: 354）。ジンジッチは別の機会に，「我々はコソヴォのアルバニア人に対しこのようにいおう。環境は変わった。アルバニア人の経済的・人的利益はセルビアとの協力によって，セルビアを通じて，実現できる。というのは，セルビアは地域の発展の原動力となり，再びバルカンの牽引車となるからだ」と述べている（Đinđić 2005: 57）。一言でいえば，ジンジッチは，「未来志向」「実利志向」の発言をすることによって，過去の問題に直面することを避けていたのである。

このような考え方と発言は，合理主義と現実主義で動くジンジッチならではのものだといえるだろう。これを踏まえれば，ジンジッチがクロアチアやボスニア，コソヴォで行われた戦争犯罪行為について非を認めたり謝罪したりする言動がなかったのは，むしろ当然であることがわかる。それらは，民族主義者の反発や怒りを招く，「感情化」を引き起こすものであり，人々に経済発展や生活水準の向上といった実利をもたらすものではないからである。ジンジッチは，そうした言動にあえて踏み込む必要性を認めなかったのであろう。

DOS政権期に，他の政府首脳はどのような言動，政策をとっていたのだろうか。ユーゴの連邦大統領に就任したコシュトゥニツァも，ジンジッチと同様，公的な謝罪には踏み込まなかった。例えば，2000年11月にコシュトゥニツァがザグレブを訪問した際には，クロアチアではコシュトゥニツァが過去の紛争，戦争犯罪行為について謝罪することが期待されたが，実際には謝罪は行われな

1　セルビアの歴代政権による公的謝罪　213

かった。このとき，当時のクロアチア大統領であったメシッチは，「コシュトゥニツァはブラントではないし，セルビアはドイツではない」と語った[1]。コシュトゥニツァは，サラエヴォを訪問した際にも謝罪を表明しなかった[2]。コシュトゥニツァはその後も，セルビア民主党（DSS）政権期，DSS・民主党（DS）連立政権期を通じて，結局一度も公的謝罪を行うことはなかった。コシュトゥニツァがこのような態度をとったことは，**第5章**で検討したようなコシュトゥニツァの民族主義的な立場によって容易に説明がつくであろう。

　なお，2003年9月には，クロアチアのメシッチ大統領がベオグラードを訪問した際，セルビア・モンテネグロ国家連合のマロヴィッチ大統領が，紛争中にセルビア・モンテネグロの市民によってクロアチア市民に対して行われた「あらゆる悪事」について謝罪した[3]。ただし，マロヴィッチ大統領はセルビアの政治家ではなく，モンテネグロで反ミロシェヴィッチの立場をとっていた社会主義者民主党（DPS）出身の政治家であった。その点で，セルビアの政治家のように，隣国への謝罪による国内の世論，特に自分の政党の支持層からの反発を恐れる必要はなかったことが，この公的謝罪を可能にする1つの要因であったように思われる。

　いずれにせよ，1991年のクロアチア独立宣言以来初となるクロアチア大統領のベオグラード訪問に際してセルビア・モンテネグロの国家元首の口から公的に謝罪が表明されたことが，両国間の関係改善にとって重要な最初の一歩であったことはいうまでもない。さらにマロヴィッチは，その2カ月後に，ボスニアを訪問した際にも，ボスニアの大統領評議会との面談の後，同様の言葉を用いてセルビア・モンテネグロの市民によって行われた行為について謝罪を表明した[4]。

　マロヴィッチがこうした一連の謝罪において「セルビア・モンテネグロの市民による」犯罪行為と述べ，謝罪の対象を個人による犯罪行為に限定しており，国家としての責任には言及していない点は注目に値する。このときすでにセルビア・モンテネグロは国家として国際司法裁判所（ICJ）においてジェノサイドの責任についてボスニアと裁判で争っている状況であった（**第3章**参照）。そのため，国家としての責任を認める発言は裁判に悪影響を与えるおそれがあり，マロヴィッチはそれを避けるために注意深く個人に限定した謝罪を行っていた

のだと指摘されている。[5]

(2) DSS 政権期

DSS 政権期には，2004 年 7 月にタディッチが大統領に就任し，セルビアの外交政策の一端を担うようになった。DSS 政権期に，民族主義派の立場をとっていたコシュトゥニツァ首相や彼が主導する DSS が支配的なセルビア議会の側から近隣諸国や諸民族に対する謝罪といえるような政策や言動をとることはなかったが，タディッチ大統領の側から，近隣諸国・諸民族に対して謝罪の意を示す動きが見られた。まず，2004 年 12 月にサラエヴォを訪問した際，「セルビア民族に属する者が行った犯罪行為の対象となったすべての人々」に対して謝罪を行った。[6]タディッチは，「現在の政治家には，次世代が協力し合い，和解と信頼を築けるような未来を作り出す大きな責任がある」と語り，和解と信頼醸成の意図を強調していた。[7]

ただし，このときタディッチはあわせて，「セルビア民族の全体が犯罪を犯したわけではない」「セルビア人，クロアチア人，ボシュニャク人に対して犯罪行為を行ったすべての人々から謝罪があることを期待している」という主張も付け加えていた。[8]これに対してボスニアのボシュニャク人の民族主義政党である民主行動党（SDA）のパラヴリッチ副党首からは，ボスニアからセルビアに入って戦争した者などいないのだから，ボシュニャク人の側から謝罪する必要はない，といった批判の声も上がっていた。[9]ボスニアの主要日刊紙である『オスロボジェニェ』も，社説において，「タディッチ大統領がボスニアとセルビアを政治的に少しでも近づけようという善意を抱いていることについては疑念の余地がない」とタディッチの謝罪を評価しつつも，この地域で行われた犯罪行為をすべて同一視し，全員が全員に対して同じように謝罪することを求めたことを問題視していた。[10]このようにタディッチのサラエヴォにおける謝罪は，ボシュニャク人に無条件に受け入れられたわけでは決してない。しかし，セルビアの政府首脳が初めて行った公式の謝罪が，民族間の和解に向けた第一歩となったことは間違いないだろう。

さらに，セルビア国内で大きな反響を呼んだ「さそり」部隊の映像の放映を受けて，タディッチ大統領は 2005 年 7 月 11 日にスレブレニツァの虐殺事件

1 セルビアの歴代政権による公的謝罪 215

10周年の追悼式典に参列した（**第7章**参照）。ただし，式典において演説する機会は与えられなかったため，式典中の発言や謝罪はなかった[11]。そのためタディッチは訪問に際して声明を発表し，7000人以上のボシュニャク人が殺害された事件の10周年追悼式典に参加する理由として，次の3つを挙げた。第1の理由は「人間的なもの」であり，多くの説明は必要ないとした。そのうえで，第2の理由として，セルビア市民がこの犯罪の背後にいたわけではないことを示し，セルビア市民とスレブレニツァの犯罪の間に線引きを行うことが重要だとした。そして第3の理由として，旧ユーゴ諸国間の信頼と協力を回復することの重要性を挙げている[12]。ただ，このときの参列に際して，スレブレニツァの虐殺事件についてタディッチ大統領から明確な謝罪の言葉はなかった。クロアチアのメシッチ大統領は，タディッチがこの虐殺事件について謝罪しなかったのは驚きだという発言を行っている[13]。ICTYにおける裁判で提示された証拠の存在が，スレブレニツァの虐殺事件の犠牲者追悼式典へのタディッチ大統領の参列を促したことは明白であるように思われる。しかし，それが公的謝罪をもたらすには至らなかったことには留意が必要である。

(3) DSS・DS連立政権期

DSS・DS連立政権が成立した後も，民族主義派のコシュトゥニツァ首相に率いられた内閣や議会からは近隣諸国・諸民族への謝罪が見られない中で，自由主義派のタディッチ大統領がそうした動きを進めるという前政権期に確立されたパターンが継続した。DSS・DS連立政権が発足した直後の2007年6月に，タディッチ大統領はクロアチア国営放送のテレビ番組に出演し，クロアチア紛争中の犯罪行為について謝罪の意を表明した。タディッチは，番組中のインタビューで「クロアチアのすべての市民，クロアチア民族に属するすべての人々に対し，我が民族に属する人々が苦痛を与えたことについて，謝罪の意を示したい」と発言したのである[14]。

この謝罪について，自由主義派の人々が歓迎したのに対し，民族主義派からは批判の声が上がった[15]。例えば謝罪が行われた後のセルビア議会における審議では，セルビア急進党（SRS）の議員であったヴチッチが，この謝罪はすべてのセルビア人とその子孫の墓に泥を塗るものであり，DSの人々はセルビアの

恥，セルビア民族の中の最悪の部類だと強い口調で非難していた[16]。DS と連立
を組んでいた DSS の政治家も，「タディッチの謝罪について意見を述べる気は
ない」「タディッチは連立政権の一部ではない」（いずれも DSS のムラデノヴィッ
チ広報官），「自分は個人的には謝罪政策を推進するつもりはない」（コソヴォ・
メトヒヤ問題担当政務次官のプロロコヴィッチ）といった発言を行い，タディッチ
大統領の謝罪から距離を置く立場を示していた[17]。セルビア社会党（SPS）から
もタディッチの謝罪について「失望した」という声が上がっている[18]。

　他方，タディッチの謝罪は，クロアチアの側からは，概ね好意的に受け止め
られたようである[19]。クロアチアの極右政党の指導者のように，「受け入れはす
るが，十分ではない」というやや批判的な意見を述べる政治家もいたが，メ
シッチ大統領や最大野党である社会民主党（SDP）のミラノヴィッチ党首から
は謝罪を受け入れる旨の反応があった。また，クロアチアに住むセルビア人を
代表する組織からも「クロアチアとセルビアの関係改善のため，セルビア大統
領としてセルビア人の勢力が行った犯罪行為の責任を受け止めようとしたこと
に感謝する」という好意的な反応が示されている。

(4) DS 政権期

　2008 年 4 月の DS 政権成立以降は，自由主義派の DS が内閣・議会において
も主導的な立場に立つようになり，謝罪の動きは大統領だけでなく議会でもと
られるようになった。2010 年 3 月 31 日の未明，13 時間に及ぶ議論の末に，セ
ルビア議会が「スレブレニツァにおいてボシュニャク人の住民に対して 1995
年 7 月に行われた犯罪行為を強く非難する」決議（スレブレニツァ非難決議）を
採択したのである[20]。250 人の議員のうち採決の時点で議場に残って投票に加
わったのは 149 人であり，連立政権を構成する諸政党の議員 127 人が賛成票を
投じ，DSS と新セルビア（NS）の議員 21 人が反対票を投じ，SNS，SRS，自
由民主党（LDP）の議員は投票に参加しなかった[21]。DS が主導する政党連合の
院内総務を務めるコルンジヤ議員は，この決議が「悲劇的な章を閉じ，平和と
寛容の章を開く」と語っている[22]。

　この決議に関する投票における諸政党の動きは興味深いものである。ボスニ
ア紛争が進行していた時期にセルビアを支配していたセルビア社会党（SPS）

1　セルビアの歴代政権による公的謝罪　　217

は，「この決議は事実に基づいた記述になっており，誰の感情も害することのない，適切な措置である」として，賛成票を投じた[23]。これに対し，自由主義派のLDPは，議会での審議において「ICJは2007年2月の判決においてスレブレニツァでジェノサイドが行われたことを認定した」という文言を含めた決議文の修正を提案していたが[24]，認められなかったので，賛成票を投じなかった。極右政党のSRSから離脱して結成されたSNSの議員も採決を欠席したが，その理由はLDPとは全く逆であり，SNSのニコリッチ党首は，この決議が前文でジェノサイド条約に言及し，本文中では「スレブレニツァでの犯罪行為はICJの判決で述べられたような形で行われた」という文言を含んでいることから，スレブレニツァで「ジェノサイド」が行われたことを事実上認めている内容になっていることを批判している[25]。さらにニコリッチは，賛成票を投じれば欧州連合（EU）から賞賛されるが市民から批判を受ける，他方で反対票を投じれば市民からは賞賛されるがEUからは批判を受けるため，投票しないという選択をしたとも語っている[26]。この決議に反対票を投じたDSSのサマルジッチ議員は，この決議を「恥ずべき決議」と非難し，「EUに加盟するために自尊心をさらに傷つけなければならない」と批判している[27]。

　ニコリッチやサマルジッチの発言が示すように，民族主義派の政治家は，この決議の採択をEUからの圧力によるもの，与党連合がEU加盟プロセスを推進するために行うものとみなしていた[28]。このような発想は，本書の**第5章・第6章**で検討してきたICTYへの戦争犯罪被告人の引き渡しをめぐる政治力学を踏まえれば，理解しやすいであろう。ただし，ICTYへの戦争犯罪被告人の引き渡しの問題とは異なり，EUは，加盟プロセスを進めるための条件としてセルビアに対して近隣諸国や諸民族への謝罪を明示的に求めたことはない。実際，この決議の採択は，セルビアのEU加盟プロセスについてEUが重要な政治的決定を行うタイミングとは関係のない時期に行われており，セルビアのEU加盟プロセスの進展に重要な影響を及ぼしたようには思われない。自由主義派は，2005年にもスレブレニツァにおける犯罪行為に対する非難決議の草案を議会に提出し，当時は民族主義派が多数派を占める議会で否決されていた（**第7章**参照）。2010年のスレブレニツァ非難決議は，2005年の動きを再度試みるものであり，与党連合の中心的存在であるDSの政策志向，政権の党派性が重要な

規定要因であると考えるほうが妥当であるように思われる。

　この決議が採択された後，タディッチ大統領は 2010 年 11 月にジェリッチ欧州統合問題担当副首相らとともにクロアチアのヴコヴァルを訪問し，オヴチャラの虐殺事件の犠牲者の集団墓地に献花し，謝罪を表明した。タディッチ大統領は，「犯罪行為を認め，謝罪し，反省の念を表明することによって，和解の可能性が現れる」と述べている。[29] クロアチア側では，戦争犯罪行為が行われた場所にセルビアの高官が訪問することに対する抗議デモが民族主義政党によって組織されたが，クロアチアの政治家や一般市民の大半は，タディッチの献花と謝罪を好意的に受け止めたと報道されている。[30] クロアチアに住むセルビア人の側では，セルビア系住民を代表する政党である独立民主セルビア人党（SOSS）のスタニミロヴィッチ党首が，「ヴコヴァルにおける戦争はセルビア人が始めたわけではない」と発言して，タディッチの謝罪に対し批判的な態度をとったが，この発言に対しては，クロアチア国内外から激しい非難が浴びせられた。[31]

(5) SPS・SNS 連立政権期

　SPS・SNS 連立政権期について，首相を務めたダチッチと，大統領を務めたニコリッチを中心に見ていこう。ダチッチは，1992 年から連邦下院議員を務め，ミロシェヴィッチが率いていた SPS の広報官を担当していた人物である。また，ダチッチは，ミロシェヴィッチが 2006 年に死去した後，SPS の党首となり，DS 政権期には内務大臣を務めた。2012 年の選挙後，民族主義派の SNS と連立を組んでセルビア首相となった。

　ダチッチは，2006 年の党首就任後から党内の穏健派を起用し，党の改革と路線転換を進めた。ヨーロッパ諸国の社会民主主義政党への接近を試み，社会主義インターナショナルへの加入を試みたのも，その 1 つの証左である（久保2011）。SPS にとっては仇敵であった DS との連立形成は，そうした改革の帰結であった。こうした方向転換は，戦争責任や近隣諸国への態度にも表れている。例えば SPS は，先に述べたように，スレブレニツァ非難決議（2010 年 3 月）の採決において，賛成票を投じている。さらに，2012 年 10 月以降は，ダチッチ首相が EU の仲介でコソヴォとの関係正常化交渉のテーブルにつき，移動の自

由，貿易，関税などさまざまな分野で合意を重ねていき，最終的に 2013 年 4 月の関係正常化に関する「歴史的合意」の締結に至った。この 15 項目の合意では，セルビアとコソヴォが相互の EU 加盟プロセスを妨害しないと定められ，セルビア人が実効支配するコソヴォ北部地域の統治原則（これらの地域はコソヴォ政府の統治下に置かれるが，セルビア人自治体の連合または共同体が樹立され，広範な権限を与えられる）が定められた[32]。この合意に至る交渉以前は，セルビア政府はコソヴォを独立国家として認めない姿勢をとっていたため，コソヴォの政府代表が出席する国際会議への出席すら拒否していた[33]。セルビアの首相がコソヴォとの交渉に応じ，合意に署名したこと自体がまさに「歴史的」であり，セルビアとコソヴォの関係正常化に向けた画期的な合意だったのである。

　ただし，この歴史的合意が，ダチッチや彼が率いる SPS の穏健化だけによってもたらされたわけではないことには留意が必要である。この交渉の仲介に当たっていた EU のアシュトン外務・安全保障政策上級代表は，コソヴォと関係正常化について合意すれば，セルビアの EU 加盟交渉やコソヴォとの安定化・連合協定（SAA）締結交渉の開始が可能になるとして，双方に対して妥協と合意形成を求めていた。すなわち，セルビアとコソヴォが実現をめざしていた目標と関係正常化の交渉を連動させることによって，セルビアとコソヴォの間の合意を事実上の加盟コンディショナリティ（条件）としたのである。2013 年 4 月 22 日の外務理事会でアシュトンがセルビアとコソヴォとの間の交渉について報告し，それを受けて EU のセルビアとコソヴォへの対応が決定されることになっていたため，その日が事実上の交渉期限となっていた。セルビアとコソヴォの間で合意が成立したのは，その 3 日前の 4 月 19 日であった。

　この合意が成立した後，EU は実際にセルビアとの加盟交渉開始と，コソヴォとの SAA 締結に向けた交渉開始への動きを進め，2013 年 6 月のブリュッセルでの欧州理事会で交渉開始が決定された。EU が加盟プロセスについて重要な政治的決定を行う直前に，セルビアにとって好ましい決定を引き出すために民族主義派にとって困難な妥協が行われるという，**第 6 章**で示した ICTY への戦争犯罪被告人の引き渡しと同様のパターンがここでも観察できるのである。

　次に，SPS・SNS 連立政権期に大統領を務めたニコリッチの言動について見ていこう。ニコリッチは，1991 年に結成された極右政党 SRS の副党首を長く

務め，2000 年代には SRS の大統領候補として大統領選挙に何度も出馬していた人物である。2008 年 10 月に SRS から分離して SNS を設立し，2012 年大統領選挙では SNS の候補として出馬していた。

こうした経歴から明らかなように，ニコリッチは 1990 年代には，最も過激な主張を展開する民族主義派の政治家の 1 人として活動していた。そうした姿勢は 2000 年代に入っても変化しなかった。例えばニコリッチは 2004 年に，シェシェリが ICTY で「私も我が党も大セルビア設立を決してあきらめない」と語ったことに関連し，シェシェリの主張する大セルビアは，SRS の指導者にとって，「いつの日か実現するかもしれない永遠の夢」であると述べた。また，クロアチアはいつの日か「クライナ・セルビア人共和国（RSK）」を承認し，セルビア人に資産を返還し，一定の自治を与えなければならない，とも主張している。ニコリッチは，2012 年の大統領選挙の決選投票前日にドイツで発表されたインタビュー記事において，クロアチア紛争でセルビア人勢力に長期にわたり包囲・爆撃され，灰燼に帰した東部の町ヴコヴァルについて，「ヴコヴァルはセルビア人の町だった」と発言したことが報じられ，物議を醸している。

しかしニコリッチは，大統領に就任すると，その言動は民族主義一辺倒ではなくなった。2013 年 2 月には，EU が仲介したコソヴォとの関係正常化交渉の過程で，ブリュッセルでコソヴォのヤヒヤガ大統領と会談した。先に述べたように，コソヴォを独立国家として認めないセルビアは関係正常化交渉が開始されるまで，コソヴォの首脳が出席する国際会議には同席すら拒否する姿勢をとっていた。それを考えると，セルビア大統領がコソヴォの大統領との会談を行ったことは画期的であった。この会談は「歴史的会談」と評価され，コソヴォの外相はこれを「セルビアによる事実上の独立承認」であると語っている。

さらに，その 2 カ月後の 2013 年 4 月にニコリッチは，ボスニア大統領評議会のメンバー 2 人が首脳会談のためにベオグラードを訪問した際に行われたボスニアのテレビ局とのインタビューにおいて，「我々の国家と民族の名の下にボスニアで行われたすべての犯罪行為について，跪いてセルビアへの赦しを請いたい」と発言した。同じインタビューで，ニコリッチは，「セルビア人共和国のセルビア系住民はボスニア人である」と述べ，過去の大セルビア主義的

な主張とは一線を画する発言を行っている。[38] クロアチアやボスニアの政治家からはこの謝罪を評価する反応が見られており，ニコリッチの言動に対して批判的な態度をとっていたために，ベオグラード訪問を見合わせていたボスニア大統領評議会のコムシッチ（クロアチア人代表）も，「こうした謝罪はボスニアとセルビアの関係改善に資するもの」[39] と評価する姿勢を示している。

(6) SNS 政権期

最後に，SNS 政権期について，2014 年からセルビア首相を，17 年からセルビア大統領を務めているヴチッチを中心に見ていこう。ヴチッチは，1993 年に SRS に入党し，同年にセルビア議会の議員に選出された。ミロシェヴィッチ体制末期の 1998 年 3 月から 2000 年 10 月まで，セルビア政府の情報相を務めた。2008 年にニコリッチとともに SRS から分離して SNS 設立の立役者となる。2012 年に SNS が議会第 1 党になると，SPS との連立政権においてセルビア国防相・第 1 副首相に就任し，14 年の議会選挙後にセルビア首相となった。

ヴチッチもまた，1990 年代には過激な民族主義派の政治家として活動していた。最も有名な発言は，1995 年 7 月 20 日にセルビア議会で行った「セルビア人が 1 人殺されれば，ムスリム人を 100 人殺すべし」というものであろう。[40] この発言は，第二次世界大戦中にナチ・ドイツが発した，ドイツ人が 1 人負傷すればセルビア人を 50 人，ドイツ人が 1 人死亡すればセルビア人を 100 人殺すという布告を想起させるものであった。また，ヴチッチがセルビア政府の情報相であった時期には，反体制派の政治家やジャーナリストの暗殺事件が次々と起きている。その中でも最も有名な暗殺事件の 1 つである反体制派ジャーナリストのチュルヴィヤの死について，彼の内縁の妻である歴史学者のプルパは，彼の死の前にヴチッチがタブロイド紙で「（チュルヴィヤが記事を執筆していた日刊紙）『ドゥネヴニ・テレグラフ』が並べ立てている自分についての嘘の数々について，チュルヴィヤにいつか復讐する」と語っていたことを挙げ，チュルヴィヤ暗殺は国家による犯罪だと述べている。[41]

そのヴチッチも，ダチッチやニコリッチと同様に，2012 年に初めて SNS が政権入りしてからは，近隣諸国との関係改善を志向する言動もとるようになっている。SNS 政権期には，2015 年 7 月にスレブレニツァ虐殺の 20 周年追悼式

典が行われた際，ヴチッチはその過去の発言にもかかわらず参列することを決定し，大きな注目を集めた。また，SPS・SNS連立政権期から継続しているEUを仲介役とするコソヴォとの関係正常化交渉も進め，2015年8月には，エネルギー，電気通信などの分野で「記念碑的合意」に達している。しかしヴチッチは，2018年末の時点で，自身の過去の言動やセルビア人勢力が行った戦争犯罪行為などについて，管見の及ぶ限り，明確な公的謝罪を行っていない。2018年2月にヴチッチがクロアチアを訪問した際には，「我々は謝罪を求める」という横断幕を掲げた退役軍人たちの抗議デモが起こっている。[44]

2　他の旧ユーゴ諸国の政府首脳による公的謝罪

　前節では，セルビアの歴代政権における政府首脳の公的謝罪について概観した。紛争中の戦争犯罪行為について最も明確に謝罪の姿勢をとったのが自由主義派の政党であるDSの政治家（タディッチ大統領およびDS政権期のセルビア議会の議員）であったことは疑念の余地がない。他方で，民族主義派の政党の政治家からも，謝罪や近隣諸国との関係改善を進めようとする動きが一定程度見られる。2000年代に入って一連の公的謝罪が行われた後は，SPS・SNS連立政権やSNS政権といった民族主義派の政権が成立しても，とりわけクロアチア紛争とボスニア紛争については，紛争中の戦争犯罪の責任を否定するような言動は見られず，セルビア政府の態度は比較的一貫したものであったように思われる。

　本節では，セルビア以外の旧ユーゴ諸国の政府首脳による公的謝罪や過去の戦争犯罪に関する態度について概観しておきたい。特に重要なのは，ボスニアを構成する2つの構成体のうちの1つであるセルビア人共和国（RS）の政治家の言動である。RSの政治家からは，戦争犯罪の責任を否定するような言動がたびたび見られており，セルビア政府の政治家とは対照的であるように思われるからである。そこで以下では，まずボスニアのRS政府による公的謝罪をめぐる動きを概観し，次にその他の国々の政府首脳・政治家の動きを検討していくことにしたい。

⑴ ボスニアにおける RS 政府による謝罪とその修正の動き

　スレブレニツァの虐殺事件に関して RS の政府機関が最初に発表した報告書
は，その犠牲者数を過少に見積もるものであり，それによってセルビア人勢力
の戦争犯罪の責任を否定ないし減少させようとしたものであった（第3章参照）。
この「修正主義」の試みは国内外から激しい批判を受け，2004 年にあらため
て報告書が発表され，RS 政府は，スレブレニツァにおいて 8000 人近くの死者
が出たことを認めた。その後，RS のチャヴィッチ大統領は，スレブレニツァ
の虐殺事件が「セルビア民族の歴史における暗黒の 1 頁」であり，その犯罪行
為に及んだ者には弁解の余地はないと発言した[45]。2004 年 11 月には，RS 政府が，
「セルビア人部隊のスレブレニツァ攻撃によって亡くなったボシュニャク人犠
牲者の家族の悼みを共有し，その地で起きた悲劇に対して遺憾の意を示した
い」という謝罪の声明を発表した[46]。これまで本章で述べてきたように，この声
明の以前にも旧ユーゴ地域の政治家が公的に謝罪を行ったことはあったが，こ
の RS 政府による謝罪は，政府機関が組織として行った謝罪としては旧ユーゴ
地域で最初のものと評価されている[47]。

　しかし，RS 政府の戦争犯罪に関するその後の態度は一貫性を欠いており，
RS 政府首脳から，2004 年に RS 政府が表明した立場を修正しようとする発言
がたびたび発せられている。そうした動きの中心となっているのが，2006 年
から 10 年まで RS 首相を，10 年から 18 年まで RS 大統領を，そして 2018 年
からボスニア大統領評議会のメンバーを務めているドディクである。例えばド
ディクは 2010 年 4 月に，セルビア議会でスレブレニツァ非難決議が採択され
たことに反発し，「この決議には拘束力は一切ない」と批判したうえで，04 年
に RS 政府が発表した報告書について，「上級代表の圧力を受けて発表したも
の」「犠牲者数が，〔正しい数字である〕3500 人ではなく，〔誇張された〕7000 人
とされている，その犠牲者のリストにある人のうち 500 人については存命中で
あり，ポトチャリに埋葬された人のうち 250 人以上はスレブレニツァで死亡し
たわけではないという情報を我々は入手している」などと発言した[48]。

　同じ年の 7 月には，スレブレニツァの虐殺事件 15 周年の追悼式典が行われ
た直後に，スレブレニツァで行われたことはジェノサイドではない，ジェノサ
イドがあったとすれば，ここポドリニェでセルビア人に対して行われたものだ，

と発言している。ドディクは，2010年の総選挙を受けてRS大統領に就任した直後の同年12月にも，ボスニアの紛争後平和構築に関与する国や国際機関によって構成される平和履行評議会が「スレブレニツァにおけるジェノサイド，ボスニア紛争中に行われた戦争犯罪行為，人道に反する罪は，忘れられたり否定されたりしてはならない」という声明を発したのに反発し，「国際社会は，起こってもいないジェノサイドの責任を1つの民族全体に押し付けようとしている」と発言した。

2018年には，04年のRS政府の報告と謝罪を否定・修正する動きは公的なものとなった。2018年8月に，ドディク大統領の意向を受けて審議を行ったRS議会が，04年の報告書を無効とし，新たな報告書を作成するための，国際的で公平な委員会を設置するようRS政府に対して求める決議を可決したのである。これを受けて，2019年2月にはRS政府が2つの国際委員会を設置し，RS政府の立場の修正に向けて正式に動き出している。こうした動きに対して当然のことながらボスニア内外から批判の声が高まっているが，RS政府の動きが止む気配は本書執筆時点では見られず，ボスニアにおける民族間の和解に対して否定的な影響を及ぼすことが懸念される。

(2) その他の諸国の政府首脳による謝罪

次に，これまでに検討してきたセルビアおよびボスニア内のRS以外の諸国の政府首脳による謝罪の動きについて簡単に概観しておきたい。

旧ユーゴ諸国の中で，国家元首として最初に公的謝罪を行ったのは，ボスニアの大統領評議会議長を務めていたイゼトベゴヴィッチであった。イゼトベゴヴィッチは，2000年5月に，ボスニア紛争中にボシュニャク人勢力によって行われたボスニアのクロアチア人やセルビア人に対する戦争犯罪行為について謝罪を表明したのである。イゼトベゴヴィッチは，「我々の側は，グラボヴィツァでクロアチア人に対して，カザニでセルビア人に対して，犯罪行為に及んだ……我々に誰が謝ったか，謝っていないかとは関係なく，我々がそれを行った以上，我々は謝罪しなければならない」と述べた。ICTYにおける裁判が，イゼトベゴヴィッチが謝罪を行うにあたり，1つの要因になったと考えられる。イゼトベゴヴィッチは，上記の謝罪を行うにあたり，「それを条件付きで行う

ことはできない。ICTY の裁判を見れば，誰に責任があり，誰が裁判にかけられ，誰が有罪判決を受けたか，といったことが，はっきりとわかるからだ」と述べていたのである[54]。その 1 カ月後には，ボスニアのクロアチア人勢力の指導者であるイェラヴィッチが，アフミチでのボシュニャク人市民に対する虐殺について謝罪した[55]。ただし，イェラヴィッチはその際，クロアチア人とボシュニャク人との間の紛争においてクロアチア人に対して行われた犯罪行為について，「誰かがクロアチア人に対して謝罪すべきだ」とも述べていた[56]。

　これと前後する 2000 年 6 月には，ユーゴ連邦を構成していたモンテネグロ共和国のジュカノヴィッチ大統領も，クロアチア紛争中にモンテネグロからクロアチアに侵入した部隊によるドゥブロヴニクへの攻撃について謝罪を表明した[57]。ただし，ジュカノヴィッチは 1997 年の大統領就任以来，ユーゴ連邦のミロシェヴィッチ大統領に対して批判的な姿勢をとっていた。そして，このときの謝罪は，それに対してミロシェヴィッチが軍を動員してモンテネグロとの国境を封鎖して圧力をかけ，ジュカノヴィッチがその封鎖の出口をクロアチアに求めようとしている最中の出来事であった[58]。そのため，ジュカノヴィッチの謝罪は，自己の苦境から逃れるために行った戦略的なものともいわれている。

　クロアチアの政府首脳による最初の公的謝罪は，2003 年 9 月に行われた。先に述べたようにクロアチアのメシッチ大統領が 1991 年の独立以来初となるベオグラード訪問を行った際，セルビア・モンテネグロ国家連合のマロヴィッチ大統領が紛争中の非人道的行為について謝罪した。これを受けて，メシッチ大統領も，紛争中にセルビア人に対して行われた行為について謝罪を表明したのである[59]。先に述べたようにマロヴィッチは同じ謝罪をボスニアでも行ったが，ボスニアの大統領評議会の側からは，メシッチのような謝罪が行われることはなかった。

　このように，クロアチアおよびボスニアの紛争については，ボシュニャク人勢力，クロアチア人勢力のそれぞれの側を代表する政府首脳から 2000 年代の早い時期に，紛争中の非人道的行為に関する謝罪が表明されていた。また，2003 年から 04 年にかけて公的謝罪が一通り行われた後も，政府首脳の交代などに伴い，謝罪が行われたケースがある。例えば，2010 年 4 月にはサラエヴォを訪問したヨシポヴィッチ・クロアチア大統領が，ボスニアを分断しようとし

226　　第 8 章　謝罪と和解

た過去のクロアチア政府の政策について謝罪した。また，同年11月には，ボスニア大統領評議会のメンバーである B. イゼトベゴヴィッチが，ボスニア政府軍が殺害したあらゆる市民に対して謝罪を行った。[60]

　他方，コソヴォ紛争については，クロアチア紛争やボスニア紛争と比べると，紛争中の戦争犯罪行為に関する謝罪の動きはまだほとんど見られない。コソヴォ紛争中の非人道的行為に関する公的謝罪として最初の動きといえるものは，コソヴォのサチ大統領が2016年7月に行った，スタロ・グラツコにおける14人のセルビア人村民の死者の慰霊碑への献花であろう。[61]このときサチは，「紛争中，紛争後に生じたすべての犠牲者について，哀悼の意を表明したい」と語った。[62]他方，スタロ・グラツコの市長は，14人の殺害を命じた責任者に裁きが下されることが先決であり，それが実現するまでは，サチの慰霊碑への訪問と献花は受け入れられないと語っている。[63]この後サチは，「アルバニア人テロリストに殺害された」と記載された慰霊碑を訪問したことは，コソヴォの殉教者，聖戦に対する侮辱であると，一部のアルバニア人から批判されている。[64]これに対しサチは，慰霊碑に書かれたことは偏見と嘘であると思うが，だからといって犠牲者を尊重しなくてもよいということにはならず，和解のためには必要な行動であると，議会で自己の行動を擁護した。[65]2008年にサチが首相に就任した際には「我々は過去ではなく将来に目を向けるべき」「誰が謝罪を行うべきかは自明だ」と述べ，アルバニア人勢力が行った非人道的行為について謝罪する意思を示さなかった[66]ことを考えれば，大きな変化であるといえよう。

　これに対しセルビアの政府首脳からは，2018年末の時点で，いまだコソヴォ紛争中にセルビア人勢力が行った非人道的行為について謝罪の意を示す兆候が見られない。コソヴォ政府は2012年に，和解のプロセスを可能にするためには，まずセルビアが謝罪するべきだと呼びかけた。[67]サチ大統領は，コソヴォ紛争が激化する最中に行われたリコシャンとチレズでの虐殺の20周年追悼式典において，この虐殺事件の実行犯に対してはいまだ裁きが下されておらず，コソヴォは裁きを求め，セルビアからの謝罪を求めると発言している。[68]セルビア政府がコソヴォの独立宣言を違法なものとみなし，コソヴォを国家承認していないことが，セルビア政府によるコソヴォへの公的謝罪を妨げる大きな要因であることはいうまでもないだろう。相手の存在自体を承認することができない

中で，その相手を公式に代表する政府に対して謝罪を行うことなど不可能だからである。セルビアとコソヴォの間の相互の国家承認が，政府首脳レベルでの公的謝罪を含めた和解のプロセスの出発点として必要不可欠であろう。

3 公的謝罪に対する現地住民の評価
──ボスニアの世論調査から──

　これまでに概観してきたセルビア政府や RS 政府の首脳，その他の諸国の政府首脳らによる公的謝罪を，現地の住民はどのように評価しているのであろうか。本節では，この点について，筆者がボスニアの社会調査研究所と共同で2017 年に実施した世論調査の結果を参照しながら考察してみたい。この調査では，ボスニアの全土から（すなわち，RS とボスニア連邦の双方をカバーする形で）無作為に抽出した回答者に，国家や民族への帰属意識，国家観などさまざまな項目について質問を行っているが，その一部として，戦争犯罪の責任や裁判，謝罪についての質問も行っている（世論調査の詳細については Kubo & Osmić 2018 を参照）。これらの質問への回答を見ていくことで，各国の政府首脳・政治家が行ってきた公的謝罪が，現地の人々にどのように受け取られてきたかについて検討することが可能である。

　特にボスニアの世論調査データを用いることは，さまざまな国や民族の指導者が行ってきた公的謝罪について，民族ごとにどのように評価が異なるかを考察するうえで有益であると考える。ボスニアでは，ボシュニャク人，クロアチア人，セルビア人という 3 つの民族集団が 1 つの国に居住しており，国際情勢やその国で行われる選挙のタイミングといった点で共通の政治経済的な条件の下で 3 つの民族集団の評価を比較することができる。クロアチア，ボスニア，セルビアという 3 つの国で世論調査を実施するよりもはるかに効率的に，かつさまざまなマクロ的諸条件を統制したうえで，民族集団による評価の違いを析出することができると考える。ただし，本来ならばボスニア内の地域や個人レベルで統制すべき変数を考慮した詳細な分析を行う必要があるが，紙幅の制約からそうした詳細な分析は別稿に譲ることとし，本書では大まかな傾向を紹介するにとどめたい。

228　第 8 章　謝罪と和解

表 8-1　セルビア政府指導者による公的謝罪に対するボスニア国民の評価（民族別）

[単位：人]

	「セルビア共和国の政治指導者による戦争犯罪についての公的謝罪は，十分に行われてきた」						合計
	強く反対	反対	中立	賛成	強く賛成	わからない	
ボシュニャク人	223 (36.5%)	209 (34.2%)	111 (18.2%)	17 (2.8%)	4 (0.7%)	47 (7.7%)	611 (100%)
クロアチア人	39 (26.2%)	53 (35.6%)	35 (23.5%)	6 (4.0%)	2 (1.3%)	14 (9.4%)	149 (100%)
セルビア人	31 (9.8%)	27 (8.5%)	49 (15.5%)	104 (32.9%)	81 (25.6%)	24 (7.6%)	316 (100%)
その他	25 (28.1%)	23 (25.8%)	23 (25.8%)	6 (6.7%)	1 (1.1%)	11 (12.4%)	89 (100%)
合計	318 (27.3%)	312 (26.8%)	218 (18.7%)	133 (11.4%)	88 (7.6%)	96 (8.2%)	1165 (100%)

　表 8-1 は，「セルビア共和国の政治指導者による戦争犯罪についての公的謝罪は，十分に行われてきた」という言明に対する賛否を，回答者の民族別に示したものである。これを見ると，（隣国である）セルビアの政府首脳がこれまでに十分な謝罪を行ってきたと評価している人（上記の言明に「強く賛成」「賛成」と答えた回答者の合計，以下同様）は，ボスニアに住むセルビア人の58.5％に及ぶことがわかる。しかし，セルビア人勢力による戦争犯罪行為の犠牲者となったボシュニャク人やクロアチア人を見てみると，ボシュニャク人ではわずか3.5％，クロアチア人では5.3％しかそのような評価を行っておらず，過半数の回答者は，十分な謝罪は行われてこなかったと考えている。セルビア政府首脳の公的謝罪は，紛争において同じ側にいた，いわば「身内」であるボスニアのセルビア人の多くからは十分なものと評価されているが，肝心の紛争における犠牲者の側には十分なものとは全く受け入れられていないのである。

　このような評価を，ボスニア国内のセルビア人の政治指導者（RSの政治指導者）が行ってきた謝罪に対する評価と比較してみよう。**表 8-2** は，「ボスニアのセルビア人勢力の政治指導者による戦争犯罪についての公的謝罪は，十分に行われてきた」という言明に対する賛否の民族別分布を示している。この言明について，ボシュニャク人やクロアチア人の回答者の評価は，セルビア政府の

3　公的謝罪に対する現地住民の評価　　**229**

表8-2　ボスニア国内のセルビア人の政治指導者による公的謝罪に対するボスニア国民の評価（民族別）

[単位：人]

	「ボスニアのセルビア人勢力の政治指導者による戦争犯罪についての公的謝罪は，十分に行われてきた」						合計
	強く反対	反対	中立	賛成	強く賛成	わからない	
ボシュニャク人	223 (36.5%)	228 (37.3%)	100 (16.4%)	16 (2.6%)	3 (0.5%)	41 (6.7%)	611 (100%)
クロアチア人	39 (26.0%)	54 (36.0%)	35 (23.3%)	3 (2.0%)	0 (0.0%)	19 (12.7%)	150 (100%)
セルビア人	73 (23.1%)	35 (11.1%)	59 (18.7%)	83 (26.3%)	43 (13.6%)	23 (7.3%)	316 (100%)
その他	34 (38.2%)	26 (29.2%)	12 (13.5%)	5 (5.6%)	0 (0.0%)	12 (13.5%)	89 (100%)
合計	369 (31.6%)	343 (29.4%)	206 (17.7%)	107 (9.2%)	46 (3.9%)	95 (8.1%)	1166 (100%)

首脳による謝罪に対する評価とほとんど変わらないが，セルビア人の回答を見ると，セルビア人でさえも謝罪が十分だと考えている人々は過半数に達していないことがわかる。前節で示したように，ボスニアのセルビア人勢力の政治指導者は，セルビア政府の首脳と比べると，戦争犯罪に対する公的謝罪を表明した回数ははるかに少なく，それどころか，過去の RS 政府が発表したスレブレニツァの虐殺事件に関する報告書の内容を否定するような動きすら，たびたび示してきた。そのことが，今回の世論調査におけるセルビア人回答者の評価の違いにつながっているように思われる。

　いずれにせよ，セルビアの政治指導者とボスニア国内のセルビア人勢力の指導者の，双方に共通して見られるのは，その公的謝罪について，同じ民族の集団のみに，それを十分とみなす回答者が一定数存在し，他の民族からはそれが十分とは全く評価されていないということである。こうした民族間の評価のギャップは，他の国・民族の指導者による公的謝罪に対する評価においても共通するものなのだろうか。この点を確認するために，クロアチア政府の指導者が行ってきた公的謝罪についてのボスニア市民の態度を見てみたい（**表8-3**を参照）。クロアチア政府の指導者が行った謝罪については，「身内」であるボスニアのクロアチア人の中で「十分な謝罪が行われた」と評価している回答者の

230　第8章　謝罪と和解

表 8-3　クロアチア政府指導者による公的謝罪に対するボスニア国民の評価（民族別）

［単位：人］

	「クロアチア共和国の政治指導者による戦争犯罪についての公的謝罪は，十分に行われてきた」						合計
	強く反対	反対	中立	賛成	強く賛成	わからない	
ボシュニャク人	177 (29.0%)	228 (37.3%)	135 (22.1%)	18 (2.9%)	3 (0.5%)	50 (8.2%)	611 (100%)
クロアチア人	18 (12.2%)	30 (20.3%)	54 (36.5%)	23 (15.5%)	8 (5.4%)	15 (10.1%)	148 (100%)
セルビア人	124 (39.4%)	101 (32.1%)	41 (13.0%)	14 (4.4%)	10 (3.2%)	25 (7.9%)	315 (100%)
その他	20 (22.5%)	26 (29.2%)	20 (22.5%)	10 (11.2%)	0 (0.0%)	13 (14.6%)	89 (100%)
合計	339 (29.1%)	385 (33.1%)	250 (21.5%)	65 (5.6%)	21 (1.8%)	103 (8.9%)	1163 (100%)

割合は，セルビア人の政治指導者による公的謝罪に対する自民族集団のそれよりも，はるかに低いことがわかる。他方，クロアチア人勢力による戦争犯罪行為の犠牲者となった側の民族，すなわちボシュニャク人やセルビア人の回答を見てみると，「十分な謝罪が行われた」と評価している人の割合は，それぞれ 3.4%，7.6% であり，きわめて低い。その点では，セルビア政府やボスニアの RS 政府の首脳による公的謝罪が，クロアチア政府の首脳による公的謝罪に比べて，犠牲者となった側の民族から，極端に低く評価されているというわけではないといえる。

　では，ボスニアのクロアチア人勢力の政治指導者による公的謝罪に対する評価は，どうだろうか。**表 8-4** を見ると，ボスニアのクロアチア人勢力にとって「身内」であるクロアチア人回答者は，クロアチア政府首脳による公的謝罪の場合と比べて，十分であると評価する人が若干少ない（「強く賛成」「賛成」の合計が 17.4%）。しかし，その差は，セルビアの政府とボスニアのセルビア人の政治指導者による公的謝罪への自民族集団の評価において見られる差よりは，はるかに小さい。他方，ボシュニャク人とセルビア人の回答者においては，クロアチア政府による謝罪に対する評価と同様に，十分であると評価する回答者の割合はきわめて低く（ボシュニャク人が 3.3%，セルビア人が 7.6%），ほとんど

3　公的謝罪に対する現地住民の評価　　**231**

表 8-4　ボスニア国内のクロアチア人の政治指導者による公的謝罪に対するボスニア国民の評価
（民族別）　　　　　　　　　　　　　　　　　　　　　　　　　　　　　　　　　　［単位：人］

	「ボスニアのクロアチア人勢力の政治指導者による戦争犯罪についての公的謝罪は十分に行われてきた」						合計
	強く反対	反対	中立	賛成	強く賛成	わからない	
ボシュニャク人	185 (30.3%)	226 (37.0%)	133 (21.8%)	18 (3.0%)	2 (0.3%)	46 (7.5%)	610 (100%)
クロアチア人	24 (16.0%)	36 (24.0%)	49 (32.7%)	19 (12.7%)	7 (4.7%)	15 (10.0%)	150 (100%)
セルビア人	125 (39.6%)	104 (32.9%)	41 (13.0%)	14 (4.4%)	10 (3.2%)	22 (7.0%)	316 (100%)
その他	29 (32.6%)	29 (32.6%)	14 (15.7%)	5 (5.6%)	0 (0.0%)	12 (13.5%)	89 (100%)
合計	363 (31.2%)	395 (33.9%)	237 (20.3%)	56 (4.8%)	19 (1.6%)	95 (8.2%)	1165 (100%)

同じとなっている。ボスニアのクロアチア人勢力の政治指導者による公的謝罪についても，他の民族集団からは十分であるという評価はほとんど得られていないことがわかるだろう。

　最後に，ボシュニャク人指導者による公的謝罪への評価について見てみよう（**表 8-5** を参照）。これまでに示した事例と同様に，「身内」であるボシュニャク人の回答者をみると，26.1%は指導者による公的謝罪は十分に行われてきたと評価しているが，その他の民族で同じように評価している回答者は，クロアチア人で3.3%，セルビア人で6.4%に過ぎない。

　これらの結果は，旧ユーゴ地域における民族間の和解が，いまだ道半ばであることを示しているように思われる。本章で見てきたように，政府首脳による公的謝罪はたびたび行われてきた。とりわけ多数の犠牲者を生み出したボスニアの紛争については，セルビアの議会でスレブレニツァ非難決議が採択されるまでに至っている。しかし，非人道的行為の犠牲者となった側では，謝罪が十分に行われたと評価している者はほとんどいないのが現状なのである。このような状況は，セルビアの政治指導者に対してだけでなく，ボシュニャク人やセルビア人がクロアチア政府やクロアチア人勢力の政治指導者を，セルビア人やクロアチア人がボシュニャク人の政治指導者を評価する際にもほとんど変わら

232　　第 8 章　謝罪と和解

表 8-5　ボシュニャク人の政治指導者による公的謝罪に対するボスニア国民の評価 （民族別）

[単位：人]

| | 「ボスニアのボシュニャク人勢力の政治指導者による戦争犯罪についての公的謝罪は十分に行われてきた」 | | | | | | 合計 |
	強く反対	反対	中立	賛成	強く賛成	わからない	
ボシュニャク人	45 (7.4%)	95 (15.5%)	212 (34.7%)	117 (19.1%)	43 (7.0%)	99 (16.2%)	611 (100%)
クロアチア人	32 (21.3%)	50 (33.3%)	44 (29.3%)	3 (2.0%)	2 (1.3%)	19 (12.7%)	150 (100%)
セルビア人	131 (41.5%)	108 (34.2%)	32 (10.1%)	10 (3.2%)	10 (3.2%)	25 (7.9%)	316 (100%)
その他	13 (14.6%)	26 (29.2%)	21 (23.6%)	9 (10.1%)	4 (4.5%)	16 (18.0%)	89 (100%)
合計	221 (19.0%)	279 (23.9%)	309 (26.5%)	139 (11.9%)	59 (5.1%)	159 (13.6%)	1166 (100%)

ないことが明らかとなった。

　この世論調査における質問では，謝罪が「十分」であるという評価の基準は明示しておらず，その評価の基準は，回答者個々人の主観的判断に委ねられている。ボスニア国民の回答の傾向を見ると，「もう十分に謝罪した」という評価を下す基準は，自分たちの民族の側の謝罪については甘く，自分たち以外の民族の側の謝罪については厳しく適用されているように思われる。そして，本節で示したデータを見れば，そのような「身内により甘い」傾向は，ボスニア紛争における戦争犯罪行為の責任を問われた被告人が最も多いセルビア人の側において，最も強いことがわかる。

　ボスニアの人々のこうした態度は，旧ユーゴ地域における移行期正義の追求が，なお終止符を打つことのできる状況ではないことを示唆しているように思われる。**表 8-6** は，「戦争犯罪の責任者に対する訴追が十分に行われてきた」という言明に対する賛否を，民族別に示したものである。どの民族でも，訴追はもう十分に行われたと考える回答者はごくわずか（「強く賛成」と「賛成」の合計で全体の 10%程度）に過ぎないことがわかる。言い換えれば，戦争犯罪の責任者に対する訴追はもっと行われるべきであると多くの人々が考えている。**表 8-7** は，戦争犯罪の責任者に対する国内裁判をもっと実施すべきであるとい

3　公的謝罪に対する現地住民の評価　　233

表 8-6　戦争犯罪の責任者の訴追に対するボスニア国民の評価（民族別）

[単位：人]

	「戦争犯罪の責任者に対する訴追は，十分に行われてきた」						合計
	強く反対	反対	中立	賛成	強く賛成	わからない	
ボシュニャク人	141 (23.2%)	234 (38.4%)	130 (21.3%)	56 (9.2%)	24 (3.9%)	24 (3.9%)	609 (100%)
クロアチア人	24 (16.0%)	63 (42.0%)	38 (25.3%)	10 (6.7%)	7 (4.7%)	8 (5.3%)	150 (100%)
セルビア人	92 (29.1%)	115 (36.4%)	43 (13.6%)	30 (9.5%)	10 (3.2%)	26 (8.2%)	316 (100%)
その他	23 (25.8%)	31 (34.8%)	19 (21.3%)	7 (7.9%)	0 (0.0%)	9 (10.1%)	89 (100%)
合計	280 (24.1%)	443 (38.1%)	230 (19.8%)	103 (8.8%)	41 (3.5%)	67 (5.8%)	1164 (100%)

表 8-7　戦争犯罪の責任者に対する国内裁判のさらなる実施に関するボスニア国民の態度（民族別）

[単位：人]

	「今後，戦争犯罪の責任者をもっと訴追し，もっと多くの国内裁判が行われるべきである」						合計
	強く反対	反対	中立	賛成	強く賛成	わからない	
ボシュニャク人	11 (1.8%)	37 (6.1%)	92 (15.1%)	238 (39.0%)	217 (35.5%)	16 (2.6%)	611 (100%)
クロアチア人	5 (3.3%)	4 (2.7%)	27 (18.0%)	80 (53.3%)	25 (16.7%)	9 (6.0%)	150 (100%)
セルビア人	25 (7.9%)	13 (4.1%)	40 (12.7%)	120 (38.0%)	99 (31.3%)	19 (6.0%)	316 (100%)
その他	2 (2.2%)	7 (7.9%)	8 (9.0%)	27 (30.3%)	36 (40.4%)	9 (10.1%)	89 (100%)
合計	43 (3.7%)	61 (5.2%)	167 (14.3%)	465 (39.9%)	377 (32.3%)	53 (4.5%)	1166 (100%)

う言明への賛否を，民族別に示している。民族を問わず，全体の70％前後の回答者が，戦争犯罪の責任者に対する国内裁判を今後も増やしていくべきであると考えていることがわかる。

小　括

　本章では，過去の紛争において行われた戦争犯罪・非人道的行為について，セルビアの政府首脳，さらにセルビアの近隣諸国の政府首脳・政治指導者による公的謝罪が，どの程度行われてきたのかを検討した。それに続き，ボスニアで 2017 年に実施した世論調査のデータをもとに，そうした公的謝罪について現地の人々がどのように評価しているのかを検討した。紛争から 20 年近くが過ぎ，各国の政府首脳，各勢力の政治指導者による公的謝罪が行われてきたことは，和解に向けた第一歩として評価できるであろう。

　しかし他方で，第 3 節で参照した世論調査が実施された 2017 年後半の時点で，公的な謝罪が十分に行われたとボスニアの人々が評価する状況からはほど遠いこともまた，明らかとなった。紛争終結から 20 年以上が経過し，ICTY での裁判やボスニア国内の裁判で多くの戦争犯罪の責任者がすでに裁かれた今日でも，ボスニアの人々の間で，過去の人権侵害の真相究明，責任者の処罰は十分であり，謝罪も十分に行われたという認識は生じておらず，戦争犯罪の責任者の処罰はもっと行われるべきだと考える人が多数を占めている。

　本章の第 2 節で指摘したように，特に RS の政治家からは，スレブレニツァの虐殺事件について，過去に RS 政府が発表した報告書の内容を無効とし，新たな理解を公式なものとするための動きが見てとれる。これらの事実から，旧ユーゴ地域における移行期正義の追求が，なお終止符を打つ段階には達していないことは，明らかであろう。和解に向けた旧ユーゴ諸国の歩みはまだ始まったばかりであり，それが着実に進んでいくか否かは，なお予断を許さない状況であるように思われる。

● 注

1)　"Chronology of presidential apologies for war crimes in former Yugoslavia," *Dalje*, 2013/4/25.

2)　"Belgrade apology for Bosnia war," *BBC News*, 2003/11/13.

3)　"Balkans: Belgrade, Zagreb Apologize To Each Other For Bloody War," *RFE/RL*, 2003/9/10.

4）　"Belgrade apology for Bosnia war," *BBC News*, 2003/11/13.

5）　同上。

6）　"Tadić: Svi jedni drugima dugujemo izvinjenje," *Danas*, 2004/12/7.

7）　同上。

8）　同上。

9）　"Od pohvala do kritika," *Danas*, 2004/12/8.

10）　同上。

11）　"Radujko: Nije bilo predviđeno obraćanje Tadića," *Danas*, 2005/7/12.

12）　"Tadić: Vrlina i snaga je osuditi zločin počinjen u naše ime," *Danas*, 2005/7/11.

13）　"Mesić: Izostalo Tadićevo izvinjenje," *Danas*, 2005/7/12.

14）　"Tadićevo izvinjenje građanima Hrvatske," *Glas javnosti,* 2007/6/24.

15）　"Dimitrijević: Sjajan potez," *Danas*, 2007/6/25; "Sukob zbog pomirenja," *Vreme*, 2007/6/28.

16）　"Vučić: Snajper politika DS," *Danas*, 2007/6/28.

17）　"Proroković: Ja se ne izvinjavam," *Press*, 2007/6/26; "DSS: Bez komentara," *Dnevnik*, 2007/6/26; "Sukob zbog pomirenja," *Vreme*, 2007/6/28.

18）　"Hvaljeni i osporavani gest," *Politika*, 2007/6/25.

19）　本段落の記述は以下に依拠している。"Sukob zbog pomirenja," *Vreme*, 2007/6/28.

20）　この決議の原文は，セルビア議会のウェブサイトから英語版が入手可能である（http://www.parlament.gov.rs/upload/archive/files/eng/pdf/2010/deklaracija%20o%20 srebrenici%20ENG.pdf　2019 年 5 月 13 日最終アクセス）。

21）　"Usvojena deklaracija o osudi zločina u Srebrenici!," *Press*, 2010/3/31.

22）　"Usvojena deklaracija o Srebrenici," *Politika*, 2010/3/31.

23）　同上。

24）　"Trgovali da osude zločin," *Blic*, 2010/3/31.

25）　"Ni za, a ni protiv Srebrenice," *Press*, 2010/3/31.

26）　同上。

27）　"Usvojena deklaracija o Srebrenici," *Politika*, 2010/3/31.

28）　以下の記事にも同様の指摘がある。"Trgovali da osude zločin," *Blic*, 2010/3/31.

29）　"Tadićevo izvinjenje na Ovčari," *Akter*, 2010/11/8.

30）　同上 ; "Stanimirović ruši Tadića," *Danas*, 2010/11/9.

31）　"Stanimirović ruši Tadića," *Danas*, 2010/11/9.

32）　合意の内容については以下を参照。"(Prvi) Sporazum o načelima za normalizaciju odnosa Beograda i Prištine," *Danas*, 2013/4/20.

33）　政府代表という立場ではないが，セルビアの要人としては，大統領職を退任した後のタディッチが「DS の指導者として」2012 年 7 月にドゥブロヴニクで行われたクロアチア・サミットに参加し，同サミットに公式参加していたコソヴォのサチ首相と言葉を交わして握手したことがある。タディッチはこの握手について，「歴史的な意味はない」としながらも，「アルバニア人とセルビア人の間にはさまざまな問題が山積しており，両民族の代表が会談するのはよいことだ」と述べている（"Tadić se rukova sa Tačijem," *Politika*, 2012/7/8）。ダチッチとサチの初の会談は，2012 年 10 月 19 日にブ

236　第 8 章　謝罪と和解

リュッセルで行われた（"Danas sastanak Dačića i Tačija," *Blic*, 2012/10/19）。

34） "Ne odustajemo od Velike Srbije," *Večernje novosti*, 2004/6/16.

35） "Novi srbijanski predsjednik Tomislav Nikolić: Vukovar je bio srpski grad i Hrvati se nemaju zašto vraćati u njega," *Jutarnji list*, 2012/5/24.

36） "Kosovo: EU meeting is 'de facto recognition' by Serbia," *EUobserver*, 2013/2/6.

37） "Nikolić se izvinio za ratne zločine," *Balkan Transitional Justice*, 2013/4/25.

38） 同上。

39） 同上。

40） ヴチッチはこの発言について，文脈を無視して引用されていると断ったうえで，今ならばそのような発言は行わないと過ちを認めている（"Vučić: Moja izjava 'za jednog Srbina, ubičemo 100 muslimana,' izvučena iz konteksta," *Blic*, 2015/11/4）。

41） "Serbian Editor 'Shot After Row with Milosevic's Wife'" *Balkan Transitional Justice*, 2015/9/8.

42） ヴチッチは訪問先で，その式典参加に反発する人々から投石を受け，避難を余儀なくされた（"Daleko od pomirenje: Premijer Srbije napadnut u Potočarima," *Politika*, 2015/7/12）。

43） "Samopohvale i oprečna tumačenja," *Danas*, 2015/8/26.

44） "Serbian president visits Croatia amid tensions, protests," *Associated Press*, 2018/2/15.

45） "Crna stranica istorije srpskog naroda," *Danas*, 2004/6/23.

46） "Izvinjenje vlade RS porodicima stradalih u Srebrenici," *Danas*, 2004/11/11.

47） "Suočavanje sa prošlošću neminovno," *Glas javnosti*, 2004/11/21.

48） "Neću pečat na mom narodu," *Večernje novosti*, 2010/4/27.〔　〕内の言葉は筆者が補足したものである。なお，ドディクは，これらの数字の根拠，情報源については一切言及していない。

49） "Ako je bio genocid, bio je i nad Srbima," *Pravda*, 2010/7/13.

50） "Dodik again denies Srebrenica genocide," *Balkan Insight*, 2010/12/3.

51） "Bosnian Serb MPs Annul Report Acknowledging Srebrenica," *Balkan Transitional Justice*, 2018/8/14.

52） "Srebrenica, revisionist siege," *Osservatorio Balcani Caucaso Transeuropa*, 2019/3/1.

53） "Cicikov je bio Bosanac," *Dani*, 2000/7/21.

54） 同上。

55） 同上。

56） 同上。

57） 同上。

58） 同上。

59） "Balkans: Belgrade, Zagreb Apologize To Each Other For Bloody War," *RFE/RL*, 2003/9/10.

60） "Hronologija izvinjenja za zločine na prostoru bivše SRFJ," *Buka*, 2013/4/26.

61） "Kosovo President Lays Wreath at Serbs' Memorial," *Balkan Transitional Justice*, 2016/7/21.

62） 同上。

63）　同上。
64）　同上。
65）　同上。
66）　"Thaci refuses to apologize for KLA crimes," *B92*, 2008/1/19.
67）　"Kosovo: Serbia Should Apologise for its Crimes," *Balkan Transitional Justice*, 2012/5/23.
68）　"Kosovo requests from Serbia to apologize for crimes in Kosovo," *RTK*, 2018/2/28.

終 章

結論と今後の課題

　本書では，旧ユーゴ地域における紛争後の移行期正義について，クロアチア，ボスニア，セルビア，コソヴォの各国における取り組みの全体像を示した後で，セルビアに焦点を絞り，民主化後の政党政治，世論と国際社会からの圧力との絡み合いの中で，どのように移行期正義の追求が進められてきたかを考察してきた。また，そうした移行期正義の追求の取り組みが，国内のメディアや世論，セルビア政府の近隣諸国に対する公的謝罪や近隣諸国の住民の態度とどのように関連し合っているのかについても考察を試みた。本章では，本書で展開された議論の要点を振り返りつつ，その意義や含意について論じるとともに，その限界と今後の課題についても述べ，本書の締め括りとしたい。

　第1章では，移行期正義の定義と，それを追求するための具体的措置である移行期正義メカニズム（TJM）の諸類型を示した。また，定義が曖昧で，先行研究において TJM との間に多義的な関係が見られる「和解」という概念について，TJM に内包される和解と，その外部で起きる和解とを区別した。そうした作業を行ったうえで，移行期正義に関する理論的・実証的な研究を参照しつつ，移行期正義を規定すると思われる諸要因について検討することで，本書の分析に関する理論的枠組みを示した。先行研究では，すでに多くの規定要因について理論的な定式化，実証分析による仮説の検証が進んでいるが，管見の

239

限りでは，政権の党派性については，十分な理論化，体系的な実証研究は進んでいないように思われる。この点に関する体系的な実証研究は，今後，比較政治学の分野で進められるべき研究課題の1つである。

　第2章では，旧ユーゴ地域における3つの大規模な武力紛争であるクロアチア紛争，ボスニア紛争，コソヴォ紛争を概観した。旧ユーゴ地域では，各国の研究者や非政府組織（NGO）などによって，紛争の実態に関する調査・情報の収集・整理が着々と行われてきており，死者数などについて，かなり正確な数字が得られている。そうした現地の研究者，NGOなどの調査研究の成果を本書で紹介したことによって，筆者がこれまでに旧ユーゴ地域において行ってきた一連の現地調査・資料収集の成果を日本の読者の方々に還元することができたと考える。

　第3章では，クロアチア紛争，ボスニア紛争，コソヴォ紛争という3つの紛争において発生した一連の人権侵害行為に対する移行期正義の取り組みがどのように，かつ，どの程度行われてきたのかを概観し，その全体像を客観的に描くことを試みた。旧ユーゴ地域の移行期正義については，国連によって設置された旧ユーゴスラヴィア国際刑事裁判所（ICTY）の取り組みが最も注目されてきた。しかし，それ以外にも，国内裁判，真実委員会など，さまざまな枠組み，具体的措置を通じて移行期正義の追求がなされてきたことを指摘した。序章でも述べたように，旧ユーゴ地域の移行期正義に関する先行研究の大半は，個々のTJMに関心を限定しているものが多く，移行期正義の取り組みの全体像をとらえて読者に示した研究は，実はほとんど存在しない。そうした全体像を日本の読者に示すことができた点は，意義のあるものであったと筆者は考えている。

　第4章は，第5章以降の分析の焦点となるセルビアの事例について，その政治史，とりわけ政党システムと歴代政権について概観している。第4章は，本書の中では，分析の前提となる事実の整理と提示という任務を果たしているに過ぎない。しかし，そのためには，2000年以降のセルビアの政治史を理解するための基礎的事実に関する資料の収集が必要である。第4章で用いた一連の選挙結果，諸政党の政策位置といったデータは，筆者の過去の一連の研究・資料収集によるものである。その点で，本章を通じて，筆者のこれまでの研究成

240　終章　結論と今後の課題

果をまとめて日本の読者に示すことができたのではないかと考えている。

　第5章と第6章は，セルビアにおける移行期正義の追求の一形態として，ICTYへの協力，すなわちICTYから訴追された戦争犯罪被告人の逮捕・拘束とICTYへの引き渡しに着目し，それがなぜ起きたのかを分析した。まず第5章では，逮捕・引き渡しを規定する要因として政権の党派性に着目し，歴代政権ごとにこの問題がどのように対処されたのかを検討した。第5章の分析は，セルビアにおいて最も有力な反ミロシェヴィッチ，反民族主義，親欧米の立場をとる自由主義政党である民主党（DS）が政権に参画しているか否かによって，政策が異なっていることを示唆している。先に述べたように，政権の党派性という変数は，移行期正義の規定要因としては，まだ十分に体系的な実証研究がなされてきたとはいえない。本書は，そうした研究状況に対して，1つの仮説を事例分析に基づいて提示するという，仮説構築の作業を行ったものと位置づけることができる。

　とはいえ，第5章では，各政権の任期中の政策を見ていくと，同じ政権でも時期によって態度が変わることも観察され，政権の党派性だけでは説明できないことも示された。そこで第6章では，それを受けて，規定要因として，世論の圧力と国際的圧力という2つの要因に着目した。これらの2つの要因は基本的に相反する方向に（世論の圧力はICTYへの協力を妨げる方向に，国際的圧力はICTYへの協力を促す方向に）作用するが，その効果が政権に対して最も強く作用すると想定できる時期が変わってくると考えられる。具体的には，世論の圧力は選挙の前に，国際的圧力は欧州連合（EU）やその他のドナー（援助供与）国・機関が重要な意思決定を行う前に，政権に対し，最も強く効果を及ぼすと考えられる。そこで，これらの2つの政治日程に着目し，それと移行期正義の追求に関する政策との関連を検討することで，セルビア政府が，最も不利な時期（選挙前の時期）を避け，最も有利な時期（EU等が重要な決定を行う前の時期）に，国民には不人気な移行期正義の追求を試みてきたという議論を展開した。第6章の議論は，比較政治学において展開されている，政治エリートが選挙の時期にあわせて民族主義に訴える傾向があるという議論，政治的ビジネス・サイクル論と合致するものであり，その妥当性を支持する事例分析と位置づけることができるだろう。

241

第5章と第6章は，全体として，国際的な刑事裁判という特定の類型の移行期正義の実現について，第1章で論じた5つの独立変数のうち3つの独立変数の影響を考察したものと位置づけることができる。残る2つの独立変数のうち，移行の文脈と新体制におけるアクター間のパワー・バランスは，2001年以降のセルビアという本書の分析の文脈では，時系列で変動がないため，本書で見たような政権間の相違および各政権内で見られる時期の間の相違のような時系列の変化を説明できない。国内の圧力団体からの要求は，時系列での変動が当然ありうる変数であるが，筆者の考える限りでは，2001年以降のセルビアという文脈において，その変化を適切にとらえるための客観的指標が見当たらない。これらの理由から，本書においては第4章と第5章で検討した3つの独立変数に分析を絞ったが，もちろんそのことは，これらの3つの要因だけでセルビアの事例を完全に説明できるということを意味しない。筆者が認識していない重要な独立変数が本書の分析から欠落しており，そのことが「欠落変数バイアス」をもたらし，本書の結論の妥当性を損なっている可能性は否定できない。この点に関する評価は，本書の後に続く研究に委ねたい。

　本書において移行期正義を従属変数とする分析は，国という点ではセルビアに限定されており，TJM の類型という点では国際刑事裁判所に限定されている。この点で，本書における移行期正義を従属変数とする分析は，もちろん包括的なものとはいえない。ICTY への協力という同じ変数に着目して，クロアチアやボスニア，コソヴォについても同様の分析を行うことも可能であろう。また，国内の戦争犯罪裁判の実施件数といった，ICTY への協力とは別の類型の TJM に着目した分析も可能であろう。本書においてそれを行わなかった理由は，筆者の有する資源や紙幅といった技術的な制約に過ぎない。本書では実施することができなかった分析は，今後の研究課題としたい。

　第7章と第8章では，旧ユーゴ地域における移行期正義の追求が，現地の社会やそこで暮らす人々に対して，どのような影響を及ぼしているかを考察した。これらの2つの章は，全体として，移行期正義を独立変数としてとらえ，その社会に対する影響を考察したものと位置づけることができるだろう。

　第7章では，移行期正義の追求が，セルビア国内のマスメディアや世論にどのような影響を与えたかを考察した。ICTY への協力や ICTY での裁判の実施，

そこでの真相の究明に関連するさまざまな事象が，セルビアのマスメディアや社会に与えた影響について，先行研究における議論を概観したうえで，セルビアの新聞記事データを用いて筆者が実施した計量テキスト分析の結果を踏まえて，それらの議論の妥当性を検討した。管見の限り，このテーマについて計量テキスト分析を行った先行研究は世界的に見ても存在しない。この点で，本章で示した分析結果は，ICTY に関連する事象がセルビア国内のマスメディアの論調に対して与えた影響を，体系的なデータの収集と分析によって検討した研究成果として，大きな意義があるのではないかと考えている。とはいえ，**第7章**で示した計量テキスト分析の結果と，そこから導かれる結論の妥当性については，今後さまざまな形でその頑健性の確認を進めていく必要はあるだろう。それについては今後の課題としたい。

　第7章ではさらに，セルビア社会科学研究所から提供を受けた世論調査データを用いて，セルビア国民の個人の意識や態度を検討した。それによって，セルビアの国民の間には，ICTY の裁判，国際社会のセルビアへの対応において，セルビアが他の国や民族と比べて戦争犯罪の責任が不当に厳しく追及されている，過度に大きな責任を問われているという不公平感がいまだに強く残っていることが明らかとなった。しかし他方で，セルビア側も犯罪行為を働いたという点については過半数がそれを受け入れる態度を示していることも指摘した。そのことが示すのは，先行研究においてしばしば強調される「拒絶症候群」は，もはや実証的に支持されないということである。**第7章**の最後でも述べたように，こうしたセルビアの世論の傾向が，ICTY の裁判やそこでの真相究明の帰結であるという因果推論を断定的に行うことは1時点のデータだけでは不可能である。しかし，定性的な分析の結果とも組み合わせて考えれば，そうした推論が妥当性を有する可能性は十分にあると筆者は考えている。それが正しいかどうかはより厳密なデータに基づく考察が不可欠である。この点については今後の課題としたい。

　第8章では，セルビアの歴代政権が近隣諸国（クロアチア，ボスニア，コソヴォ）に対してとってきた態度について，とりわけ公的謝罪に着目して検討を行った。また，近隣諸国の政府首脳の公的謝罪の状況についても事実関係の整理を行った。そのうえで，近隣諸国の国民の側のセルビア政府に対する反応に

243

ついて，筆者がボスニアで2017年に実施した世論調査の結果を踏まえて考察を試みた。この分析から明らかになったのは，セルビアの政府首脳による一連の謝罪によって，ボスニアのセルビア人の側，すなわち自民族の側には，もう十分に謝罪を行ったという認識が生じているが，その戦争犯罪行為の被害者となった側，すなわちボシュニャク人やクロアチア人の側には，そうした認識はほとんど生じておらず，民族間で深い認識の溝が存在するという事実である。しかし，こうした溝は，クロアチアの政府首脳，ボシュニャク人の主導的政治家による謝罪についても見られるものであり，セルビアの政府首脳の謝罪の仕方がもたらした特有の帰結とは思われないことには留意が必要であろう。自民族の政治指導者が行った謝罪については「もう十分」と評価し，他の民族の指導者が行った謝罪は「十分ではない」と評価する「身内に甘い」傾向は，ボスニアに居住する3つの民族に一般的に見られるものなのである。

　紛争終結から20年以上が経過し，ICTYは相当の数の戦争犯罪被告人を裁いてきた。しかし，ボスニアの人々の間で，過去の人権侵害の真相究明，責任者の処罰は十分であり，謝罪も十分に行われたという認識は生じておらず，戦争犯罪の責任者の処罰はもっと行われるべきだと考える人が多数を占めている。旧ユーゴ地域の移行期正義の追求は，なお終止符を打つ段階には達していないのである。

　実際のところ，**第3章**で示したように，ICTYがすべての裁判を終えて閉廷を迎えた今日でも，移行期正義の追求の取り組みは止んでいない。各国では戦争犯罪の責任者に対する国内裁判が現在も続けられており，裁判の場で，被害者や関係者による証言が続けられている。さらに，旧ユーゴ地域の移行期正義の追求においてほとんど完全に欠落していた，加害者と被害者の関係修復を織り込む形での移行期正義の追求をめざして，旧ユーゴ地域のすべての国が参加する真実和解委員会の設置を求めるNGOの動きが今日も続けられている。本書が行った作業と，そこから導き出した結論は，旧ユーゴ地域における移行期正義の取り組みがICTYの裁判の完了と閉廷によって折り返し地点を迎えたといえる現時点での，暫定的な結論に過ぎない。旧ユーゴ地域における移行期正義の追求の試みが，どこまで進み，何を現地の社会にもたらすのか——移行期正義の追求は旧ユーゴ地域の人々の間の恒久的な和解と関係修復をもたらすの

か——という問いに答えるための分析作業は，移行期正義の追求の取り組みが完了した後に，あらためて行う必要があるだろう。そうした分析作業は，旧ユーゴ地域に眼差しを向ける研究者の，将来の研究の課題として残されている。

　筆者は，本書のタイトルを，「争われる正義」とした。独裁体制や激しい武力紛争の下で大規模な非人道的行為を経験した社会にとって，移行期正義が重要であることは論をまたない。しかし移行期正義は同時に，そうした社会にとって，きわめて論争的な，政治的な争点となる。移行期正義を追求するべきか否か。追求するとすれば，どのような措置が望ましいのか。どこまで追求するのが適切なのか。そもそも何が「正義」なのか。さまざまな論点をめぐり，多様なアクターの間で，激しい論争が繰り広げられる。ある人々にとっての「正義」が，別の人々にとっては「不当な断罪」と受け取られることもある。すべての当事者が共有できる「正義」観が存在しない中で，当事者たちが争いながら追求していかざるをえないのが「移行期正義」なのであろう。筆者が本書において描きたかったのは，そうしたプロセスとダイナミズムである。本書がそれに成功しているかどうかは，読者諸賢の判断を仰ぎたい。

245

あ と が き

「旧ユーゴの敗戦後論を書いてみませんか」。

　本書のような内容の書籍を日本語で刊行するという発想は，とある出版社に勤務する筆者の学部時代のゼミの先輩からかけていただいた，この一言から生まれた。なるほど，本書の扱うテーマは，今も戦争責任の問題が議論される日本において，一般読者にとっても重要な関心事たりうるかもしれない。そうだとすれば，日本語で書籍を刊行することに幾許かの意味があるのではないか。筆者はそのように考えて，本書の構想を開始した。

　結局，旧ユーゴ地域の移行期正義という，普段，あまり話題に上らない内容を一般読者向けの本として刊行するのはあまりにも無謀であるという，ごく当たり前の結論に至り，先輩からかけていただいた言葉は酒席の話題で終わった。しかし筆者は，このテーマで書籍を刊行することで自分がこれまでに行ってきた一連の研究を総括できるのではないかという思いを強くして，最終的に研究書という形で出版することにした。このような経緯で書き上げたので，本書は，分類としては専門的な内容を扱う研究書に属するが，より広い読者層を想定したものである。そのため，言葉遣いはできる限り平易なものにするよう努めた。専門的研究に従事する方々だけでなく，過去の紛争中に行われた非人道的な行為に対して，その責任者を生み出した社会はどう向き合っていけばよいのか，という問題に関心をもつ一般読者の方々にも読んでいただけたら，筆者としては望外の喜びである。

　筆者が最初の単著を刊行してからすでに16年が経とうとしている。この間にお世話になった方々は数知れない。すべての方々のお名前を挙げるのは到底不可能だが，この場を借りて，特にお世話になった方々に一言御礼を申し上げたい。

　まずは筆者が早稲田大学に在学中に師事した伊東孝之先生に御礼を申し上げたい。伊東先生の導きがなければ，当初は研究者になることなど夢にも思って

いなかった筆者が，大学院進学・研究者という道を選ぶことはなかっただろう。筆者自身が大学院で研究指導を担当するようになって，伊東先生のように細やかな論文指導を行うことが，いかに難しいかを痛感している。伊東先生は本書の刊行に際しても原稿の下読みを快くお引き受けくださり，重要なコメントをくださった。これまでの師恩に心より謝意を表したい。

　筆者のこれまでの研究の基礎は，2003年から07年まで在籍したロンドン政治経済学院（LSE）での留学時代に作られた。その間，2年間はロンドンに滞在し，1年間はクロアチアのザグレブを拠点にして旧ユーゴ地域における現地調査を実施した。この3年間の海外留学は，公益財団法人吉田育英会の奨学金によって実現したものである。

　そのご支援への謝辞は，本来ならば博士論文に基づく書籍で述べるべきところであるが，博士論文を書籍として刊行することなく今日に至ってしまったので，その機会を作ることができなかった。留学からは随分と時間が経ってしまったが，ここに吉田育英会の皆さんからいただいたご支援への感謝を申し上げたい。

　LSEでの留学時代，ならびにその後に旧ユーゴ地域で実施した現地調査や海外の学会等での研究発表に際して，日本国外でお世話になった方々は，膨大な数に上る。それぞれのお名前を挙げて謝辞を述べたいが，日本語では彼ら・彼女らが読むこともできない。今後は英語での研究成果の発信に力を傾けたいと考えているので，その中であらためて謝辞を述べる機会を作りたいと思う。

　本書は，筆者が研究代表者もしくは研究分担者としてこれまでに受けてきた文部科学省および独立行政法人日本学術振興会の科学研究費助成事業の資金によって実施した研究（特に旧ユーゴ地域における現地調査や資料収集）の成果を含んでいる。その詳細（研究種目，タイトル，課題番号，研究期間，研究代表者名）は以下の通りである。

⑴　若手研究（B），「旧ユーゴスラビア諸国の選挙制度と政党システム」，
　　18730104，平成18-19年度，久保慶一。
⑵　若手研究（B），「旧ユーゴスラビア諸国における政党の内部構造と機能」，
　　21730128，平成21-23年度，久保慶一。
⑶　基盤研究（C），「国民国家システムの危機とその影響に関する研究——コ

ソボと南オセチアの事例から」，21530158，平成 21-23 年度，伊東孝之。

(4) 基盤研究（B），「アカウンタビリティ改革の包括的研究」，23330043，平成 23-25 年度，高橋百合子。

(5) 若手研究（B），「旧ユーゴスラビア諸国における民主主義の質」，24730129，平成 24-26 年度，久保慶一。

(6) 基盤研究（A），「現代中東・アジア諸国の体制維持における軍の役割」，24241080，平成 24-27 年度，酒井啓子。

(7) 基盤研究（B），「ユーゴ後継諸国の対外政策と国際関係に関する研究」，24330057，平成 24-28 年度，月村太郎。

(8) 基盤研究（B）：海外学術調査，「現代の代表制デモクラシー改革とプライマリーの意義に関する総合的比較研究」，26301013，平成 26-29 年度，伊藤武。

(9) 基盤研究（C），「旧ユーゴスラビア諸国における移行期正義と和解」，15K03294，平成 27-30 年度，久保慶一。

(10) 基盤研究（B）：特設分野，「スラブ・ユーラシアにおける分離主義紛争の総合的比較研究」，15KT0048，平成 27-令和元年度，久保慶一。

(11) 新学術領域研究（研究領域提案型），「越境的非国家ネットワーク：国家破綻と紛争」，16H06550，平成 28-令和 2 年度，末近浩太。

(12) 国際共同研究加速基金（国際活動支援班），「関係性を中心とした融合型人文社会科学のための国際学術ネットワークの確立と活性化」，16K21736，平成 28-令和 2 年度，酒井啓子。

(13) 基盤研究（B），「米欧アジアにおける代表制デモクラシーの変容：プライマリーの比較実証分析からの接近」，18H00818，平成 30-令和 3 年度，伊藤武。

(14) 国際共同研究加速基金（国際共同研究強化 A），「旧ユーゴ諸国における移行期正義と和解：計量テキスト分析と世論調査からの接近」，18KK0350，令和元-3 年度，久保慶一。

　特に，第 7 章で行った計量テキスト分析は，(11)，(12)，(14) の資金による研究活動の成果である。また，第 8 章で分析したデータのもととなった世論調査は，(11) の資金で実施したものである。本書は全体として上記 (9) の助成事業の主たる研究成果と位置づけられるが，同時に，筆者がこれまでに継続的に実施してきた現地調査と，それに基づく現地の政治のダイナミクスに関する理解なしには本書の執筆は不可能であった。それを可能にしてくれたのは上記の一連の

研究資金である。また，上記の助成事業の研究活動や，国内の諸学会・研究会などを通じてご一緒させていただいた（今もご一緒させていただいている）研究者の方々からは，多くの知的刺激を受けてきた。各々のお名前を挙げることは紙幅の都合上できないが，これまでの研究活動を通じてお世話になったすべての方々に，筆者がいただいたさまざまなご支援とご厚情への感謝を申し添えたい。

　早稲田大学の諸先生方にも御礼を申し上げたい。特に筆者が所属する政治経済学術院では，先生方が展開されている先端的な研究から数々の刺激をいただいている。第7章で行った計量テキスト分析については，2019年9月まで早稲田大学高等研究所に在籍していた渡辺耕平さんから多くのことを教えていただいた。第8章で取り上げた世論調査を実施する際には，その質問票について河野勝先生からコメントをいただいた。また，政治経済学術院からは2003-06年の海外留学，14-15年度の在外研究を快く認めていただいただけでなく，上記⑭の資金による1年間の在外研究（20年9月に開始予定）も認めていただいた。お世話になった（なっている）すべての先生方に謝意を表したい。

　本書は，一般財団法人櫻田會より，政治学術図書出版助成金を受けている。助成に際して，2名の匿名の審査員から，正誤表を含めた詳細かつ建設的なコメントをいただいた。学術図書の出版を取り巻く情勢は大変厳しく，出版助成の存在は大きな励みと助けになった。貴重な時間を割いて本書の草稿に目を通してくださった審査員の先生方と，当初の予定通りに刊行することができなかった小生に対して寛大な対応をしてくださった櫻田會の皆さまに御礼を申し上げたい。

　本書の刊行にあたり，有斐閣の皆さん，特に書籍編集第2部の岩田拓也さんに大変お世話になった。岩田さんとは前著『比較政治学の考え方』以来のお付き合いである。本書の企画段階で，ぜひ有斐閣さんにお願いしたいと申し上げたところ，快く引き受けてくださった。岩田さんをはじめとする編集部や校正者の方々の読み込みの深さ，それに基づく修正提案の的確さは，ただただ感嘆するばかりである。形式的な編集作業を超えて，本書の最良の読者となってくれたことに心より感謝したい。いうまでもなく，本書に残る誤りはすべて筆者の責任である。

最後に，私事で恐縮だが，家族への謝辞を述べさせていただきたい。間もなく100歳を迎えようとしている熊本の祖母と，他界した3名の祖父母，筆者の博士号取得と長女の誕生を見届けて他界した父，独り暮らししながらも元気に過ごす母，筆者の一家の育児をサポートしてくれる義理の両親，そしていつも疲れた顔をしている筆者を労ってくれる妻と3人の子どもたち──そうした家族の支えがなければ，筆者の研究は不可能であった。まことに拙い内容ではあるが，本書を，筆者を支えてくれてきた家族に捧げたい。

　2019年11月

庭の紅葉を眺めながら

久 保　慶 一

資料 1　ICTY における

事 件 番 号	被 告 人		訴 追		拘束日 （年/月/日）
	名前	勢力*1	最初の訴追日 （年/月/日）	JCE*2	
IT-94-1	Duško Tadić	S	1995/2/13		1994/2/12
	Goran Borovnica	S	1995/2/13		
IT-94-2	Dragan Nikolić	S	1994/11/4		2000/4/20
IT-95-5/18	Radovan Karadžić	S	1995/7/24	●	2008/7/21
IT-95-8	Duško Sikirica	S	1995/7/21		2000/6/25
	Damir Došen	S	1995/7/21		1999/10/25
	Dragan Kolundžija	S	1995/7/21		1999/6/7
	Nedjeljko Timarac	S	1995/7/21		
	Goran Lajić	S	1995/7/21		
	Dragan Kondić	S	1995/7/21		
	Nenad Banović	S	1995/7/21		2001/11/8
	Dragomir Šaponja	S	1995/2/13		
IT-95-9	Blagoje Simić	S	1995/7/21		2001/3/12
	Miroslav Tadić	S	1995/7/21		1998/2/14
	Simo Zarić	S	1995/7/21		1998/2/24
	Slobodan Miljković	S	1995/7/21		
IT-95-9/1	Stevan Todorović	S	1995/7/21		1998/9/27
IT-95-9/2	Milan Simić	S	1995/7/21		1998/2/14
IT-95-10	Goran Jelisić	S	1995/7/21		1998/1/22
IT-95-10/1	Ranko Češić	S	1995/7/21		2002/5/25
IT-95-11	Milan Martić	S	1995/7/25	●	2002/5/15
IT-95-12	Ivica Rajić	C	1995/8/23		2003/4/5
IT-95-13/1	Mile Mrkšić	S	1995/10/26	●	2002/5/15
	Miroslav Radić	S	1995/10/26	●	2003/4/21
	Veselin Šljivančanin	S	1995/10/26	●	2003/6/13
IT-95-13a	Slavko Dokmanović	S	1996/3/26		1997/6/27
IT-95-14	Tihomir Blaškić	C	1995/11/10		1996/4/1
IT-95-14/1	Zlatko Aleksovski	C	1995/11/10		1996/6/8
IT-95-14/2	Dario Kordić	C	1995/11/10		1997/10/6
	Mario Čerkez	C	1995/11/10		1997/10/6
	Ivan Šantić	C	1995/11/10		
	Pero Skopljak	C	1995/11/10		
IT-95-15	Zoran Marinić Švabo	C	1995/11/2		
IT-95-16	Drago Josipović	C	1995/11/10		1997/10/6
	Vladimir Šantić	C	1995/11/10		1997/10/6
	Zoran Kupreškić	C	1995/11/10		1997/10/6
	Mirjan Kupreškić	C	1995/11/10		1997/10/6
	Vlatko Kupreškić	C	1995/11/10		1997/11/18
	Dragan Papić	C	1995/11/10		1997/10/6
	Stipo Alilović	C	1995/11/10		
	Marinko Katava	C	1995/11/10		
IT-95-17	Miroslav Bralo	C	1995/11/2		2004/11/10

訴追・裁判一覧

拘束		一審			備考
拘束の経緯	拘束国*3	判決日(年/月/日)	判決内容	JCE適用	
逮捕	DE	1999/11/11	懲役25年		控訴審で懲役20年（2000/1/26）
					被告人死亡
逮捕（SFOR）	BA	2003/12/18	懲役23年		一審で司法取引成立，控訴審で懲役20年（2005/2/4）
逮捕	SR	2016/3/24	懲役40年	○	控訴審（MICT）で無期懲役（2019/3/20）
逮捕（SFOR）	BA	2001/11/13	懲役15年		一審で司法取引成立，控訴せず
逮捕（SFOR）	BA	2001/11/13	懲役5年		一審で司法取引成立，控訴せず
逮捕（SFOR）	BA	2001/11/13	懲役3年		一審で司法取引成立，控訴せず
					告訴取り下げ
					告訴取り下げ
					告訴取り下げ
逮捕	SR				告訴取り下げ
					告訴取り下げ
自首	BA	2003/10/17	懲役17年	○	控訴審で懲役15年（2006/11/28）
自首	BA	2003/10/17	懲役8年	○	控訴せず
自首	BA	2003/10/17	懲役6年	○	控訴せず
					被告人死亡
逮捕（SFOR）	BA	2001/7/31	懲役10年		一審で司法取引成立，控訴せず
自首（SFOR）	BA	2002/10/17	懲役5年		一審で司法取引成立，控訴せず
逮捕（SFOR）	BA	1999/12/14	懲役40年		一審で司法取引成立，控訴審で控訴棄却（2001/7/5）
逮捕	SR	2004/3/11	懲役18年		一審で司法取引成立，控訴せず
自首	SR	2007/6/12	懲役35年	○	控訴審で控訴棄却（2008/10/8）
逮捕	HR	2006/5/8	懲役12年		一審で司法取引成立，控訴せず
自首	SR	2007/9/27	懲役20年		控訴審で控訴棄却（2009/5/5）
自首	SR	2007/9/27	無罪		
逮捕	SR	2007/9/27	懲役5年		控訴審で懲役17年（2009/5/5），その後再裁判が行われ懲役10年に変更（2010/12/8）
逮捕（UNTAES）	HR				被告人死亡
自首	HR	2000/3/3	懲役45年		控訴審で懲役9年（2004/7/29）
逮捕	HR	1999/6/25	懲役2.5年		控訴審で懲役7年（2000/3/24）
自首	BA	2001/2/26	懲役25年		控訴審で控訴棄却（2004/12/17）
自首	BA	2001/2/26	懲役15年		控訴審で懲役6年（2004/12/17）
					告訴取り下げ
					告訴取り下げ
					告訴取り下げ
自首	BA	2000/1/14	懲役15年		控訴審で懲役12年（2001/10/23）
自首	BA	2000/1/14	懲役25年		控訴審で懲役18年（2001/10/23）
自首	BA	2000/1/14	懲役10年		控訴審で無罪（2001/10/23）
自首	BA	2000/1/14	懲役8年		控訴審で無罪（2001/10/23）
逮捕（SFOR）	BA	2000/1/14	懲役6年		控訴審で無罪（2001/10/23）
自首	BA	2000/1/14	無罪		
					被告人死亡
					告訴取り下げ
自首	BA	2005/12/7	懲役20年		控訴審で控訴棄却（2007/4/2）

資料　253

IT-95-17/1	Anto Furundžija	C	1995/11/2		1997/12/18
IT-96-20	Đorđe Đukić	S	1996/2/29		1996/1/30
IT-96-21	Zdravko Mucić	C	1996/3/19		1996/3/18
	Hazim Delić	B	1996/3/19		1996/5/2
	Esad Landžo	B	1996/3/19		1996/5/2
	Zejnil Delalić	B	1996/3/19		1996/3/18
IT-96-22	Dražen Erdemović	S	1996/5/22		1996/3/2
IT-96-23 & 23/1	Dragoljub Kunarac	S	1996/6/18		1998/3/4
	Radomir Kovač	S	1996/6/18		1999/8/2
	Zoran Vuković	S	1996/6/18		1999/12/23
IT-96-23/2	Gojko Janković	S	1996/6/18		2005/3/13
	Radovan Stanković	S	1996/6/18		2002/7/9
	Janko Janjić	S	1996/6/18		
	Dragan Gagović	S	1996/6/18		
IT-96-23/2	Dragan Zelenović	S	1996/6/18		2005/8/24
IT-97-24	Milan Kovačević	S	1997/3/13		1997/7/10
IT-97-24	Milomir Stakić	S	1997/3/13	●	2001/3/23
	Simo Drljača	S	1997/3/13		
IT-97-25	Milorad Krnojelac	S	1997/6/6		1998/6/15
IT-97-25/1	Mitar Rašević	S	1997/6/17	●	2003/8/15
	Savo Todović	S	1997/6/17	●	2005/1/15
IT-97-27	Željko Ražnatović "Arkan"	S	1997/9/23		
IT-98-29	Stanislav Galić	S	1998/4/24		1999/12/20
IT-98-29/1	Dragomir Milošević	S	1998/4/24		2004/12/3
IT-98-30/1	Miroslav Kvočka	S	1995/2/13		1998/4/8
	Dragoljub Prcać	S	1995/2/13		2000/3/5
	Milojica Kos	S	1998/5/28		1998/5/28
	Mladen Radić	S	1995/2/13		1998/4/8
	Zoran Žigić	S	1995/2/13		1998/4/16
IT-98-32	Mitar Vasiljević	S	1998/10/26		2000/1/25
IT-98-32/1	Milan Lukić	S	1998/10/26		2005/8/8
	Sredoje Lukić	S	1998/10/26		2005/9/14
IT-98-33	Radislav Krstić	S	1998/10/30		1998/12/2
IT-98-34	Mladen Naletilić	C	1998/12/18		1999/10/18
	Vinko Martinović	S	1998/12/18		1999/8/9
IT-99-36	Radoslav Brđanin	S	1999/3/14	●	1999/7/6
IT-99-36/1	Momir Talić	S	1999/3/14	●	1999/8/25
IT-00-39 & 40/1	Biljana Plavšić	S	2000/4/3	●	2001/1/10
IT-00-39	Momčilo Krajišnik	S	2000/2/25	●	2000/4/3
IT-00-41	Paško Ljubičić	C	2000/9/26		2001/11/9
IT-01-42	Pavle Strugar	S	2001/2/22		2001/10/4
	Milan Zec	S	2001/2/22		

逮捕（SFOR）	BA	1998/12/10	懲役 10 年		控訴審で控訴棄却（2000/7/21）
逮捕	BA				被告人死亡
逮捕	AT	1998/11/16	懲役 7 年		控訴審で一審判決破棄・差し戻し（2001/2/20），差し戻し審で懲役 9 年（2001/10/9），控訴審で控訴棄却（2003/4/8）
逮捕	BA	1998/11/16	懲役 20 年		経緯同上（差し戻し審の判決は懲役 18 年）
逮捕	BA	1998/11/16	懲役 15 年		経緯同上（差し戻し審の判決は懲役 15 年）
逮捕	DE	1998/11/16	無罪		控訴審で控訴棄却（2001/2/20）
逮捕	SR	1996/11/29	懲役 10 年		控訴審で一審判決破棄・差し戻し（1997/10/7），差し戻し審で司法取引成立，懲役 5 年（1998/3/5）
自首（SFOR）	BA	2001/2/22	懲役 28 年		控訴審で控訴棄却（2002/6/12）
逮捕（SFOR）	BA	2001/2/22	懲役 20 年		控訴審で控訴棄却（2002/6/12）
逮捕（SFOR）	BA	2001/2/22	懲役 12 年		控訴審で控訴棄却（2002/6/12）
自首	BA				ボスニアに移送
逮捕（SFOR）	BA				ボスニアに移送
					被告人死亡
					被告人死亡
逮捕	RU	2007/4/4	懲役 15 年		控訴審で控訴棄却（2007/10/31）
逮捕（SFOR）	BA				被告人死亡
逮捕	SR	2003/7/31	無期懲役		控訴審で懲役 40 年（2006/3/22）
					被告人死亡
逮捕（SFOR）	BA	2002/3/15	懲役 7.5 年		控訴審で懲役 15 年（2003/9/17）
自首	SR				ボスニアに移送
自首	BA				ボスニアに移送
					被告人死亡
逮捕（SFOR）	BA	2003/12/5	懲役 20 年		控訴審で無期懲役（2006/11/30）
自首	SR	2007/12/12	懲役 33 年		控訴審で懲役 29 年（2009/11/12）
逮捕（SFOR）	BA	2001/11/2	懲役 7 年	○	控訴審で控訴棄却（2005/2/28）
逮捕（SFOR）	BA	2001/11/2	懲役 5 年	○	控訴審で控訴棄却（2005/2/28）
逮捕（SFOR）	BA	2001/11/2	懲役 6 年	○	控訴取り下げ
逮捕（SFOR）	BA	2001/11/2	懲役 20 年	○	控訴審で控訴棄却（2005/2/28）
自首	BA	2001/11/2	懲役 25 年	○	控訴審で控訴棄却（2005/2/28）
逮捕（SFOR）	BA	2002/11/29	懲役 20 年	○	控訴審で懲役 15 年（2004/2/25）
逮捕	AR	2009/7/20	無期懲役		控訴審で控訴棄却（2012/12/4）
自首	BA	2009/7/20	懲役 30 年		控訴審で懲役 27 年（2012/12/4）
逮捕（SFOR）	BA	2001/8/2	懲役 46 年	○	控訴審で懲役 35 年（2004/4/19）
逮捕	HR	2003/3/31	懲役 20 年		控訴審で控訴棄却（2006/5/3）
逮捕	HR	2003/3/31	懲役 18 年		控訴審で控訴棄却（2006/5/3）
逮捕（SFOR）	BA	2004/9/1	懲役 32 年		控訴審で懲役 30 年（2007/4/3）
逮捕	AT				被告人死亡
自首	BA	2003/2/27	懲役 11 年	○	一審で司法取引成立，控訴せず
逮捕（SFOR）	BA	2006/9/27	懲役 27 年	○	控訴審で懲役 20 年（2009/3/17）
自首	HR				ボスニアに移送
自首	ME	2005/1/31	懲役 8 年		控訴審で懲役 7.5 年（2008/7/17）
					告訴取り下げ

IT-01-42/1	Miodrag Jokić	S	2001/2/22		2001/11/12
IT-01-42/2	Vladimir Kovačević	S	2001/2/22		2003/9/25
	Enver Hadžihasanović	B	2001/7/13		2001/8/2
IT-01-47	Amir Kubura	B	2001/7/13		2001/8/2
	Mehmed Alagić	B	2001/7/13		2001/8/2
IT-01-48	Sefer Halilović	B	2001/9/10		2001/9/25
IT-02-54	Slobodan Milošević	S	1999/5/22	●	2001/4/1
IT-02-59	Darko Mrđa	S	2002/4/16		2002/6/13
IT-02-60	Vidoje Blagojević	S	1998/10/30	●	2001/8/10
	Dragan Jokić	S	2001/5/30	●	2001/8/15
IT-02-60/1	Momir Nikolić	S	2002/3/26	○	2002/4/1
IT-02-60/2	Dragan Obrenović	S	2001/5/16	●	2001/4/15
IT-02-61	Miroslav Deronjić	S	2002/7/3	●	2002/7/7
IT-02-62	Janko Bobetko	C	2002/9/17		
IT-02-65	Željko Mejakić	S	1995/2/13	●	2003/7/1
	Momčilo Gruban	S	1998/5/28	●	2002/5/18
	Dušan Fuštar	S	2002/7/5	●	2002/1/31
	Dušan Knežević	S	1995/2/13	●	2002/5/18
	Zdravko Govedarica	S	1995/2/13		
	Gruban	S	1995/2/13		
	Predrag Kostić	S	1995/2/13		
	Nedeljko Paspalj	S	1995/2/13		
	Milan Pavlić	S	1995/2/13		
	Milutin Popović	S	1995/2/13		
	Draženko Predojević	S	1995/2/13		
	Željko Savić	S	1995/2/13		
	Mirko Babić	S	1995/2/13		
	Nikica Janjić	S	1995/2/13		
IT-02-65/1	Predrag Banović	S	1995/7/21	●	2001/11/8
IT-03-66	Fatmir Limaj	A	2003/1/24		2003/2/18
	Isak Musliu	A	2003/1/24		2003/2/17
	Haradin Bala	A	2003/1/24		2003/2/17
	Agim Murtezi	A	2003/1/24		
IT-03-67	Vojislav Šešelj	S	2003/1/15	○	2003/2/23
IT-03-68	Naser Orić	B	2003/3/28		2003/4/10
IT-03-69	Jovica Stanišić	S	2003/5/1	○	2003/3/13
	Franko Simatović	S	2003/5/1	○	2003/3/13
IT-03-72	Milan Babić	S	2003/11/6	○	2003/11/26
IT-04-74	Jadranko Prlić	C	2004/3/2	○	2004/4/5
	Bruno Stojić	C	2004/3/2	○	2004/4/5
	Slobodan Praljak	C	2004/3/2	○	2004/4/5
	Milivoj Petković	C	2004/3/2	○	2004/4/5
	Valentin Ćorić	C	2004/3/2	○	2004/4/5
	Berislav Pušić	C	2004/3/2	○	2004/4/5

自首	SR	2004/3/18	懲役 7 年		一審で司法取引成立，控訴審で控訴棄却（2005/8/30）
逮捕	SR				セルビアに移送
逮捕	BA	2006/3/15	懲役 5 年		控訴審で懲役 3.5 年（2008/4/22）
逮捕	BA	2006/3/15	懲役 2.5 年		控訴審で懲役 2 年（2008/4/22）
逮捕	BA				被告人死亡
自首	BA	2005/11/16	無罪		控訴審で控訴棄却（2007/10/16）
逮捕	SR				被告人死亡
逮捕（SFOR）	BA	2004/3/31	懲役 17 年		一審で司法取引成立，控訴せず
逮捕（SFOR）	BA	2005/1/17	懲役 18 年	○	控訴審で懲役 15 年（2007/5/9）
自首（SFOR）	BA	2005/1/17	懲役 9 年	○	控訴審で控訴棄却（2007/5/9）
逮捕（SFOR）	BA	2003/12/2	懲役 27 年	○	一審で司法取引成立，控訴審で懲役 20 年（2006/3/8）
逮捕（SFOR）	BA	2003/12/10	懲役 17 年	○	一審で司法取引成立，控訴せず
逮捕（SFOR）	BA	2004/3/30	懲役 10 年	○	一審で司法取引成立，控訴審で控訴棄却（2005/7/20）
					被告人死亡
自首	SR				ボスニアに移送
自首	SR				ボスニアに移送
自首	BA				ボスニアに移送
自首	BA				ボスニアに移送
					告訴取り下げ
					告訴取り下げ
					告訴取り下げ
					告訴取り下げ
					告訴取り下げ
					告訴取り下げ
					告訴取り下げ
					告訴取り下げ
					告訴取り下げ
					被告人死亡
逮捕	SR	2003/10/28	懲役 8 年	○	一審で司法取引成立，控訴せず
逮捕	SI	2005/11/30	無罪		控訴審で控訴棄却（2007/9/27）
逮捕（KFOR）	XK	2005/11/30	無罪		控訴審で控訴棄却（2007/9/27）
逮捕（KFOR）	XK	2005/11/30	懲役 13 年		控訴審で控訴棄却（2007/9/27）
					告訴取り下げ
自首	SR	2016/3/31	無罪		控訴審（MICT）で懲役 10 年（20018/4/11）
逮捕（SFOR）	BA	2006/6/30	懲役 2 年		控訴審で無罪（2008/7/3）
逮捕	SR	2013/5/30	無罪		控訴審で一審判決破棄・差し戻し（2015/12/15）
逮捕	SR	2013/5/30	無罪		控訴審で一審判決破棄・差し戻し（2015/12/15）
自首	SR	2004/6/29	懲役 13 年	○	控訴審で控訴棄却（2005/7/18）
自首	HR	2013/5/29	懲役 25 年	○	控訴審で控訴棄却（2017/11/29）
自首	HR	2013/5/29	懲役 20 年	○	控訴審で控訴棄却（2017/11/29）
自首	HR	2013/5/29	懲役 20 年	○	控訴審で控訴棄却（2017/11/29）
自首	HR	2013/5/29	懲役 20 年	○	控訴審で控訴棄却（2017/11/29）
自首	HR	2013/5/29	懲役 16 年	○	控訴審で控訴棄却（2017/11/29）
自首	HR	2013/5/29	懲役 10 年	○	控訴審で控訴棄却（2017/11/29）

資　料　257

IT-04-75	Goran Hadžić	S	2004/5/21	○	2011/7/20
IT-04-78	Rahim Ademi	C	2001/5/21		2001/7/25
	Mirko Norac	C	2004/4/29		2004/7/8
IT-04-81	Momčilo Perišić	S	2005/2/22	○	2005/3/7
IT-04-82	Ljube Boškoski	M	2005/3/9		2004/3/31
	Johan Tarčulovski	M	2005/3/9	○	2005/3/14
IT-04-83	Rasim Delić	B	2005/3/17		2005/2/28
IT-04-84, IT-04-84bis	Ramush Haradinaj	A	2005/3/4	○	2005/3/9
	Idriz Balaj	A	2005/3/4	○	2005/3/9
	Lahi Brahimaj	A	2005/3/4	○	2005/3/9
IT-05-87	Nikola Šainović	S	1999/5/24	●	2002/5/2
	Dragoljub Ojdanić	S	1999/5/24	●	2002/4/25
	Nebojša Pavković	S	2003/9/22	○	2005/4/25
	Vladimir Lazarević	S	2003/9/22	○	2005/2/3
	Sreten Lukić	S	2003/9/22	○	2005/4/4
	Milan Milutinović	S	1999/5/24	●	2003/1/20
	Vlajko Stojiljković	S	1999/5/24	●	
IT-05-87/1	Vlastimir Đorđević	S	2003/9/22	○	2007/6/17
IT-05-88	Vujadin Popović	S	2002/3/26	○	2005/4/14
	Ljubiša Beara	S	2002/3/26	○	2004/10/9
	Drago Nikolić	S	2002/9/6	○	2005/3/15
	Radivoje Miletić	S	2005/2/10	○	2005/2/24
	Vinko Pandurević	S	2005/2/10	○	2005/3/23
	Ljubomir Borovčanin	S	2002/9/6	○	2005/4/1
	Milan Gvero	S	2005/2/10	○	2005/2/24
IT-05-88/1	Milorad Trbić	S	2005/2/10	○	2005/4/7
IT-05-88/2	Zdravko Tolimir	S	2005/2/8	○	2007/5/31
IT-06-90	Ante Gotovina	C	2001/5/21	○	2005/12/7
	Ivan Čermak	C	2004/2/24	○	2004/3/11
	Mladen Markač	C	2004/2/24	○	2004/3/11
IT-08-91	Mićo Stanišić	S	2005/2/25	○	2005/3/11
	Stojan Župljanin	S	1999/3/14	○	2008/6/11
IT-09-92	Ratko Mladić	S	1995/7/24	○	2011/5/26

［注］ *1 S：セルビア人勢力　C：クロアチア人勢力　B：ボシュニャク人勢力　A：アル
　　　*2 ○：最初の訴状において適用　●：追加された訴状において適用
　　　*3 AR：アルゼンチン，AT：オーストリア，BA：ボスニア，DE：ドイツ，ES：ス
［出典］ ICTY のウェブサイト（http://www.icty.org 2019 年 9 月 8 日 最終アクセス）に掲

逮捕	SR				被告人死亡
自首	HR				クロアチアに移送
国内裁判により服役中	HR				クロアチアに移送
自首	SR	2011/9/6	懲役 27 年		控訴審で無罪（2013/2/28）
逮捕	HR	2008/7/10	無罪		控訴審で控訴棄却（2010/5/19）
逮捕	MK	2008/7/10	懲役 12 年		控訴審で控訴棄却（2010/5/19）
自首	BA	2008/9/15	懲役 3 年		控訴手続き中の死去により一審判決確定
自首	XK	2008/4/3	無罪		控訴審で一審判決破棄・差し戻し（2010/7/19），差し戻し審で無罪（2012/11/29）
自首	XK	2008/4/3	無罪		同上
自首	XK	2008/4/3	懲役 6 年		同上
自首	SR	2009/2/26	懲役 22 年	○	控訴審で懲役 18 年（2014/1/23）
自首	SR	2009/2/26	懲役 15 年	○	控訴取り下げ
自首	SR	2009/2/26	懲役 22 年	○	控訴審で控訴棄却（2014/1/23）
自首	SR	2009/2/26	懲役 15 年	○	控訴審で懲役 14 年（2014/1/23）
自首	SR	2009/2/26	懲役 22 年	○	控訴審で懲役 20 年（2014/1/23）
自首	SR	2009/2/26	無罪		
					被告人死亡
逮捕	ME	2011/2/23	懲役 27 年	○	控訴審で懲役 18 年（2014/1/27）
自首	SR	2010/6/10	無期懲役	○	控訴審で控訴棄却（2015/1/30）
自首	SR	2010/6/10	無期懲役	○	控訴審で控訴棄却（2015/1/30）
自首	SR	2010/6/10	懲役 35 年	○	控訴審で控訴棄却（2015/1/30）
自首	SR	2010/6/10	懲役 18 年	○	控訴審で控訴棄却（2015/1/30）
自首	SR	2010/6/10	懲役 13 年	○	控訴審で控訴棄却（2015/1/30）
自首	SR	2010/6/10	懲役 17 年	○	控訴せず
自首	SR	2010/6/10	懲役 5 年	○	控訴手続き中の死亡により一審判決確定
自首	BA				ボスニアに移送
逮捕	SR	2012/12/12	無期懲役	○	控訴審で控訴棄却（2015/4/8）
逮捕	ES	2011/4/15	懲役 24 年	○	控訴審で無罪（2012/11/16）
自首	HR	2011/4/15	無罪		
自首	HR	2011/4/15	懲役 18 年	○	控訴審で無罪（2012/11/16）
自首	SR	2013/3/27	懲役 22 年	○	控訴審で控訴棄却（2016/6/30）
逮捕	SR	2013/3/27	懲役 22 年	○	控訴審で控訴棄却（2016/6/30）
逮捕	SR	2017/11/22	無期懲役	○	

バニア人勢力　M：マケドニア人勢力

ペイン，HR：クロアチア，ME：モンテネグロ，MK：マケドニア，SI：スロヴェニア，SR：セルビア
載された各裁判に関する資料および各種報道資料をもとに作成。

引用・参考文献

◆日本語文献

阿部利洋 2007『紛争後社会と向き合う──南アフリカ真実和解委員会』京都大学学術出版会。

石田信一 2017「クロアチア共和国」月村太郎編『解体後のユーゴスラヴィア』晃洋書房。

石田信一 2018「ユーゴスラヴィア紛争と歴史教育から見た和解の試み」『跡見学園女子大学文学部紀要』53号，1-17頁。

岩田昌征 1999『ユーゴスラヴィア多民族戦争の情報像──学者の冒険』御茶の水書房。

大串和雄 2012「『犠牲者中心の』移行期正義と加害者処罰──ラテンアメリカの経験から」『平和研究』38号，1-22頁。

大庭千恵子 2017「マケドニア共和国」月村太郎編『解体後のユーゴスラヴィア』晃洋書房。

長有紀枝 2009『スレブレニツァ──あるジェノサイドをめぐる考察』東信堂。

越智萌 2016「ルバンガ事件における国際刑事裁判所（ICC）の被害者賠償手続──修復的正義の要請と国際法上の意義」『国際公共政策研究』20巻2号，31-46頁。

小山雅徳 2017「コソヴォ共和国」月村太郎編『解体後のユーゴスラヴィア』晃洋書房。

片柳真里 2013「ボスニア・ヘルツェゴビナにおける所有関係と国家建設」『国際政治』174号，98-110頁。

カルドー，メアリー／山本武彦・渡部正樹訳 2003『新戦争論──グローバル時代の組織的暴力』岩波書店。

久保慶一 2003『引き裂かれた国家──旧ユーゴ地域の民主化と民族問題』有信堂高文社。

久保慶一 2007「コソボ社会の「内側」──2006年のコソボ滞在の体験を通じて」『秋野豊ユーラシア基金ニューズレター』16号，2-6頁。

久保慶一 2008a「コソボ」広瀬佳一・小笠原高雪・上杉勇司編『ユーラシアの紛争と平和』明石書店。

久保慶一 2008b「コソボにおける武装蜂起──発生と拡大の諸要因」高階美行ほか編『民族紛争の背景に関する地政学的研究 vol.2 コトバの力学──他者表象としての「外国」語』（第1回国際シンポジウム報告集）大阪大学世界言語研究センター。

久保慶一 2010「セルビア政党・選挙データ」ポスト社会主義諸国の政党・選挙データベース作成研究会編『ポスト社会主義諸国──政党・選挙ハンドブックⅢ』京都大学

地域研究統合情報センター。

久保慶一 2011「旧ユーゴスラビア諸国の政党システム——専門家サーベイの結果に基づく政党の「政策位置」の測定」仙石学・林忠行編『ポスト社会主義期の政治と経済——旧ソ連・中東欧の比較』北海道大学出版会。

久保慶一 2012「セルビアにおける民主主義の質——国家制度，政党，社会による公職者の抑制と監視を中心として」柴宜弘監修・百瀬亮司編『旧ユーゴ研究の最前線』渓水社。

久保慶一 2016「革命か，クーデタか——ミロシェヴィッチ体制の崩壊における軍と治安機関の役割」酒井啓子編『途上国における軍・政治権力・市民社会——21世紀の「新しい」政軍関係』晃洋書房。

久保慶一 2017「ボスニア・ヘルツェゴヴィナ」月村太郎編『解体後のユーゴスラヴィア』晃洋書房。

クロス京子 2016『移行期正義と和解——規範の多系的伝播・受容過程』有信堂高文社。

小峯茂嗣 2018「ジェノサイド後のルワンダにおける加害者とサバイバーの意識の変化——ガチャチャ裁判後の聞き取り調査をもとに」『ことば・文化・コミュニケーション』10号，119-132頁。

佐原徹哉 2008『ボスニア内戦——グローバリゼーションとカオスの民族化』有志舎。

サルトーリ，ジョヴァンニ／岡沢憲芙・川野秀之訳 2000『現代政党学——政党システム論の分析枠組み』早稲田大学出版部。

杉山知子 2011『移行期の正義とラテンアメリカの教訓——真実と正義の政治学』北樹出版。

ゼア，ハワード／西村春夫・細井洋子・高橋則夫監訳 2003『修復的司法とは何か——応報から関係修復へ』新泉社。

高木徹 2002『ドキュメント　戦争広告代理店——情報操作とボスニア紛争』講談社。

武内進一 2005「ガチャチャの開始——ルワンダにおける国民和解の現在」『アフリカ・レポート』No. 41，49-54頁。

竹村仁美 2007a「国際刑事法における JCE（Joint Criminal Enterprise）の概念（1）」『一橋法学』6巻2号，965-979頁。

竹村仁美 2007b「国際刑事法における JCE（Joint Criminal Enterprise）の概念（2・完）」『一橋法学』6巻3号，1417-1435頁。

タディチ，ドゥシコ／岩田昌征訳 2013『ハーグ国際法廷のミステリー——旧ユーゴスラヴィア多民族戦争の戦犯第一号日記』社会評論社。

多谷千香子 2005『「民族浄化」を裁く——旧ユーゴ戦犯法廷の現場から』岩波書店。

千田善 1993『ユーゴ紛争——多民族・モザイク国家の悲劇』講談社。

千田善 1999『ユーゴ紛争はなぜ長期化したか——悲劇を大きくさせた欧米諸国の責任』勁草書房。

月村太郎 2006『ユーゴ内戦——政治リーダーと民族主義』東京大学出版会。

土佐弘之 2004「移行期における正義（transitional justice）再考——過去の人権侵害と復讐／赦し，記憶／忘却の政治」『社會科學研究』第 55 巻 5-6 号，79-99 頁。

橋本靖明 1998「ボスニア・ヘルツェゴビナにおける安全地域」『防衛研究所紀要』1 巻 2 号，80-95 頁。

東野篤子 2007「西バルカン・トルコへの拡大と欧州近隣諸国政策」植田隆子編『対外関係』（EU スタディーズ 1）勁草書房。

ヘーガン，ジョン／本間さおり訳 2011a『戦争犯罪を裁く——ハーグ国際戦犯法廷の挑戦（上）』NHK 出版。

ヘーガン，ジョン／本間さおり訳 2011b『戦争犯罪を裁く——ハーグ国際戦犯法廷の挑戦（下）』NHK 出版。

望月康恵 2012『移行期正義——国際社会における正義の追及』法律文化社。

湯山智之 2011「国際司法裁判所・ジェノサイド条約適用事件（ボスニア・ヘルツェゴヴィナ対セルビア・モンテネグロ）（判決 2007 年 2 月 26 日）(1)」『立命館法學』335 号，436-510 頁。

◆外国語文献

Ahmetaj, Nora 2016, *The Right to Reparations in Kosovo*, Centre for Research, Documentation and Publication.

Ahmetaj, Nora 2017, "The President Must be Careful When Establishing A Truth and Reconciliation Commission," *Kosovo 2.0*（http://kosovotwopointzero.com/en/president-must-careful-establishing-truth-reconciliation-commission/ 2018 年 3 月 27 日最終アクセス）.

Ahmetaj, Nora and Thomas Unger 2017, *Kosovo's Framework for Dealing with the Past at a Turning Point: Civil Society Review of Progress towards a National Strategy on Transitional Justice, Impunity Watch*（https://www.paxforpeace.nl/publications/all-publications/kosovos-framework-for-dealing-with-the-past-at-a-turning-point 2018 年 5 月 5 日最終アクセス）.

AI（Amnesty International）1998, *Kosovo: The Evidence*, Amnesty International.

AI（Amnesty International）2012, *Kosovo: Time for EULEX to Prioritize War Crimes*, Amnesty International.

Anzulovic, Branimir 1999, *Heavenly Serbia: From Myth to Genocide*, NYU Press.

Arraiza, Jose-Maria & Massimo Moratti 2009, "Getting the Property Questions Right: Legal Policy Dilemmas in Post-Conflict Property Restitution in Kosovo（1999-2009)," *International Journal of Refugee Law*, 21（3), pp. 421-452.

Banjeglav, Tamara 2016, "The Micro Legacy of the ICTY in Croatia: A Case Study of

Vukovar," in Martina Fischer & Olivera Simić, eds., *Transitional Justice and Reconciliation: Lessons from the Balkans*, Routledge.

Barić, Nikica 2005, *Srpska pobuna u Hrvatskoj 1990.-1995.*, Golden marketing-Tehnička knjiga.

Barić, Nikica 2006, "Srpska pubuna u Hrvatskoj 1990.-1995.," in Zdenko Radelić, Davor Marijan, Nikica Barić, Albert Bing & Dražen Živić, *Stvaranje hrvatske države i Domovinski rat*, Školska knjiga.

Barić, Nikica, Tomislav Kaniški, Darko Dovranić, Tamara Janković, Ante Nazor, Domagoj Novosel & Emil Petroci 2015, *Domovinski rat: Čitanka-priručnik za učitelje i profesore povjesti u osnovnoj školi i gimnaziji*, Školska knjiga.

Bataković, Dušan T. 2007, *Kosovo i Metohija: Istorija i ideologija,* drugo dopunjeno izdanje, Čigoja štampa.

BCLjP (Beogradski Centar za Ljudska Prava) 2008, *Borba protiv organizovanog kriminala u Srbiji: Zakonodavstvo i praksa*, Beogradski Centar za Ljudska Prava.

Berlin, Mark S. & Geoff Dancy 2017, "The Difference Law Makes: Domestic Atrocity Laws and Human Rights Prosecutions," *Law & Society Review*, 51(3), pp. 533-566.

Bickford, Louis N. 2007, "Unofficial Truth Projects," *Human Rights Quarterly*, 29(4), pp. 994-1035.

Bickford, Louis N. 2013, "Unofficial Truth Projects," in Lavinia Stan & Nadya Nedelsky, eds., *Encyclopedia of Transitional Justice*, Volume 1, Cambridge University Press.

Bieber, Florian 2008, *Bosna i Hercegovina poslije rata: Politički sistem u podjeljenom društvu*, Buybook.

Biserko, Sonja 2006a, *Dubrovnik: "Rat za Mir,"* svedočanstva br. 24, Helsinški odbor za ljudska prava u Srbiji.

Biserko, Sonja 2006b, "Zoran Đinđić i Haški Tribunal," in Latinka Perović, ed., *Zoran Đinđić: Etika odgovornosti, zbornik radova*, Helsinški odbor za ljudska prava u Srbiji.

Bonora, Caterina 2015, "The Latest Updates on the Struggle for a Regional Commission for Investigating the War Crimes of the 1990s in the Balkans," *Osservatorio Balcani e Caucaso Transeuropa* (https://www.balcanicaucaso.org/eng/Areas/Bosnia-Herzegovina/Is-there-hope-for-RECOM-159951　2018 年 3 月 20 日最終アクセス).

Borrini, Cecilia 2017, "RECOM Looks at Trieste Summit as a Chance for Relaunch," *Osservatorio Balcani e Caucaso Transeuropa* (https://www.balcanicaucaso.org/eng/Areas/Balkans/RECOM-looks-at-Trieste-summit-as-a-chance-for-relaunch-180605　2018 年 3 月 20 日最終アクセス).

Braithwaite, John 1999, "Restorative Justice: Assessing Optimistic and Pessimistic Accounts," *Crime and Justice*, 25, pp. 1-127.

Burg, Steven L. & Paul S. Shoup 1999, *The War in Bosnia-Herzegovina: Ethnic Conflict and International Intervention*, M. E. Sharpe.

Clark, Janine Natalya 2013, "Reconciliation through Remembrance? War Memorials and the Victims of Vukovar," *The International Journal of Transitional Justice*, 7(1), pp. 116–135.

Clark, Janine Natalya 2014, *International Trials and Reconciliation: Assessing the Impact of the International Criminal Tribunal for the Former Yugoslavia*, Routledge.

CoE (Council of Europe) 2011, *Inhuman Treatment of People and Illicit Trafficking in Human Organs in Kosovo*, Committee on Legal Affairs and Human Rights, Parliamentary Assembly, Council of Europe, Doc. 12462.

Cole, Elizabeth A., ed. 2007, *Teaching the Violent Past: History Education and Reconciliation*, Rowman & Littlefield.

Collins, Cath 2010, *Post-transitional Justice: Human Rights Trials in Chile and El Salvador*, Pennsylvania State University Press.

CSES (The Comparative Study of Electoral Systems) 2018, *CSES MODULE 4, FULL RELEASE* [*dataset and documentation*], May 29, 2018 version. doi: 10.7804/cses. module4.2018-05-29.

Čekić, Smail 1994, *Agresija na Bosnu i genocid nad Bošnjacima, 1991.-1993.*, Ljiljan.

Čekić, Smail 1995, *Uzroci, ciljevi i razmjere agresije na Bosnu i Hercegovinu 1991.-1995.*, Vijeće Kongresa Bosanskomuslimanskih Intelektualaca.

Ćurgus Kazimir, Velimir 2006, "Šum laži," in Latinka Perović, ed., *Zoran Đinđić: Etika odgovornosti, zbornik radova*, Helsinški odbor za ljudska prava u Srbiji.

Dancy, Geoff 2013, *The Impact of Human Rights Law in Time*, Ph.D. Dissertation, University of Minnesota.

Dancy, Geoff & Verónica Michel 2016, "Human Rights Enforcement from Below: Private Actors and Prosecutorial Momentum in Latin America and Europe," *International Studies Quarterly*, 60(1), pp. 173–188.

DCRS (Documentation Centre of Republic of Srpska) 2002, *Report about Case Srebrenica* (*the first part*), Bureau of Government of RS for Relation with ICTY.

Dedaković-Jastreb, Mile, Alenka Mirković-Nađ & Davor Runtić 2000, *Bitka za Vukovar*, drugo, prošireno i dopunjeno izdanje, Neobična naklada.

Del Ponte, Carla & Chuck Sudetic 2009, *Madame Prosecutor: Confrontations with Humanity's Worst Criminals and the Culture of Impunity: A Memoir*, Other Press.

Delić, Rasim 2007a, *Armija Republike Bosne i Hercegovine: Nastanak, razvoj i odbrana zemlje*, knjiga prva, Vijeće Kongresa bošnjačkih intelektualaca.

Delić, Rasim 2007b, *Armija Republike Bosne i Hercegovine: Nastanak, razvoj i odbrana zemlje*, knjiga druga, Vijeće Kongresa bošnjačkih intelektualaca.

Dérens, Jean-Arnault 2008, *Le Piège du Kosovo*, Non Lieu.

DeTommaso, Meghan. M., Mario Schulz & Steve B. Lem 2017, "Choices of Justice: Effects of Civil War Termination on Postconflict Justice Mechanisms Implemented by the State," *International Journal of Transitional Justice*, 11(2), pp. 218-238.

Dimitrijević, Bojan B. 2010, *Modernizacija i intervencija: Jugoslovenske oklopne jedinice 1945-2006*, Institut za savremenu istoriju.

Dimitrijević, Nenad 2013, "Serbia," in Lavinia Stan & Nadya Nedelsky, eds., *Encyclopedia of Transitional Justice*, Vol. 2, Cambridge University Press.

Dimou, Augusta, ed. 2009, >*Transition*< *and the Politics of History Education in Southeast Europe*, V&R unipress.

Divjak, Jovan 1999, "Prva faza rata 1992-1993: Borba za opstanak i nastanak Armije RBiH," in Branka Magaš & Ivo Žanić, eds., *Rat u Hrvatskoj i Bosni i Hercegovini 1991-1995*, Naklada Jesenski i Turk.

Državno Odvjetništvo Republike Hrvatske (DORH) 2009, *Izvješće o radu Državnih Odvjetništava u 2008. godini*, Državno Odvjetništvo Republike Hrvatske, A-608/08.

Državno Odvjetništvo Republike Hrvatske (DORH) 2010, *Izvješće o radu Državnih Odvjetništava u 2009. godini*, Državno Odvjetništvo Republike Hrvatske, A-470/09.

Državno Odvjetništvo Republike Hrvatske (DORH) 2011, *Izvješće o radu Državnih Odvjetništava u 2010. godini*, Državno Odvjetništvo Republike Hrvatske, A-468/10.

Državno Odvjetništvo Republike Hrvatske (DORH) 2012, *Izvješće Državnog Odvjetništava Republike Hrvatske za 2011. godinu*, Državno Odvjetništvo Republike Hrvatske, A-419/11.

Državno Odvjetništvo Republike Hrvatske (DORH) 2014, *Izvješće Državnog Odvjetništava Republike Hrvatske za 2013. godinu*, Državno Odvjetništvo Republike Hrvatske, A-427/13.

Državno Odvjetništvo Republike Hrvatske (DORH) 2015, *Izvješće Državnog Odvjetništava Republike Hrvatske za 2014. godinu*, Državno Odvjetništvo Republike Hrvatske, A-464/14.

Državno Odvjetništvo Republike Hrvatske (DORH) 2016, *Izvješće Državnog Odvjetništava Republike Hrvatske za 2015. godinu*, Državno Odvjetništvo Republike Hrvatske, A-447/15.

Državno Odvjetništvo Republike Hrvatske (DORH) 2017, *Izvješće Državnog Odvjetništava Republike Hrvatske za 2016. godinu*, Državno Odvjetništvo Republike Hrvatske, A-561/16.

Đinđić, Zoran 2013, *Izabrana dela Zorana Đinđića 4: Politika i društvo*, Narodna biblioteka Srbije.

Đurašković, Stevo 2016, *The Politics of History in Croatia and Slovakia in the 1990s*, Srednja europa.

Ebart 2006, *Zoran Đinđić u štampanim medijima, januar 2001 - 12. mart 2003*, Medijska dokumentacija Ebart Consulting (C). [CD-ROM]

Eifert, Benn, Edward Miguel & Daniel Posner 2010, "Political Competition and Ethnic Identification in Africa," *American Journal of Political Science*, 54(2), pp. 494-510.

FHP (Fond za humanitarno pravo), ur. 2015, *Udžbenici istorije u post-konfliktnim društvima: Obrazovanje za pomirenje?* Fond za humanitarno pravo.

Fischer, Martina 2016, "Dealing with the Past from the Top Down and Bottom Up: Challenges for State and Non-state Actors," in Martina Fischer & Olivera Simic, eds., *Transitional Justice and Reconciliation: Lessons from the Balkans*, Routledge.

Ford, Stuart 2012, "A Social Psychology Model of the Perceived Legitimacy of International Criminal Courts: Implications for the Success of Transitional Justice Mechanisms," *Vanderbilt Journal of Transnational Law*, 45, pp. 405-476.

Gloppen, Siri 2005, "Roads to Reconciliation: A Conceptual Framework," in Elin Skaar, Siri Gloppen & Astri Suhrke, eds., *Roads to Reconciliation*, Lexington Books.

Gordy, Eric 2013, *Guilt, Responsibility, and Denial: The Past at Stake in Post-Milošević Serbia*, University of Pennsylvania Press.

Gow, James & Milena Michalski 2014, "Prosecuting with Pictures: Two Decades of Experience and Evolution," in James Gow, Rachel Kerr & Zoran Pajić, eds., *Prosecuting War Crimes: Lessons and Legacies of the International Criminal Tribunal for the Former Yugoslavia*, Routledge.

Gow, James, Rachel Kerr & Zoran Pajić, eds. 2014, *Prosecuting War Crimes: Lessons and Legacies of the International Criminal Tribunal for the Former Yugoslavia*, Routledge.

Grupa 17 1999, *Završni račun: Ekonomske posledice NATO bombardobanja: procena štete i sredstava potrebnih za ekonomsku rekonstrukciju Jugoslavije*, Stubovi kulture.

Harrington, Selma 2014, "The Politics of Memory: The Face and the Place of the Sarajevo Assassination," *Prilozi*, 43, pp. 113-139.

Hayden, Robert M. 2011, "What's Reconciliation Got to do With It? The International Criminal Tribunal for the Former Yugoslavia (ICTY) as Antiwar Profiteer," *Journal of Intervention and Statebuilding*, 5(3), pp. 313-330.

Hayner, Priscilla B. 2011, *Unspeakable Truths: Transitional Justice and the Challenge of Truth Commissions*, 2nd edition, Routledge.

Hećo, Faid 2005, *Uloga Jugoslovenske Narodne Armije u Agresiji na Bosnu i Hercegovinu*, Institut za istraživanje zločina protiv čovječnosti i međunardnog prava.

Hero, Mesud & Fuad Kovač 2016, *Hrvatska Republika Herceg-Bosna: Agresija i zločin*, Futur art.

Higashijima, Masaaki & Ryo Nakai 2016, "Elections, Ethnic Parties, and Ethnic Identification in New Democracies: Evidence from the Baltic States," *Studies in Comparative International Development*, 51(2), pp. 124–146.

HLC (Humanitarian Law Center) 2011, *Kosovo Memory Book: Let People Remember People,* Vol. 1, Publikum.

HLC (Humanitarian Law Center) 2014, *Ten Years of War Crimes Prosecutions in Serbia: Contours of Justice: Analysis of the Prosecution of War Crimes in Serbia 2004–2013*, Humanitarian Law Center.

HOLjPS (Helsinški odbor za ljudska prava u Srbiji) 2000, *Izveštaj o ljudskim pravima u Srbiji za 1999. godinu*, Helsinški odbor za ljudska prava u Srbiji.

Hronešová, Jessie 2016, "Might Makes Right: War-Related Payments in Bosnia and Herzegovina," *Journal of Intervention and Statebuilding*, 10(3), pp. 339–360.

HRW (Human Rights Watch) 2001, *Under Orders: War Crimes in Kosovo*, Human Rights Watch.

HRW (Human Rights Watch) 2011, *Justice Compromised: The Legacy of Rwanda's Community-Based Gacaca Courts*, Human Rights Watch.

ICJ (International Court of Justice) 2004, *Legality of Use of Force (Serbia and Montenegro v. Belgium), Preliminary Objections, Judgment, I.C.J. Reports 2004*, p. 279.

ICJ (International Court of Justice) 2007, *Application of the Convention on the Prevention and Punishment of the Crime of Genocide (Bosnia and Herzegovina v. Serbia and Montenegro), Judgment, I.C.J. Reports 2007*, p. 43.

ICJ (International Court of Justice) 2015, *Application of the Convention on the Prevention and Punishment of the Crime of Genocide (Croatia v. Serbia), Judgment, I.C.J. Reports 2015*, p. 3.

Kadijević, Veljko 1993, *Moje viđenje raspada: Vojska bez države*, Politika.

Kamatali, Jean-Marie 2013, "Kosovo," in Lavinia Stan & Nadya Nedelsky, eds., *Encyclopedia of Transitional Justice*, Vol. 2, Cambridge University Press.

Karačić, Darko, Tamara Banjeglav & Nataša Govedarica 2012, *Re:vizija prošlosti: Službene politike sjećanja u Bosni i Hercegovini, Hrvatskoj i Srbiji od 1990. godine*, Friedrich Ebert Stiftung.

Katz, Vera, ur. 2007, *Revizija prošlosti na prostorima bivše Jugoslavije: Zbornik radova*, Institut za istoriju.

Katz, Vera 2014, "Ideological Use of Memorial Plaques Dedicated to Gavrilo Princip in the Upbringing and Education of Generations of Youth in Bosnia and Herzegovina," *Prilozi*,

43, pp. 99-111.

Katz, Vera 2015, "Analiza udžbenika historije u Bosni i Hercegovini (8. i 9. razred osnovne škole, 4. razred gimnazije i 1. i 2. razred stručnih škola)," in Fond za humanitarno pravo, ur. *Udžbenici istorije u post-konfliktnim društvima: Obrazovanje za pomirenje?* Fond za humanitarno pravo.

KIDS (Komisija za Istraživanje Događaja u i oko Srebrenice od 10. do 19. Jula 1995.) 2004, *Događaji u i oko Srebrenice od 10. do 19. Jula 1995,* Vlada Republike Srpske.

Kim, Hun Joon 2012, "Structural Determinants of Human Rights Prosecutions after Democratic Transition," *Journal of Peace Research,* 49(2), pp. 305-320.

Kim, Nam Kyu & Mi Hwa Hong 2016, "Politics of Pursuing Justice in the Aftermath of Civil Conflict," *Faculty Publications: Political Science, Paper,* 77 (http://digitalcommons. unl.edu/poliscifacpub/77 2018 年 4 月 10 日最終アクセス).

KIPRED (Kosovar Institute for Policy Research and Development) 2008, *Transitional Justice in Kosovo: Discussion Paper,* Kosovar Institute for Policy Research and Development.

Kisić, Izabela & Ksenija Lazović 2006, "Medijska slika Zorana Đinđića," in Latinka Perović, ed., *Zoran Đinđić: Etika odgovornosti, zbornik radova,* Helsinški odbor za ljudska prava u Srbiji.

Klarin, Mirko 2009, "The Impact of the ICTY Trials on Public Opinion in the Former Yugoslavia," *Journal of International Criminal Justice,* 7(1), pp. 89-96.

Kontsevaia, Diana B. 2013, "Mass Graves and the Politics of Reconciliation: Construction of Memorial Sites after the Srebrenica Massacre," *Totem: The University of Western Ontario Journal of Anthropology,* 21(1), pp. 15-31.

Koren, Snježana & Branislava Baranović 2009, "What Kind of History Education Do We Have after Eighteen Years of Democracy in Croatia? Transition, Intervention, and History Education Politics (1990-2008)," in Augusta Dimou, ed., *>Transition< and the Politics of History Education in Southeast Europe,* V&R unipress.

Kosic, Ankica & Charles David Tauber 2010, "Promoting Reconciliation through Youth: Cross-community Initiatives in Vukovar, Croatia," *Peace and Conflict: Journal of Peace Psychology,* 16(1), pp. 81-95.

Kostić, Roland 2012, "Transitional Justice and Reconciliation in Bosnia-Herzegovina: Whose Memories, Whose Justice?" *Sociologija,* 54(4), pp. 649-666.

Koulouri, Christina, ed. 2001, *Teaching the History of Southeastern Europe,* Center for Democracy and Reconciliation in Southeast Europe.

Koulouri, Christina, ed. 2002, *Clio in the Balkans: The Politics of History Education,* Center for Democracy and Reconciliation in Southeast Europe.

Krmpotić, Miroslav, ed. 1998, *Kronologija rata: Agresija na Hrvatsku i Bosnu i Hercegovinu (s naglaskom na stradanja hrvata u BiH), 1989.-1998.*, Hrvatski Informativni Centar.

Krüger, Jule and Patrick Ball 2014, *Evaluation of the Database of the Kosovo Memory Book*, Human Rights Data Analysis Group (https://hrdag.org/wp-content/uploads/2015/04/Evaluation_of_the_Database_KMB-2014.pdf 2019 年 9 月 10 日最終アクセス).

Kubo, Keiichi 2010, "Why Kosovar Albanians Took up Arms against the Serbian Regime: The Genesis and Expansion of the UÇK in Kosovo," *Europe-Asia Studies*, 62(7), pp. 1135-1152.

Kubo, Keiichi 2013, "Host State Responses to Ethnic Rebellion: Serbia and Macedonia in Comparison," in Jean-Pierre Cabestan & Aleksandar Pavković, eds., *Secessionism and Separatism in Europe and Asia: To Have a State of One's Own*, Routledge.

Kubo, Keiichi 2019, "International Transitional Justice and Domestic Mass Media: Quantitative Text Analysis of Serbian Newspaper Reporting on the ICTY and War Crimes," Paper presented at the 2nd Annual POLTEXT Conference 2019, Waseda University, Tokyo, Japan, 14 September 2019.

Kubo, Keiichi & Amer Osmić 2018, "2017 Opinion Poll in Bosnia and Herzegovina: Sampling Method and Descriptive Statistics," *RSGC-Online Paper Series*, No. 3, Research Report No. 1, December 30 2018 (http://www.shd.chiba-u.jp/glblcrss/online_papers/onlinepaper20181230_rr01.pdf 2019 年 9 月 20 日最終アクセス).

Kurze, Arnaud & Iva Vukusic 2013, "Afraid to Cry Wolf: Human Rights Activists' Struggle of Transnational Accountability Efforts in the Balkans," in Olivera Simić & Zala Volčič, eds., *Transitional Justice and Civil Society in the Balkans*, Springer.

Lederach, John Paul 1997, *Building Peace: Sustainable Reconciliation in Divided Societies*, United States Institute of Peace Press.

Letki, Natalia 2002, "Lustration and Democratisation in East-Central Europe," *Europe-Asia Studies*, 54(4), pp. 529-552.

Leutloff-Grandits, Carolin 2016, "Post-Dayton Ethnic Engineering in Croatia through the Lenses of Property Issues and Social Transformations," *Journal of Genocide Research*, 18(4), pp.485-502.

Long, William J. & Peter Brecke 2003, *War and Reconciliation: Reason and Emotion in Conflict Resolution*, MIT Press.

Magaš, Branka & Ivo Žanić, eds. 1999, *Rat u Hrvatskoj i Bosni i Hercegovini 1991-1995*, Naklada Jesenski i Turk.

Mallinder, Louise 2013, "Bosnia-Herzegovina," in Lavinia Stan & Nadya Nedelsky, eds., *Encyclopedia of Transitional Justice*, Vol. 2, Cambridge University Press.

Marijan, Davor 2004, *Bitka za Vukovar*, Hrvatski institut za povijest.

Marijan, Davor 2007, *Oluja*, Hrvatski memorijalno-dokumentacijski centar Domovinskog rata.

Marijan, Davor 2008, *Slom Titove armije: Jugoslavenska narodna armija i raspad Jugoslavije 1987. – 1992.*, Golden marketing-Tehnička knjiga.

Marijan, Davor 2016, *Domovinski rat*, Despot Infinitus.

Marković, Ivan 2002, *Yugoslav Army and Kosovo and Metohija 1998-1999. Application of the Rules of the International Law of Armed Conflicts*, 2nd enlarged edition, Vojska.

Martin-Ortega, Olga 2014, "Beyond the Hague: Prosecuting War Crimes in Bosnia and Herzegovina," in James Gow, Rachel Kerr & Zoran Pajić, eds., *Prosecuting War Crimes: Lessons and Legacies of the International Criminal Tribunal for the former Yugoslavia*, Routledge.

Milanović, Marko 2016, "The Impact of the ICTY on the Former Yugoslavia: An Anticipatory Postmortem," *The American Journal of International Law*, 110(2), pp. 233-259.

Milenkovska, Marija & Frosina Taševska Remenski 2016, "Macedonia after the 2001 Conflict: Towards Social Cohesion and Reconciliation?" *Southeast European and Black Sea Studies*, 16(3), pp. 447-459.

Mustafa, Artan 2017, "Welfare Politics in Kosovo: Growing Rule for the State and Benefit Disproportionality," in Anette Scoppetta, Kai Leichsenring & Willem Stamatiou, eds., *Innovative Approaches in Labor Market Policy and Health and Long-Term Care in Eastern Europe: Compilation of Workshop Papers*, European Centre.

Nalepa, Monika 2012, *Skeletons in the Closet: Transitional Justice in Post-Communist Europe*, Cambridge University Press.

Nazor, Ante 2011, *Velikosrpska agresija na Hrvatsku 1990-ih*, Hrvatski memorijalno-dokumentacijski centar Domovinskog rata.

Nedelsky, Nadya 2004, "Divergent Responses to a Common Past: Transitional Justice in the Czech Republic and Slovakia," *Theory and Society*, 33(1), pp. 65-115.

Nikolić-Ristanović, Vesna & Sanja Ćopić 2016, "Dealing with the Past in Serbia: Achievements in the Past 20 Years," in Martina Fischer & Olivera Simić, eds., *Transitional Justice and Reconciliation: Lessons from the Balkans*, Routledge.

Nišić, Stanko 2002, *Hrvatska oluja i srpske seobe*, Knjiga-komerc.

NIWD（Netherlands Institute for War Documentation）2002, *Srebrenica: Reconstruction, Background, Consequences and Analyses of the Fall of a 'Safe' Area*, Netherlands Institute for War Documentation（https://www.niod.nl/en/srebrenica-report　2018 年 5 月 5 日 最終アクセス）.

Noutcheva, Gergana 2012, *European Foreign Policy and the Challenges of Balkan Accession: Conditionality, Legitimacy and Compliance*, Routledge.

Ntouhandi, Faustin Z. 2007, *Amnesty for Crimes against Humanity under International Law*, Martinus Nijhoff.

Obradović-Wochnik, Jelena 2014, "Revisionism, Denial and Anti-ICTY Discourse in Serbia's Public Sphere: Beyond the 'Divided Society' Debate," in James Gow, Rachel Kerr & Zoran Pajić, eds., *Prosecuting War Crimes: Lessons and Legacies of the International Criminal Tribunal for the Former Yugoslavia*, Routledge.

Orentlicher, Diane F. 2008, *Shrinking the Space for Denial: The Impact of the ICTY in Serbia*, Open Society Institute.

Orentlicher, Diane 2018, *Some Kind of Justice: The ICTY's Impact in Bosnia and Serbia*, Oxford University Press.

OSCE（Organization for Security and Co-operation in Europe）2010, *Kosovo's War Crimes Trials: An Assessment Ten Years on（1999-2009）*, OSCE Mission in Kosovo.

OSCE（Organization for Security and Co-operation in Europe）2015, *War Crimes Proceedings in Serbia（2003-2014）: An Analysis of the OSCE Mission to Serbia's Monitoring Results*, OSCE Mission to Serbia.

Paust, Jordan J. 1994, "Applicability of International Criminal Laws to Events in the Former Yugoslavia," *American University International Law Review*, 9(2), pp. 499-523.

Pearson, Joseph 2010, "Dubrovnik's Artistic Patrimony, and Its Role in War Reporting (1991)," *European History Quarterly*, 40(2), pp. 197-216.

Peskin, Victor & Mieczysław P. Boduszyński 2003, "International Justice and Domestic Politics: Post-Tudjman Croatia and the International Criminal Tribunal for the Former Yugoslavia," *Europe-Asia Studies*, 55(7), pp. 1117-1142.

Piacente, Nicola 2004, "Importance of the Joint Criminal Enterprise Doctrine for the ICTY Prosecutorial Policy," *Journal of International Criminal Justice*, Vol. 2, pp. 446-454.

Popović, Đorđe, Predrag Petrović, Gorana Odanović & Jelena Radoman 2011, *Context Analysis of the Security Sector Reform in Serbia 1989-2009*, Belgrade Centre for Security Policy.

Porobic-Isakovic, Nela 2016, "Transitional Justice in Bosnia and Herzegovina: Challenges and Opportunities," *Ukrainian Helsinki Human Rights Union*（https://helsinki.org.ua/en/articles/transitional-justice-in-bosnia-and-herzegovina-challenges-and-opportunities/ 2018 年 3 月 22 日最終アクセス）.

Pukanić, Ivo 2005, "Američka uloga u Oluji: Oduševljen Bljeskom, Clinton inicirao Oluju," *Nacional*, 497（http://arhiva.nacional.hr/clanak/18573/odusevljen-bljeskom-clinton-inicirao-oluju 2019 年 2 月 26 日最終アクセス）.

Raimundo, Filipa 2015, "Strategic Silence as a Third Way. Political Parties and Transitional Justice," *Democratization*, 22(6), pp. 1054-1073.

Ramet, Sabrina P. 2007, "The Denial Syndrome and Its Consequences: Serbian Political Culture since 2000," *Communist and Post-Communist Studies*, 40(1), pp. 41-58.

Ramet, Sabrina P. 2013, "Bosnia-Herzegovina since Dayton: An Introduction," in Ola Listhaug & Sabrina P. Ramet, eds., *Bosnia-Herzegovina since Dayton: Civic and Uncivic Values*, Longo Editore.

Rangelov, Iavor 2013, "Croatia," in Lavinia Stan & Nadya Nedelsky, eds., *Encyclopedia of Transitional Justice,* Vol. 2, Cambridge University Press.

Ribičič, Ciril 2001, *Geneza jedne zablulde: Ustavnopravna analiza formiranja i djelovanja Hrvatske zajednice Herceg-Bosne*, drugo izdanje, Naklada Jesenski i Turk.

Rotim, Karlo 1999, *Obrana Herceg-Bosne*, drugo izdanje, Franjo Kluz.

Rupić, Mate, ed. 2007, *Republika Hrvatska i Domovinski rat 1990.-1995. Dokumenti knjiga 1, Oružana pobuna Srba u Hrvatskoj i agresija oružanih snaga SFRJ i srpskih paravojnih postrojbi na Republiku Hrvatsku (1990.-1991.)*, Hrvatski memorijalno-dokumentacijski centar Domovinskog rata.

Rupić, Mate, ed. 2008, *Republika Hrvatska i Domovinski rat 1990.-1995. Dokumenti knjiga 3. Oružana pubuna Srba u Hrvatskoj i agresija oružanih snaga SFRJ i srpskih paravojnih postrojbi na Republiku Hrvatsku (siječanj - lipanj 1992.)*, Hrvatski memorijalno-dokumentacijski centar Domovinskog rata.

Simic, Olivera 2011, "Bringing 'Justice' Home? Bosnians, War Criminals and the Interaction between the Cosmopolitan and the Local," *German Law Journal*, 12(7), pp. 1388-1407.

SITF (Special Investigative Task Force) 2014, *Statement of the Chief Prosecutor of the Special Investigative Task Force* (http://www.balkaninsight.com/wp-content/uploads/2019/01/Statement_of_the_Chief_Prosecutor_of_the_SITF_EN.pdf 2018 年 5 月 5 日最終アクセス).

Skaar, Elin 1999, "Truth Commissions, Trials - or Nothing? Policy Options in Democratic Transitions." *Third World Quarterly*, 20(6), pp. 1109-1128.

SSVI (Savjet za Sukcesiju Vojne Imovine) 2010, *Zapovjedni vrh JNA: siječanj 1990. - svibanj 1992.*, Hrvatski Memorijalno-Dokumentacijski Centar Domovinskog Rata.

Stan, Lavinia, ed. 2009, *Transitional Justice in Eastern Europe and the Former Soviet Union: Reckoning with the Communist Past*, Routledge.

Stan, Lavinia & Nadya Nedelsky, eds. 2013a, *Encyclopedia of Transitional Justice,* Vol. 1, Cambridge University Press.

Stan, Lavinia & Nadya Nedelsky, eds. 2013b, *Encyclopedia of Transitional Justice*, Vol. 2,

Cambridge University Press.

Steinberg, Richard H., ed. 2011, *Assessing the Legacy of the ICTY*, Brill.

Subašić, Haris & Nerzuk Ćurak 2014, "History, the ICTY's Record and the Bosnian Serb Culture of Denial," in James Gow, Rachel Kerr & Zoran Pajić, eds., *Prosecuting War Crimes: Lessons and Legacies of the International Criminal Tribunal for the former Yugoslavia*, Routledge.

Subotić, Jelena 2009, *Hijacked Justice: Dealing with the Past in the Balkans*, Cornell University Press.

Subotic, Jelena 2013, "Remembrance, Public Narratives, and Obstacles to Justice in the Western Balkans," *Studies in Social Justice*, 7(2), pp. 265–283.

Swart, Bert, Alexander Zahar & Göran Sluiter, eds. 2011, *The Legacy of the International Criminal Tribunal for the Former Yugoslavia*, Oxford University Press.

Sweeney, Jude 2015, *Post-war Memorialisation and Dealing with the Past in the Republic of Kosovo*, Centre for Research, Documentation and Publication.

SZS (Savezni Zavod za Statistiku) 1998, *Popis 91 - Elektronsko izdanje knjiga popisa 1991*, Savezni zavod za statistiku. [CD-ROM]

Šimić, Goran 2013, *Suđenja za ratne zločine u Bosni i Hercegovini*, Dobra knjiga.

Špegelj, Martin 1999, "Prva faza rata 1990–1992: Pripreme JNA za agresiju i hrvatski obrambeni planovi," in Branka Magaš & Ivo Žanić, eds., *Rat u Hrvatskoj i Bosni i Hercegovini 1991–1995*, Naklada Jesenski i Turk.

Todosijevic, Bojan, Zoran Pavlovic & David A. Howell 2013, *2012 Serbia Public Opinion Study: Codebook and Dataset (Version: August 13, 2013)*. Institute of social sciences, Belgrade.

Tokača, Mirsad 2012, *Bosanska knjiga mrtvih: Ljudski gubici u Bosni i Hercegovini 1991–1995*, knjiga I, Istraživačko dokumentacioni centar.

Trbić, Dženana, ur. 2007, *Obrazovanje u Bosni i Hercegovini: Čemu učimo djecu? Analiza sadržaja udžbenika nacionalne grupe predmeta*, Fond otvoreno društvo Bosna i Hercegovina.

UNDP (United Nations Development Programme) 2008, *Support to Processing of War Crimes Cases in BiH: Buildiing Capacities of Cantonal and District Prosecutors' Offices and Courts in BiH to Process War Crimes Cases*, United Nations Development Programme.

Valentić, Mirko 2010, *Rat protiv Hrvatske 1991.–1995.: Velikosrpski projekti od ideje do realizacije*, Hrvatski institut za povijest.

Veritas 2010, *Pregred i analiza procesuiranih lica za ratne zločine u Republici Hrvatskoj i uticaj navedenog na proces povratka u Republiku Hrvatsku* (http://www.veritas.org.rs/

wp-content/uploads/2012/06/Pregled-i-analiza-o-procesuiranim-licima.pdf 2018 年 5 月 5 日最終アクセス).

Visoka, Gëzim 2017, *Assessing the Potential Impact of the Kosovo Specialist Court*, Impunity Watch/PAX.

VSTV（Visoko Sudbeno i Tužiteljsko Vijeće）2013, *Godišnje izvješće za 2012. godinu*, Visoko Sudbeno i Tužiteljsko Vijeće Bosne i Hercegovine.

VSTV（Visoko Sudbeno i Tužiteljsko Vijeće）2015, *Godišnje izvješće za 2014. godinu*, Visoko Sudbeno i Tužiteljsko Vijeće Bosne i Hercegovine.

VSTV（Visoko Sudbeno i Tužiteljsko Vijeće）2016, *Godišnje izvješće za 2015. godinu*, Visoko Sudbeno i Tužiteljsko Vijeće Bosne i Hercegovine.

VSTV（Visoko Sudbeno i Tužiteljsko Vijeće）2017, *Godišnje Izvješće za 2016. godinu*, Visoko Sudbeno i Tužiteljsko Vijeće Bosne i Hercegovine.

Vučinić, Mihailo M. 2005, *Gradanski rat u Hrvatskoj 1991-1995.*, drugo izmenjeno i dopunjeno izdanje, Udruženje Srba iz Krajine i Hrvatske, Srpsko Kulturno društvo "Zora".

Vukšić, Dragan 2006, *JNA i raspad SFR Jugoslavije: Od čuvara do grobara svoje države*, Tekomgraf.

Vukušić, Iva 2014, "Judging Their Hero: Perceptions of the International Criminal Tribunal for the Former Yugoslavia in Croatia," in James Gow, Rachel Kerr & Zoran Pajić, eds., *Prosecuting War Crimes: Lessons and Legacies of the International Criminal Tribunal for the former Yugoslavia*, Routledge.

Watanabe, Kohei 2017a, "Measuring News Bias: Russia's Official News Agency ITAR-TASS' Coverage of the Ukraine Crisis," *European Journal of Communication*, 32（3）, pp. 224-241.

Watanabe, Kohei 2017b, *Measuring Bias in International News: A Large-scale Analysis of News Agency Coverage of the Ukraine Crisis*, A thesis submitted to the Department of Methodology of the London School of Economics and Political Science for the degree of Doctor of Philosophy.

Živić, Dražen 2006, "Demografski okvir i gubitci tijekom domovinskog rata i poraća 1991.-2001," in Zdenko Radelić, Davor Marijan, Nikica Barić, Albert Bing & Dražen Živić, *Stvaranje hrvatske države i Domovinski rat*, Školska knjiga.

Živković, Nikola & Iztok Bojović 2009, "Opšta politička hronologija," in Sonja Stojanović & Miroslav Hadžić, ur., *Hronologija reforme sektora bezbednosti u Republici Srbiji 2000-2008.*, GORAGRAF.

Žunec, Ozren 1999, "Operacije Bljesak i Oluja," in Branka Magaš & Ivo Žanić, eds., *Rat u Hrvatskoj i Bosni i Hercegovini 1991-1995*, Naklada Jesenski i Turk.

Žunec, Ozren 2007a, *Goli Život I. Socijetalne dimenzije pobune Srba u Hrvatskoj*, Demetra.
Žunec, Ozren 2007b, *Goli Život II. Socijetalne dimenzije pobune Srba u Hrvatskoj*, Demetra.

事項索引

◆ あ 行

アルゼンチン　21, 33

アルバニア　59

───人　57-59, 61, 62, 76, 83-85, 103, 116, 135, 136, 213, 227

安定化・連合協定(SAA)　118, 141, 156, 168, 170-173, 175, 176, 178, 180, 184, 188, 220

───プロセス　167

移行期正義　2-6, 11-14, 17, 18, 21, 24, 26-38, 64, 69, 70, 77, 91, 100, 128, 131, 132, 148, 154, 163, 191, 197, 208, 211, 212, 233, 235

───メカニズム(TJM)　17, 19-21, 23, 26-30, 37, 69, 100, 101, 239, 242

ポスト───　19

一党優位システム　120

ヴェチェルニェ・ノヴォスティ　104, 192, 195, 201, 204

ヴコヴァル　42, 43, 65, 96, 102, 104, 165, 199, 219

ウルグアイ　23

英国放送協会(BBC)　193

エジプト　18

エルサルバドル　22

欧州安全保障協力機構(OSCE)　60, 84

欧州委員会　141, 154, 156, 157, 168, 169, 182

欧州評議会　85, 162, 164

欧州連合(EU)　14, 73, 110, 112, 124, 140, 141, 144, 153, 156, 157, 159, 162, 163, 167, 168, 170-178, 180-182, 185, 218-221, 223, 241

───加盟　90, 145, 159, 179, 184

───加盟交渉　220

───加盟候補国　180

───加盟国　183

───加盟プロセス　5, 154-156, 158, 161, 167, 174, 176, 180, 181, 185, 190, 218

───法の支配ミッション(EULEX)　84, 85, 177

オヴチャラの虐殺事件　43, 165, 219

恩赦　22, 24, 27, 31, 32, 38, 69, 92, 101

◆ か 行

学校教育　26

加盟コンディショナリティ　154, 170, 220

カンボジア　20, 38

記憶

　公的な───　96, 98

　集合的───　25, 26

北大西洋条約機構(NATO)　9, 52, 53, 61, 64, 66, 76, 80, 91, 97, 108, 167, 170, 179

北マケドニア共和国　→マケドニア

記念碑　96, 97

旧ユーゴ国際刑事裁判所(ICTY)　3-7, 12-14, 24, 29, 44, 55, 65, 66, 69-79, 85, 87, 88, 91, 92, 100-102, 118, 120, 124, 129, 131-143, 145-150, 152, 154, 155, 157-159, 161-165, 167-176, 179-182, 185, 186, 190-200, 202, 204, 205, 207, 208, 212, 216, 218, 220, 221, 225, 235, 240, 241, 244

旧ユーゴスラヴィア(旧ユーゴ)　1-6, 8-10, 12-14, 20, 24, 37, 39-41, 44, 48, 49, 56, 59, 62, 69-71, 74, 77, 86, 87, 89-93, 96-101, 105-107, 121, 134, 148, 154, 164, 200, 205, 211, 212, 216, 223-225, 232, 233, 235

旧ユーゴ領内で発生した戦争犯罪ならびに重大な人権侵害に関する事実の確率のための地域委員会(RECOM)　90, 91, 101

共同犯罪計画(JCE)　71, 76, 102

クニン　40, 47

クライナ・セルビア人共和国(RSK)　40, 46-48, 54, 64, 65, 82, 93, 166, 221

クライナ・セルビア人軍(SVK)　50

クロアチア　1, 5-10, 12, 13, 39-42, 44, 46-48, 54, 63, 72, 73, 75, 78-81, 90, 93-96, 98, 99, 101, 103, 104, 121, 122, 132, 138, 146, 152,

156, 157, 165, 166, 213, 216, 217, 219, 222,
223, 226, 230, 231
——軍　53
——国営放送（HRT）　216
——人　10, 11, 40, 42, 44, 45, 48-52, 57, 63,
64, 66, 73, 75, 77, 79, 81, 82, 93, 101, 104,
215, 225, 226, 228-232
——紛争　39, 43, 45, 48, 50, 55, 65, 83, 98,
240
——防衛評議会（HVO）　50, 66
公職追放　23, 24, 38, 69, 91, 92
国際警察タスクフォース（IPTF）　91
国際刑事裁判所（ICC）　20, 25, 71, 242
国際刑事裁判メカニズム（MICT）　72, 92
国際司法裁判所（ICJ）　3, 69, 78-80, 92, 197,
214
国際行方不明者委員会（ICMP）　87
国際連合（国連）　4, 8, 9, 18, 20-22, 36, 70,
132, 164
——安全地域　51, 55
——安全保障理事会（安保理）　4, 12, 20,
47, 51, 70, 71, 80, 91, 107, 154, 171
——安保理決議　55, 72, 108, 111, 186
——加盟　80, 107, 164
——クロアチア信頼回復活動（UNCRO）
47
——コソヴォ暫定行政ミッション（UNMIK）
1, 9, 61, 84, 94-96, 108, 112, 177, 187
——事務総長　71
——人権高等弁務官事務所　22
——総会　71, 107
——東スラヴォニア・バラニャ・西スレム暫
定行政機構（UNTAES）　48
——東ティモール暫定統治機構（UNTAET）
20, 22
——保護軍（UNPROFOR）　47, 51, 55, 56,
155
コソヴォ　1, 2, 6, 9, 10, 13, 57, 58, 60, 61, 63,
64, 73, 84, 86, 89, 90, 94-98, 103, 112, 116,
132, 138, 149, 150, 163, 170-174, 177-179,
187, 213, 220, 221, 223, 227, 240
——解放軍（UÇK）　57, 59, 61, 64, 66, 85,
86, 89, 96, 98, 102

——検証団（KVM）　60
——資産庁（KPA）　94
——治安維持部隊（KFOR）　61, 72, 73, 108
——地位協議　172
——紛争　12, 39, 57, 60-62, 66, 90, 95, 108,
117, 135, 227
——民主同盟（LDK）　57, 58
コンディショナリティ　154, 155

◆ さ 行

G17プラス（G17）　118, 123-125, 146, 173
ジェノサイド　70, 79, 97, 218
——条約　70, 78-80, 197, 218
シエラレオネ　20, 22, 25, 32, 38
シェンゲン協定　181
社会主義者人民党（SNP）　109, 110, 129
社会主義者民主党（DPS）　107-109, 112, 122,
214
社会民主党（SDS）　119, 217
社会民主党（SDP）　122
社会民主同盟（SDSM）　122
謝罪　14, 17, 22, 28, 30, 37, 89, 128, 211-217,
219, 222-232, 235, 243, 244
自由民主党（LDP）　118, 119, 123, 129, 173,
217, 218
上級代表　1, 2, 94, 224
真実　17-19, 21, 23, 26
——委員会　3, 21-24, 27-29, 32, 36, 69, 86,
87, 89, 90, 100, 101
——和解委員会　6, 22-24, 30, 32, 38, 87,
89, 101
人道法センター（HLC）　61, 66, 83-85, 90
新民主党（NDS）　119
スペイン　21
スレブレニツァの虐殺事件　53, 55, 79, 88,
89, 95, 97, 100, 154, 155, 168, 170, 186, 193,
195-199, 206, 215, 216, 224, 230, 235
スレブレニツァ非難決議　217, 224, 232
正義　6, 17-19, 28, 245
——のハイジャック　5, 163
修復的——　19, 22, 23, 25
懲罰的（応報的・矯正的）——　19, 20, 22,
23, 28

事項索引　277

政党システム　117, 118, 120, 240
セルビア　5-7, 9, 12-14, 39, 40, 42, 44, 51, 52,
　　57, 59, 61, 63, 64, 72, 73, 78, 79, 83, 84, 90-
　　92, 95, 97, 98, 101, 105, 106, 108-114, 118-
　　122, 124, 131, 132, 134-138, 140-143, 146-
　　148, 150, 151, 153-159, 161, 163-165, 167-
　　169, 171, 173-184, 189, 191-194, 196-199,
　　201-205, 207, 208, 212-217, 220, 222, 225,
　　227, 228, 230, 231, 235
　　──急進党（SRS）　117, 118, 120, 123, 127,
　　137, 142, 143, 146, 147, 161, 166, 172, 176,
　　179, 184, 201, 216-218, 220-222
　　──共産主義者同盟（SKS）　106
　　──再生運動（SPO）　116-118, 123, 124,
　　129
　　──社会党（SPS）　106, 108, 109, 116-118,
　　121-125, 139, 142, 144, 145, 161, 164, 193,
　　196, 217, 219, 220, 222, 223
　　──人　6, 10, 11, 13, 39, 40, 42-48, 50,52-
　　56, 59, 61-66, 73-79, 81-84, 86, 93, 98, 99,
　　101, 102, 104, 136, 161, 196-198, 205-207,
　　213, 215, 217, 219, 221-230, 232
　　──人共和国（RS）　49, 50, 54, 64, 73, 79,
　　82, 88, 91, 95, 96, 145, 149, 195, 223-225,
　　228, 229, 235
　　──人共和国軍（VRS）　50, 51, 55, 56, 143,
　　146, 168, 169, 182
　　──正教会　197
　　──前進党（SNS）　118-120, 124, 125, 127,
　　129, 182, 183, 184, 212, 217-220, 222, 223
　　──地域連合（URS）　118, 120, 125
　　──民主運動（DEPOS）　117
　　──民主党（DSS）　117, 118, 120, 123, 128,
　　131, 133, 136, 139, 141-144, 147, 149, 165,
　　166, 168, 169, 171, 172, 174, 175, 178, 180,
　　195, 198, 214-218
　　──民主野党連合（DOS）　109, 110, 117,
　　120, 124, 128, 131, 133, 136, 138-141, 147,
　　148, 155, 162, 163, 165, 166, 187, 212
　　新──（NS）　123, 124, 217
セルビア・モンテネグロ（国家連合）　9, 13,
　　78, 105, 106, 110-112, 139, 167, 168, 170,
　　171, 203, 214, 226

選挙　5, 14, 33, 35, 111, 159, 161, 186, 189, 241
　　──制度（セルビア）　113
　　議会──（セルビア）　106, 107, 114, 116-
　　120, 124, 125, 132, 136, 139, 142, 144, 174,
　　175, 177, 180, 182-184, 194, 195, 222
　　大統領──（セルビア）　106-108, 110, 114,
　　116-119, 125, 127, 164-167, 172, 176, 177,
　　180, 182, 183, 185, 187, 194, 221
　　大統領──（モンテネグロ）　108
　　大統領──（ユーゴ連邦）　1, 109
潜在意味測定（LSS）　202
戦争犯罪　3, 4, 7, 13, 20, 29, 42-44, 55, 57, 65,
　　71, 76, 78, 80-87, 91, 95, 100, 101, 132, 138,
　　139, 158, 168-171, 192, 193, 197, 198, 205-
　　208, 211, 213, 219, 223, 227, 228, 233, 235,
　　243
戦争犯罪被告人　24, 91, 136, 140-142, 144,
　　157, 195, 244
　　──の自首　141, 142, 164, 165, 168-171,
　　189, 195
　　──の逮捕・引き渡し　13, 14, 64, 72, 135,
　　136, 141, 142, 146-148, 152-155, 158, 161,
　　164, 165, 170, 174, 182, 185, 189, 194, 206,
　　208, 241

◆　た　行

多党制　120, 121
ダナス　201, 204
チリ　21, 87
党派性　5, 13, 31, 34, 35, 105, 131, 147, 148,
　　153
特別捜査タスクフォース（SITF）　86, 100
独立民主セルビア人党（SOSS）　219
扉（Dveri）　120

◆　な　行

南東欧における民主主義と和解のためのセン
　　ター（CDRSEE）　99, 104
日本　24

◆　は　行

東ティモール　20, 22, 38
非政府組織（NGO）　12, 23, 34, 36, 37, 61, 67,

81, 90, 99, 101, 104, 118, 216, 244
ブラジル　23
平和安定化部隊(SFOR)　72, 73
平和維持活動(PKO)　36
平和構築　1, 2, 24, 36
ヘルツェグ・ボスナ・クロアチア人共和国(HRH-B)　49, 51, 65
ボシュニャク人　11, 51, 52, 56, 62, 64-66, 77, 79, 91, 125, 215-217, 224-226, 228, 229, 231, 232
補償　25, 26, 29, 30, 32, 38
ボスニア(ボスニア・ヘルツェゴヴィナ)　1, 2, 4-11, 13, 24, 48-52, 54, 63, 64, 66, 72, 73, 75, 78-80, 82, 89-91, 93-95, 97, 98, 101, 117, 121, 122, 132, 136, 138, 143, 149, 195, 197, 213-215, 217, 221-223, 225, 226, 228, 230-233, 235
　――共和国軍(ARBiH)　51, 55, 66, 75
　――紛争　12, 39, 49-52, 55-57, 70, 78, 86, 240
　――人　221
　――連邦　51, 54, 64, 73, 82, 88, 96, 228
ポリティカ　74, 140, 143, 192, 196, 201, 204
ポルトガル　35

◆ ま 行

マケドニア　8, 9, 61, 90, 101, 121, 122, 181
マスメディア　1, 4, 9, 26, 44, 55, 59, 60, 116, 158, 191, 192, 194, 195, 201, 204, 208, 242, 243
南アフリカ　23, 24, 32, 87
民主化　1, 2, 13, 18, 23, 31, 33, 35, 63, 64, 98, 109, 113, 116, 117, 121, 192
民主行動党(SDA)　125, 215
民主党(DS)　13, 116-120, 123-125, 128, 129,

131, 136, 142-147, 165, 175, 179-184, 214, 216, 217, 219, 223, 241
民族浄化　44, 55, 63, 66
ムスリム人　48-50, 63, 65, 66, 196, 222
もう沢山だ(DJB)　120
モンテネグロ　9, 42, 44, 78, 90, 106, 108-112, 163, 181, 226
　――人　42, 62, 73

◆ や 行

ユーゴ軍(VJ)　50, 57, 59, 64, 66, 97, 108, 169, 175, 194
ユーゴ人民軍(JNA)　40, 42, 44, 46, 50, 63, 65, 82, 98, 142, 165
ユーゴ連邦　9, 13, 50, 59, 61, 64, 75, 76, 78, 80, 87, 89, 105-112, 132, 133, 134, 139, 162, 163, 164, 169, 197, 200, 226
ヨーロッパのために(ZES)　124
世論　13, 14, 31-34, 55, 60, 64, 153, 158, 159, 161, 166, 191-194, 201, 208, 214, 242
　――調査　2, 8, 11, 14, 73, 158, 159, 178, 180, 184, 186, 188, 189, 191, 192, 196, 205-208, 228, 230, 235, 244

◆ ら 行

ラテンアメリカ　18, 21, 23, 34, 35
ルワンダ　20, 21, 25, 32
　――愛国戦線　21, 32
　――国際刑事裁判所(ICTR)　72
歴史教育　26, 98, 99

◆ わ 行

和解　6, 14, 17, 22, 23, 26-30, 37, 77, 89, 90, 100, 211, 212, 215, 225, 227, 232, 235, 239
　――イベント　26

人名索引

◆ あ 行

アシュトン（Catherine M. Ashton） 220
アートマン（Florence Hartmann） 170, 194
アハティサーリ（Martti O. K. Ahtisaari）
　171, 174
アリグルディッチ（Miloš Aligrudić） 172,
アルフォンシン（Raúl Ricardo Alfonsín） 33
アルブール（Louise Arbour） 71
イェラヴィッチ（Ante Jelavić） 226
イゼトベゴヴィッチ（Alija Izetbegović） 66,
　75, 86, 225
イゼトベゴヴィッチ，B.（Bakir Izetbegović）
　79, 227
ヴチッチ（Aleksandar Vučić） 125, 127, 143,
　146, 183, 222, 223, 236, 237
ヴラディサヴリェヴィッチ（Nebojša
　Vladisavljević） 189
ウレメク（Milorad Ulemek） 134, 138
オイダニッチ（Dragoljub Ojdanić） 137, 165,
　165
オリッチ（Naser Orić） 77

◆ か 行

ガットマン（Roy Gutman） 66
カディイェヴィッチ（Veljko Kadijević） 65
カラジッチ（Radovan Karadžić） 91, 145, 146,
　148, 176, 180, 181, 200, 204
グラヴァシュ（Branimir Glavaš） 45, 65
クラスニチ（Jakup Krasniqi） 177
クリントン（William Clinton） 87
クルリ（Christina Koulouri） 104
コヴァチェヴィッチ（Vladimir Kovačević）
　166
コシュトゥニツァ（Vojislav Koštunica） 87,
　109, 110, 117, 124, 128, 132-134, 136, 139-
　143, 147, 148-151, 167-169, 171-175, 178,
　179, 182, 195, 196, 203, 213-216

コック（Wim Kok） 155, 186
ゴトヴィナ（Ante Gotovina） 65, 73, 152
コムシッチ（Željko Komšić） 222
ゴールドストーン（Richard Goldstone） 71
コルンジヤ（Nada Kolundžija） 217

◆ さ 行

サヴィッチ（Andrija Savić） 137
サチ（Hashim Thaçi） 89, 103, 177, 227, 236
サマルジッチ（Slobodan Samardžić） 218
サロム（Ramón Escovar Salom） 71
ジヴコヴィッチ（Zoran Živković） 128, 194
シェシェリ（Vojislav Šešelj） 92, 117, 120,
　137, 147, 152, 184, 197, 221
ジェリッチ（Božidar Đelić） 189, 219
ジジッチ（Zoran Žižić） 129
シマトヴィッチ（Franko Simatović） 165
シャイノヴィッチ（Nikola Šainović） 137,
　162, 164, 165
ジュカノヴィッチ（Milo Đukanović） 108,
　109, 226
シュタノヴァツ（Dragan Šutanovac） 178
ジュプリャニン（Stojan Župljanin） 144, 145,
　151, 180
シュリィヴァンチャニン（Veselin Šljivančanin）
　165
ジョルジェヴィッチ（Vlastimir Đorđević）
　175
シライジッチ（Haris Silajdžić） 51
ジンジッチ（Zoran Đinđić） 91, 110, 116, 118,
　124, 128, 132-141, 146-148, 150, 152, 162-
　166, 187, 193, 194, 199, 209, 212, 213,
スタキッチ（Milomir Stakić） 149
スタニシッチ（Jovica Stanišić） 165
スタニミロヴィッチ（Vojislav Stanimirović）
　219
スタンコヴィッチ（Zoran Stanković） 112
スタンボリッチ（Ivan Stambolić） 199

ステヴァノヴィッチ（Obrad Stevanović）
195
ストヤノヴィッチ（Radoslav Stojanović）
197
ズバク（Krešimir Zubak）　51
セイディウ（Fatmir Sejdiu）　177
ソラナ（Javier Solana）　141, 167, 168, 171

◆ た 行

ダチッチ（Ivica Dačić）　128, 144, 145, 219,
220, 236
タディッチ（Boris Tadić）　119, 127, 142, 143,
145, 146, 167, 168, 172, 174, 177, 182, 196,
198, 215-217, 219, 223, 236
タディッチ，D.（Duško Tadić）　66, 70, 102
チャヴィッチ（Dragan Čavić）　224
チュルヴィヤ（Slavko Ćuruvija）　199, 222
ツヴェトコヴィッチ（Mirko Cvetković）　125
ディヴヤク（Jovan Divjak）　51, 66
ディミトリイェヴィッチ（Vojin Dimitrijević）
87
ディンキッチ（Mlađan Dinkić）　118, 173, 188
デダコヴィッチ（Mile Dedaković-Jastreb）
65
デ・ホープ・スヘッフェル（Jaap de Hoop
Scheffer）　170
テルシェリッチ（Vesna Teršelič）　103
デル・ポンテ（Carla Del Ponte）　71, 85, 132,
133, 139, 142, 143, 158, 165, 168, 170, 171,
175
トゥジマン（Franjo Tuđman）　1, 66, 75
ドディク（Milorad Dodik）　224, 225, 237
トドシイェヴィッチ（Bojan Todosijević）
189
ドラシュコヴィッチ（Vuk Drašković）　112,
116, 167
トリヴァン（Jelena Trivan）　145
トリミル（Zdravko Tolimir）　143, 175

◆ な 行

ニコリッチ（Tomislav Nikolić）　118, 127, 142,
146, 167, 176, 182, 184, 218-221
ニコリッチ，D.（Dragan Nikolić）　70

ノラツ（Mirko Norac）　82

◆ は 行

パヴコヴィッチ（Nebojša Pavković）　141,
169, 194, 195
パヴレ（Patrijarh srpski Pavle）　197
パヴロヴィッチ（Zoran Pavlović）186
バカレツ（Nebojša Bakarec）　144
ハジッチ（Goran Hadžić）　73, 146
パッテン（Christopher Francis Patten）　168
バティッチ（Vladan Batić）　145
パニッチ（Milan Panić）　116
バノヴィッチ兄弟（Predrag Banović & Nenad
Banović）　136, 164
バビッチ（Milan Babić）　40
パラヴリッチ（Seada Palavrić）　215
バンス（Cyrus Roberts Vance）　46
バーンズ（Nikolas Burns）　170
ピアチェンテ（Nicola Piacente）　71, 75
ピノチェト（Augusto José Ramón Pinochet
Ugarte）　21
ブラツァノヴィッチ（Milorad Bracanović）
137
ブラトヴィッチ（Momir Bulatović）　106, 108,
109
ブラメーツ（Serge Brammertz）　71
プラリャク（Slobodan Praljak）　77
ブラント（Willy Brandt）　214
プリンツィプ（Gavrilo Princip）　99
ブルナビッチ（Ana Brnabić）　128
プロスパー（Pierre-Richard Prosper）　169
プロロコヴィッチ（Dušan Proroković）　217
ベアラ（Ljubiša Beara）　168
ペシッチ（Dragiša Pešić）　129
ペトロヴィッチ（Goran Petrović）　136
ペロヴィッチ（Latinka Perović）　87
ポポヴィッチ（Vujadin Popović）　169
ホルブルック（Richard Holbrooke）　60

◆ ま 行

マーティ（Dick Marty）　85
マルカチュ（Mladen Markač）　65
マルコヴィッチ（Radomir Marković）　132,

人名索引　281

136

マルコヴィッチ，P.（Predrag Marković）　196

マロヴィッチ（Svetozar Marović）　112, 167, 168, 214, 226

ミチッチ（Nataša Mićić）　166, 187

ミチュノヴィッチ（Dragoljub Mićunović）　116

ミハイロビッチ（Dušan Mihajlović）　137

ミヤトヴィッチ（Zoran Mijatović）　136

ミラノヴィッチ（Zoran Milanović）　217

ミルティノビッチ（Milan Milutinović）　108, 137, 164, 165, 186

ミロシェヴィッチ（Slobodan Milošević）　1, 9, 57-60, 63, 64, 66, 73, 75, 86, 87, 91, 94, 106-110, 112, 114, 116, 118, 120, 121, 129, 132-135, 139, 144, 148-150, 154, 155, 161-166, 172, 179, 192, 193, 195, 199, 200, 204, 206, 212, 219, 222

ムバラク（Muhammad Husnī Mubārak）　18

ムラディッチ（Ratko Mladić）　77, 143, 146, 148, 170, 172, 176, 180-182, 201, 204

ムラデノヴィッチ（Andreja Mladenović）　169, 217

メシッチ（Stjepan Mesić）　214, 216, 226

メディッチ（Slobodan Medić）　197

メヤキッチ（Željko Mejakić）　165

◆ や 行

ヤシャリ（Adem Jashari）　59, 97

ヤヒヤガ（Atifete Jahjaga）　221

ヨヴァノヴィッチ（Čedomir Jovanović）　118

ヨキッチ（Miodrag Jokić）　137, 164

ヨクシモヴィッチ（Obren Joksimović）　149

ヨジッチ（Nives Jozić）　103

ヨシポヴィッチ（Ivo Josipović）　226

◆ ら 行

ラザレヴィッチ（Vladimir Lazarević）　141, 169

ラシェヴィッチ（Mitar Rašević）　165

ラーティカイネン（Matti Raatikainen）　84

ラディッチ（Miroslav Radić）　165

ラブス（Miroljub Labus）　150, 168

リスティッチ（Irena Ristić）　189, 209

リャイッチ（Rasim Ljajić）　143, 151

ルキッチ（Sreten Lukić）　132, 169

ルゴヴァ（Ibrahim Rugova）　57

ルトヴァツ（Zoran Lutovac）　172

レーン（Olli Rehn）　171

ロンチャル（Zoran Lončar）　172

◆著者紹介

久 保 慶 一（くぼ　けいいち）

1975 年，東京都に生まれる。

1999 年，早稲田大学政治経済学部卒業，2007 年，ロンドン政治経済学院
　（London School of Economics and Political Science）博士課程修了．Ph.D.

2003 年，早稲田大学政治経済学部助手，08 年，同准教授を経て，

現　在，早稲田大学政治経済学術院教授。

専門は，比較政治学，旧ユーゴスラヴィア地域研究。

主な著作に，『引き裂かれた国家──旧ユーゴ地域の民主化と民族問題』（有
　信堂高文社，2003 年），『比較政治学の考え方』（末近浩太・高橋百合子と
　共著）（有斐閣，2016 年），"Host State Responses to Ethnic Rebellion: Serbia
　and Macedonia in Comparison," in Jean-Pierre Cabestan and Aleksandar
　Pavković, eds., *Secessionism and Separatism in Europe and Asia: To Have a
　State of One's Own* （Routledge, 2013), "Democratising Party Leadership
　Selection in Japan and Taiwan," (with Yohei Narita and Ryo Nakai) in
　Giulia Sandri, Antonella Seddone and Fulvio Venturino, eds., *Party
　Primaries in Comparative Perspective* （Ashgate, 2015), ほか。

争われる正義──旧ユーゴ地域の政党政治と移行期正義
Contested Justice: Party Politics and Transitional Justice in the Former Yugoslavia

2019 年 12 月 20 日　初版第 1 刷発行

著　者　久　保　慶　一
発行者　江　草　貞　治

発行所　株式会社　有　斐　閣

郵便番号 101-0051
東京都千代田区神田神保町 2-17
電話　（03）3264-1315〔編集〕
　　　（03）3265-6811〔営業〕
http://www.yuhikaku.co.jp/

印刷・萩原印刷株式会社／製本・大口製本印刷株式会社
© 2019, Keiichi Kubo. Printed in Japan
落丁・乱丁本はお取替えいたします。

★定価はカバーに表示してあります。

ISBN 978-4-641-14931-1

JCOPY　本書の無断複写（コピー）は，著作権法上での例外を除き，禁じられてい
ます。複写される場合は，そのつど事前に，（一社）出版者著作権管理機構（電話03-
5244-5088, FAX03-5244-5089, e-mail：info@jcopy.or.jp）の許諾を得てください。

本書のコピー，スキャン，デジタル化等の無断複製は著作権法上での例外を
除き禁じられています。本書を代行業者等の第三者に依頼してスキャンや
デジタル化することは，たとえ個人や家庭内での利用でも著作権法違反です。